rowohlt
BERLIN

Christian Ankowitsch

Dr. Ankowitschs Kleiner Seelenklempner

Wie Sie sich glücklich durchs Leben improvisieren und alle Ihre großen Ziele erreichen – na gut, vielleicht nicht alle, aber doch einige davon, vielleicht sogar die wichtigsten …

Rowohlt · Berlin

Unter Mitarbeit von Elisabeth Gronau

1. Auflage September 2009

Einbandgestaltung any.way, Walter Hellmann
Illustration © iStockphoto
Foto des Autors © Josef Fischnaller
Satz Minion PostScript, InDesign,
bei Pinkuin Satz und Datentechnik, Berlin
Druck und Bindung CPI – Clausen & Bosse, Leck
Printed in Germany
ISBN 978 3 87134 648 4

Inhalt

Dr. Ankowitschs Kleiner Seelenklempner

Lob des Durchwurstelns oder: Sich glücklich durchs Leben improvisieren

Wie Sie erkennen, daß Sie sich mit dem Versuch, eine Riesenkarriere, jede Menge Kinder, absolute Unabhängigkeit, großen Reichtum, strahlende Schönheit, umfassende Geborgenheit, ewige Jugend, zügellosen Sex und ein bequemes Leben unter einen Hut zu bringen, ein wenig viel abverlangen – und wie Sie es mit fröhlichem Durchwursteln und selbstbewußtem Improvisieren hinbekommen können, einiges davon doch noch zu erreichen.

Wir Menschen mögen grundsätzlich keine Kompromisse, das haben Untersuchungen immer wieder gezeigt. Sie machen uns unglücklich, weil wir das Gefühl haben, nur etwas Halbgutes bekommen zu haben und nicht das Beste. In solchen Momenten springen einem gern Prominente ins Auge, Angelina Jolie und Brad Pitt zum Beispiel. Das strahlende Paar lächelt uns von jedem zweiten Illustrierten-Cover entgegen, sexy, in den besten Jahren, vermögend, liebevoll, schön, entspannt und selbstbewußt; zudem haben die beiden jede Menge Kinder und sind ständig unterwegs, entweder zum Drehort ihres nächsten erfolgreichen Films oder zu ihrem Landhaus in Europa, wo gerade die wilden Malven blühen oder irgend etwas anderes Top-Exotisches. Was das mit uns zu tun hat? Viel, denn so, wie sie da abgebildet sind, lassen sie uns glauben, sie hätten jene magische Formel gefunden, nach der wir uns sehnen: Sie verstehen es ganz offensichtlich, alles im Leben zu bekommen, ohne Kompromisse zu machen, und sich gleichzeitig alle Optionen offenzuhalten, einschließlich der, auch mal im Jogginganzug und mit Gummilatschen den Müll rauszubringen und dabei fotografiert zu werden.* Natürlich wissen wir, daß das strahlende Paar auch so seine Probleme hat – im letzten gemeinsamen Urlaub mit George Clooney regnete es ein paar Tage, und ein undankbares Ex-Kindermädchen plauderte intime Details aus (wir lesen regelmäßig darüber). Natürlich wissen wir, daß die anmutig-entspannten Szenen mit den Kindern sorgsam inszeniert wurden, wir sind weder naiv noch gutgläubig – und doch kann der flüchtige Blick auf eines dieser Brangelina-Cover etwas tief in unserem Inneren anrühren, wie ein feiner Nadelstich in unsere Seele fühlt er sich an.

Dahinter steckt ein ebenso einfacher wie hartnäckiger Impuls. Im Grunde unseres Herzens wollen wir das auch: Alles! Zugleich! Und uns dabei nicht festlegen! Nein, wir

* Die Spezialisten vom Fachblatt für das Aufspüren und Darstellen solcher Superpaare, die «Bunte», hat natürlich jede Menge anderer Paare auf Lager, die als Beispiel dafür dienen können, daß sich alles gleichzeitig erreichen läßt, ohne auch nur eine einzige Option aufzugeben. Zum Beispiel Heidi Klum und Seal. In der Titelgeschichte «Die Glücksgöttin» schrieb das Blatt: «Das ist der neue Hollywood-Sound, der nichts so sexy findet wie ein glückliches Familienleben. Und es ist der Sound einer jungen Generation, die alles will – Karriere und reiches privates Glück … So wird Heidi Klum zum Vorbild für einen Gesamtlebensplan», um dann einen gewissen Robin Leach vom «Las Vegas Magazine» zu zitieren: «Mutter, Ehefrau, Karriere – Heidi Klum bekommt alles geregelt.»

sind weder habgierig noch verblendet, noch unintelligent. Ganz im Gegenteil: Wenn wir uns morgens im Spiegel sehen, ringen wir uns durchaus dazu durch, uns für liebenswerte, gutaussehende, kluge, selbstbewußte und aufgeklärte Zeitgenossen zu halten, die klare Entscheidungen treffen, an der Karriere arbeiten und samstags auf den Wochenmarkt gehen, um sehenden Auges überteuertes Biogemüse zu kaufen. Aber vom leuchtenden Vorbild der beiden Hollywoodstars wähnen wir uns denkbar weit entfernt. Unsere Beziehung zum Beispiel. Eigentlich ist sie ganz gut, wäre da nicht diese Unentschiedenheit des Partners, der sich seit Jahren nicht festlegen kann, wo er wohnen, ob er heiraten, ob er Kinder haben und die nackte Glühbirne im Wohnzimmer durch eine Designerlampe ersetzen möchte. Und der Job? Auch so lala, anfangs noch spannend, mittlerweile von allzuviel Routine bestimmt, aber angesichts der allgemeinen Krise eine Art Lebensversicherung, die wir nicht kündigen sollten. Und schließlich die kleinen Kränkungen, die uns der eigene Körper zufügt, wenn wir aus der Dusche steigen und uns beiläufig im Spiegel mustern; da müssen wir feststellen, daß der Kampf gegen die Cellulite nicht mehr gewonnen werden kann oder der vor kurzem noch scherzhaft kommentierte winzige Bauchansatz sich zu einer nicht mehr ignorierbaren Problemzone entwickelt hat. Es sind Gedanken wie diese, die uns in die Buchhandlungen treiben und die endlosen Regale mit den Ratgebern abschreiten lassen, geben sie uns doch ein großes Versprechen: Es gibt absolut nichts, was sich nicht in drei Tagen, in zehn Lektionen oder mit sieben Weisheiten lehren ließe. Kein Buch, das uns nicht in die Lage versetzen würde, binnen kurzer Zeit unser Leben zu ändern und alles zu erreichen: Alles! Zugleich! Und ohne uns dabei festzulegen!

Wir erwarten viel von uns, sehr viel. Wir wollen alles schaffen: eine Riesenkarriere stemmen, jede Menge Kinder bekommen, dabei jedoch völlig unabhängig bleiben, reich werden, schön sein, ewig jung bleiben, eine vertrauensvolle Beziehung führen, zügellosen Sex erleben und es rundum bequem haben.

Doch damit nicht genug: Wir haben auch nicht die geringste Lust, irgendwelche Kompromisse einzugehen und uns durch unsere Entscheidungen andere Optionen zu verbauen.

Gegen all das ist prinzipiell nichts einzuwenden. Erwartungen und selbstgesteckte Ziele spornen uns an, uns nicht mit dem Nächstbesten, sondern erst mit dem Allerbesten zufriedenzugeben. Doch wenn wir die Sache genauer besehen, werden wir entdecken, daß wir uns an einer Aufgabe versuchen, die wir nicht schaffen *können*. Nicht weil wir untalentiert, träge oder unfähig wären. Im Gegenteil: Wenn wir uns ins Bewußtsein rufen, wie wir die auseinanderstrebenden Teile unseres Lebens zusammenhalten, wie wir unsere Wünsche und Ideale miteinander zu versöhnen suchen, wie wir gleichzeitig dreigängige Menüs kochen, ein paar SMS beantworten und mit unserem etwas anstrengenden Vater telefonieren (der unsere Anrufe gerne mit dem Satz «Nie rufst du an!» eröffnet), dann werden wir Respekt vor uns haben. Daß es mit unserem Lebensentwurf trotz aller Mühen nicht klappt, liegt vielmehr daran, daß wir etwas Unmögliches versuchen. Schon eine feste Beziehung, ein autonomes Leben, ein oder zwei Kinder, ein kuscheliges Heim und eine berufliche Karriere miteinander verbinden zu wollen ist eine ziemliche Anstrengung; wenn wir uns aber zugleich nicht wirklich festlegen wollen (um für alles mögliche offenzubleiben) und wenig Lust verspüren, uns auf Kompromisse einzulassen (weil wir glauben, die *ideale* Beziehung, den *idealen* Job und das *ideale* Leben erst noch zu finden), fordern wir den Mißerfolg geradezu heraus und manövrieren uns in eine Sackgasse aus Hoffen, Bangen und Traurigsein.

Das Große Nichts ist prinzipiell nicht schlecht – macht aber auch Arbeit

Da wir die Ursachen für Probleme gern bei uns selber suchen, wird uns folgender Hinweis das Leben ein wenig leichter machen: Mit alledem sind wir nicht allein! Und wir sind nicht unbedingt schuld daran! Vielmehr gehören wir einer Generation an, die in eine offene Gesellschaft hineingeboren wurde: Keine Tabus mehr, keine religiöse Gängelei und keine verbiesterten Tanten und Onkel, die den Jugendlichen sagen, daß sie sonntags das kleine Brave beziehungsweise den dunklen Anzug tragen sollen. Leider produzierte das historisch einzigartige Entrümpelungsprojekt namens Aufklärung, das die offene Gesellschaft letztlich hervorbrachte, auch einige Kollateralprobleme. Unter anderem verlor das klassische Beziehungsmodell Vater-Mutter-Kind seine Verbindlichkeit. Das ist einerseits kein Schaden, weil es die Frauen eingesperrt und die Männer auf die Rolle der Familienernährer reduziert hat; andererseits trat an die Stelle der oft ungerechten und repressiven Strukturen das Große Nichts. Keine Vorbilder mehr, an denen man sich orientieren oder auch abarbeiten kann, wenn einem für eigene Modelle die Phantasie fehlt; keine Konventionen mehr, die Beziehungen äußere Stabilität verleihen. Statt dessen müssen wir alles alleine machen. Alles! Entscheiden, mit wem wir wie lange zusammenleben; ob und, wenn ja, wann wir Kinder bekommen; wie wir sie erziehen; welche Rolle wir als Frau anstreben und welche als Mann; ob wir die Lebensgemeinschaft festigen oder scheitern lassen. Zugleich sehen wir uns einer Welt ausgesetzt, die von Kompromissen wenig hält, von der Forderung der Maximalisten, lieber auf eine Beziehung oder einen Job zu verzichten, statt sich mit Halbheiten zufriedenzugeben, dafür um so mehr. Das geheime Motto, das hinter allem steht: «Ich will frei sein, mir nichts vorschreiben lassen, nicht in Routine erstarren, mich weiterentwickeln.»

Wer wissen will, wie neu – historisch gesehen – diese Herausforderungen sind, muß nur die eigenen Eltern fragen. Wer es tut, bekommt Geschichten über Lebensentscheidungen zu hören, die klingen, als stammten sie aus grauer Urzeit, dabei sind sie gerade einmal sechzig Jahre her. So hat zum Beispiel mein Vater das Studium der Bodenkultur begonnen, weil seine Eltern meinten, er solle was studieren, bei dem er «viel an der frischen Luft» sei; als er es beendet hatte, entschied sein Professor kurzerhand: «Sie gehen nach G.! Dort wird eine Stelle frei, die nehmen Sie.» Und mein Vater? Er nahm seine junge Frau und ging. Und die? Ging einfach mit. Und beide leben sie heute noch dort, wo sie einst vom Herrn Professor hingeschickt wurden.

Daß es heute jedem einzelnen vorbehalten bleibt, das für ihn passende Lebens- und Beziehungsmodell zu finden und am Leben zu erhalten, hat gravierende Auswirkungen. So leiden siebenunddreißig Prozent der Männer unter Bindungsängsten; scheitern über fünfzig Prozent der Ehen; bekommen immer weniger Paare immer später immer weniger Kinder; schieben die Menschen ihre zentralen Lebensentscheidungen immer länger auf (und dehnen damit ihre Jugend bis über das dreißigste Lebensjahr aus); wachsen fünfzehn Prozent der Kinder bei nur einem Elternteil auf, meistens bei den Müttern (Tendenz steigend); reden die allermeisten Männer davon, unbedingt Kinder haben zu wollen, stellen aber Vorbedingungen, die mehr der Verhinderung des Unternehmens dienen als dessen Realisierung.* Mit einem Wort: Steckten die Menschen früher in zu festen Verhältnissen fest, schwirren sie heute mitunter durchs Leben wie Astronauten auf einem Weltraumspaziergang: zwar verbunden mit dem Mutterschiff Erde, aber im unklaren darüber, wo oben und wo unten ist. Nur lose mit allem verknüpft, verlernen sie irgend-

* Laut der Studie «Null Bock auf Familie? Der schwierige Weg junger Männer in die Vaterschaft» (2008) sind mehr als ein Drittel der 35- bis 40jährigen Männer kinderlos, Tendenz steigend. Als Grund nennt die von der Bertelsmann Stiftung initiierte Untersuchung, die Männer würden das Vaterwerden zu rund 66 Prozent von einer stabilen Beziehung abhängig machen und zu 59 Prozent von einem ausreichenden Einkommen; auch wollen mehr als die Hälfte erst dann Ernst machen, wenn sie einen sicheren Arbeitsplatz haben. Das klingt eher nach Ausrede denn nach einer vernünftigen Lebensplanung, vor allem in wirtschaftlich unsicheren Zeiten; aber das ist meine Unterstellung und empirisch nicht belegt.

wann, sich für jemanden zu entscheiden und Ernst zu machen. Was durchaus in Ordnung wäre, fühlten sich nicht viele dieser Astronauten ganz unwohl in ihrer Haut.

Was von alledem zu halten ist? Kommt drauf an: Die einen werden die Situation loben, weil sie flexible, freie Lebensentwürfe ermöglicht, die fraglos eine entscheidende historische Errungenschaft darstellen und hohe Selbstverantwortung voraussetzen; die anderen hingegen werden klagen, die Lage lasse das menschliche Zusammenleben immer unverbindlicher, willkürlicher und brüchiger werden, in einer Weise, die auch persönlich zermürbend sein könne. Es ist anzunehmen, daß die meisten von uns mal dieser Ansicht zuneigen, mal jener, je nachdem, wo wir eben leben und wie es uns gerade geht. Wie auch immer, eines ist gewiß: Anstrengend wird es bleiben.

Das Leben perfekt planen – eine schöne, aber unnütze Illusion

Der Unsicherheit und den Unwägbarkeiten in unserem Leben begegnen wir nicht selten mit dem Versuch, perfekte Pläne zu schmieden. Mit den Ergebnissen sind wir meist halb bis gar nicht zufrieden. Immer wieder fragen wir uns: Warum erreichen wir nicht das angepeilte Ziel? Warum kommen uns irgendwelche Zufälle dazwischen? Scheinbare Chancen? Aussichtsreiche Angebote? Heftige Bedenken? Leise Ängste? Akute Terminschwierigkeiten? Warum, verdammt, funktioniert unser Leben nicht nach dem Einkaufszettel-Schema «aufschreiben – losgehen –

umsetzen – glücklich werden»? Kann uns das mal jemand sagen?

Da ich uns in diese mißliche Situation mit den vielen Fragezeichen hineinmanövriert habe, werde ich wohl versuchen müssen, uns daraus wieder zu befreien. Also: Die meisten von uns haben den starken Wunsch, möglichst alles richtig zu machen; suchen wir nach Gruppen, die besonders anfällig dafür sind, dann werden wir rasch bei Eltern, Managern und Aktienhändlern landen; na gut, Piloten, Politikerinnen und Zugführer sollten wir ebenfalls dazuzählen, Chemikerinnen und Hochseilartisten vielleicht auch, Chirurginnen, Chefsekretäre und Hinkelsteinlieferanten nicht zu vergessen sowie den Rest der tätigen Menschheit. Möglichst alles richtig machen zu wollen ist gleichbedeutend mit: einen perfekten Plan schmieden. Bei den Managern etwa zeigt sich das in Form von Businessplänen, Krisenszenarien, Casestudies, SWOT-Analysen* und Wettbewerbsmatrizen. Sofern diese Papiere Diagramme enthalten, beweisen sie allesamt, daß es durch die entwickelten Strategien aufwärtsgeht, immer weiter aufwärts. Menschen wiederum, die glauben, sie seien nicht schlank genug, entwerfen gern Diätpläne; es kommt auf ihren jeweiligen weltanschaulichen Hintergrund an, zu welchem Allheilmittel sie dabei neigen, ob zur Ananas, zum Eiweißgetränk, zur Kartoffel, zu FKS («Friß keine Schoko») oder zum mediterranen Ensemble aus Olive, Öl

* Bei SWOT handelt es sich um ein Akronym, das sich aus den Begriffen «Strengths», «Weaknesses», «Opportunities» und «Threats» zusammensetzt. Diese Analyse der eigenen Stärken, Schwächen, Chancen und Risiken wird gerne für langfristige strategische Planungen angewandt.

und Tomate. Leute schließlich, die sich Sorgen um ihre Kinder machen, basteln mit Vorliebe Ausbildungspläne. Es gibt natürlich zahllose weitere Themen, die sich fürs Plänemachen eignen, und ebenso viele verschiedene Arten, sie Gestalt annehmen zu lassen, seien es Käsezettel, Kochrezepte oder Mindmap-Bäume, Steinhaufen (wie in Stonehenge), Excel-Charts oder Konstruktionszeichnungen.

Womit sich diese Pläne auch befassen – im Kern dienen sie alle ein und demselben Zweck: Sie sollen den Menschen möglichst klare Handlungsanweisungen geben, damit sie erfolgreich sind. Und sie sollen uns davon überzeugen, daß sich alles organisieren läßt, daß wir das Kommando haben und genau das bekommen, was wir uns ersehnen. Dieser Glaube ist nicht zu erschüttern, auch nicht durch den Umstand, daß im Verlauf komplexerer Unternehmen wie der Karriereplanung oder der Anbahnung einer tragfähigen Beziehung (einschließlich Kinderwunsch) einige Probleme auftauchen. Warum sollte uns das bekümmern? Sind wir nicht unseres Glückes Schmied? Sind Krisen nicht auch Chancen? Und versprechen uns nicht sämtliche Ratgeber, daß sich prinzipiell alles bewerkstelligen läßt – sei es nun das Abnehmen oder das Schönwerden oder das Glücklichwerden –, wenn man nur den richtigen Plan verfolgt? Eben! Wir und die Ratgeber, wir wissen uns eines Sinnes mit der herrschenden gesellschaftlichen Stimmung, die der Philosoph Odo Marquard nüchtern auf den Begriff gebracht hat: «Wir leben im Zeitalter der Machbarkeit.»

In vielen Momenten mögen wir mit unserer Überzeugung, die Dinge seien planbar, sogar rechtbehalten; beispielsweise bei dem Vorhaben, erst ein Pfund Butter zu kaufen und dann, auf dem Rückweg, endlich das Altglas zu entsorgen – wenn wir auch nicht ausschließen können, daß die Container überfüllt sind und wir daher gezwungen, unsere Tüten wieder mitzunehmen oder mit Gewissensbissen neben dem Container abzustellen. Doch spätestens angesichts der «Wenns» und «Falls», die bei der Planung des nächsten Wochenendes auftauchen, beginnen wir zu ahnen, daß die Projekte nicht nur zum Kompliziertsein neigen, sondern auch dazu, sich anders zu entwickeln als geplant: «Falls es regnet, könnten wir ins Museum gehen; das ist aber am Wochenende meist ziemlich voll, deswegen sollten wir anrufen und fragen, ob es numerierte Eintrittskarten gibt. Wenn nicht, könnten wir es drauf ankommen lassen, wer weiß, vielleicht ... oder doch lieber ins Kino?» Und stehen wir eines Abends trotz eines phantastischen Kochrezepts vor einem Berg verbrannter Schnitzel oder, wenige Wochen später, vor der Erkenntnis, daß wir keine Kreativpause mehr machen, sondern – trotz aller Bemühungen, einen Job zu finden – arbeitslos sind, kommen wir nicht mehr umhin, uns zu fragen: Woran liegt's, daß unsere perfekten Pläne nicht aufgehen?

Dafür gibt es einen Grund, der sich singen läßt. In Bertolt Brechts «Dreigroschenoper», vertont von Kurt Weill, heißt es im «Lied von der Unzulänglichkeit des menschlichen Strebens»: «Ja, mach nur einen Plan / Sei nur ein großes Licht! / Und mach dann noch 'nen zweiten Plan / Geh'n tun sie beide nicht. / Denn für dieses Leben / Ist der Mensch nicht schlecht genug. / Doch sein höh'res Streben / Ist ein schöner Zug.» Dieser Song ist hilfreich, legt er uns doch nahe, einen Blick in den Spiegel zu werfen. Dort werden wir den wichtigsten und zugleich rätselhaftesten Grund für das Dahineiern unserer Pläne entdecken: uns!

Psychologen haben herausgefunden, daß wir beim Pläneschmieden zu zwei folgenschweren Verhaltensweisen neigen: Zum einen halten wir uns für sehr, sehr kompetent und daher sämtliche Probleme für lösbar; das hat zur Folge, daß wir prinzipiell zu optimistisch planen und sowohl die Dauer als auch die möglichen Schwierigkeiten unserer Projekte falsch einschätzen. Zum anderen neigen wir dazu, wenn wir an die Vergangenheit denken, allein das Positive hervorzuheben, alles Negative dagegen zu verdrängen. Diese Veranlagung zur Selbstüberschätzung, zur Schönfärberei und zum hemmungslosen Optimismus ist wohl auf unsere Angst zurückzuführen, schlecht dazustehen – ob nun vor uns selber oder vor anderen. Denn so breitschultrig wir uns auch geben mögen, in jedem von uns steckt eine zarte, verletzliche Seele. Und die versucht uns zu schützen, mitunter mit allen Mitteln der Täuschung und Tarnung, koste es, was es wolle. Hauptsache, wir denken einigermaßen gut von uns und bekommen die Dinge ansatzweise hin. Wer also andere fragt, welche Realisierungschancen ihre Pläne haben, wird stets optimistisch gestimmte Antworten bekommen; und wer sich nach abgeschlossenen Projekten erkundigt, wird meist eine makellose Erfolgsgeschichte zu hören kriegen – von den kleinen und den großen Katastrophen, die mit menschlichem Handeln so oft einhergehen und uns durchaus ein realistischeres Bild geben könnten, ist jedenfalls selten die Rede.

Es ist nun einmal eine der wichtigsten Aufgaben unserer Psyche, uns davon zu überzeugen, Chef des Universums zu sein. Das hat Konsequenzen: Werden Projekte kompliziert und verwirrend – und welche werden das nicht? –, können wir uns das nur schwer eingestehen. Und kommt es doch einmal zu einem Konflikt zwischen Realität und Selbstbild, weiß unsere Psyche erneut Rat. Sie fordert uns auf, das Thema zu wechseln – und uns nicht länger mit dem Großen und Ganzen auseinanderzusetzen, das uns soeben demütig und ängstlich werden ließ, sondern mit kleinen, überschaubaren Problemen, die leicht zu meistern sind. Wer also mit dem Umzug in eine neue Stadt nicht zurechtkommt, beschäftigt sich gern erst einmal mit der Frage, wie sein neuer E-Mail-Account zu konfigurieren ist. Wer an der Erarbeitung der neuen Power-Point-Präsentation zu scheitern droht, dem legt sein Ego nahe, erst einmal sämtliche Bleistifte zu spitzen. Und wer die Fertigstellung seiner Doktorarbeit nicht in den Griff bekommt, der versucht gern über Wochen, eine noch bessere Software für die Verwaltung der Sekundärliteratur zu finden. Sollten diese Tricks nicht greifen, bedient sich unsere Psyche einer weiteren Strategie, um uns vor der Kränkung des Scheiterns zu schützen: Sie bringt uns dazu, anderen gegenüber aggressiv zu werden oder Machtspielchen anzuzetteln. Und zwar mit dem Ziel, auf diese Weise unser lädiertes Ich wiederherzustellen.

Diese Strategien haben freilich nennenswerte Begleiterscheinungen. So kann es sein, daß eines Morgens die Umzugsjungs vor der Haustüre stehen und wir ihnen zwar ein Bündel frischgespitzter Bleistifte reichen können, aber keinen einzigen gepackten Karton; daß wir zwar die meistgefürchteten Affen im Unternehmen sind, aber die Pleite droht; oder daß wir eine gigantische Sammlung an Sekundärliteratur besitzen, aber bei der Dissertation über das Titelblatt noch nicht hinausgekommen sind. Das ist alles ziemlich kompliziert!

Doch da gibt es noch einen weiteren Grund für die Unmöglichkeit perfekter Pläne: den Zufall. Also der Umstand, daß jederzeit folgenschwere Ereignisse eintreten können, ohne daß eine Absicht erkennbar wäre, sie jemand geplant hätte oder wir etwas dagegen zu tun vermögen: Das Auto springt plötzlich nicht an, obwohl es jahrelang klaglos funktioniert hat (und schon fehlen wir bei einer lange geplanten Sitzung, in der wichtige Jobs vergeben werden); wir gehen nur lustlos und widerwillig auf ein Geburtstagsfest (und lernen dort einen interessanten Menschen kennen, der einem gemeinsamen Bekannten von der Begegnung erzählt, was den wiederum dazu animiert, uns anzurufen und ein Jobangebot zu machen, das wir zwar ablehnen, aber an einen Dritten weiterreichen, der davon profitiert). Wer sich Wirken und Wüten des Zufalls lieber ganz plastisch vor Augen führen möchte, wer um dessen Macht wissen will, der gehe ins Fußballstadion. Ich untersage es mir, Sie mit der Nacherzählung einzigartiger Spielzüge zu langweilen, aber wie schnell sich die Kräfteverhältnisse ändern können und so manche Mannschaft in schier aussichtslosen Situationen das Blatt doch noch erfolgreich wendet oder wie hochgelobte Alleskönner im plötzlich einsetzenden Regen komplett versagen – das fasziniert jedesmal von neuem.

Wer die Behauptung, vieles in unserem Leben beruhe auf Zufall, lieber anhand seiner eigenen Biographie überprüft, der könnte auf einem Blatt Papier die entscheidenden Momente notieren, die ihn an den Ort geführt haben, an dem er eben steht beziehungsweise liegt. Wer dabei jeden ungeplanten Wendepunkt rot markiert, wird feststellen, daß der Philosoph Odo Marquard mit seiner These vollkommen recht hat: «Wir Menschen sind stets mehr unsere Zufälle als unsere Wahl.» Und wen der Blick auf seine eigenen Krakeleien nicht von der Macht des Zufalls überzeugen kann, der sollte zwei Hinweise Marquards bedenken, die existentieller nicht sein könnten. Sie beziehen sich auf die Tatsache, daß unser Leben mit einem Riesenzufall beginnt: «Wir könnten auch nicht – oder zu anderer Zeit, in anderer Weltgegend, in anderer Kultur und Lebenslage – geboren sein.» Und genauso zufällig endet: «Der Zufall, der uns am schicksalhaftesten und – falls man ihn nicht als den Trost betrachtet, nicht endlos weiterturnen zu müssen – am härtesten trifft, ist unser Tod: Wir sind – aus Schicksalszufall – durch Geburt zum Tode verurteilt.»* Umstände, auf die wir beim besten Willen nicht den geringsten Einfluß haben. Oder habe ich einen entsprechenden Ratgeber übersehen?

Aus Sicht von Planungsfanatikern sieht die Sache also ziemlich düster aus: Nicht genug, daß wir uns mit dem menschlichen Hang zur Selbstüberschätzung und Schön-

* Durchzusetzen begonnen hat sich die Ansicht, die menschliche Entwicklung könnte stärker vom Zufall abhängen, als uns das lieb ist, mit den Erkenntnissen des Naturforschers Charles Darwin. Zum Entsetzen seiner Zeitgenossen sprach er Mitte des 19. Jahrhunderts davon, die Entwicklung der Lebewesen verdanke sich einer Reihe von Zufällen; ihre Entwicklungslinien seien durch Sprunghaftigkeit und scharfe Wendungen charakterisiert und – so der Umkehrschluß – hätten genausogut anders verlaufen können.

färberei herumschlagen müssen, es ist auch noch alles überaus kompliziert, und uns kann ständig etwas passieren, das uns schicksalhaft trifft wie der sprichwörtliche Blitz aus heiterem Himmel. All das nötigt uns eine Erkenntnis auf: Wir haben nicht alles in der Hand; wir bilden uns bloß ein, das Gefährt namens «Leben» zu lenken. In Wirklichkeit können wir jederzeit zum Geisterfahrer werden, weil uns der Zufall auf die Gegenfahrbahn dirigiert. Unangenehmer Gedanke, sehr unangenehmer Gedanke. Vor allem, wenn wir auf alles vorbereitet sein wollen und glauben, ein Recht darauf zu haben, daß unsere Projekte klappen, weil wir so viel Zeit für ihre Planung verwandt haben.

Womit wir beim praktischen Teil und der Frage angelangt wären: Was tun?

Nichts planen ist auch keine Lösung. Vielmehr sollten wir erkennen, daß wir das eine verfolgen müssen, um etwas anderes zu erreichen (was immer das sein mag). Manche von uns könnten sich angesichts des vorhin Gesagten zu einem radikalen Entschluß genötigt sehen: «Wenn ich keine Chance gegen mein Ego, die anderen, die Welt und den Zufall habe und das Planen ohnehin nicht klappt, dann lasse ich es eben sein.» Das könnten Sie zweifellos. Doch Sie würden dabei zweierlei nicht berücksichtigen: Zum einen, daß es durchaus gute Gründe für selbstgesteckte, wenn auch unerreichbare Ziele gibt. Denn würden wir uns das eigene Leben nicht immer wieder unbequemer machen, als es von Natur aus ist, würden wir uns nicht selbst stressen, indem wir große Pläne und große Erwartungen hegen, hingen wir herum wie labbriger

Salat, der zu lange im Wasser gelegen hat. Nur übertreiben sollten wir es mit dem Selbststressen nicht, aber das muß ich nicht eigens betonen.

Zum anderen kann die Wechselbeziehung zwischen Zufall und Planen, zwischen Müssen und Wollen bisweilen vertrackt sein. Wie wunderbar vertrackt, das schildert der Schriftsteller Hans Magnus Enzensberger in dem Text «Unregierbarkeit». Es geht um einen Bundeskanzler, der sich von einem Wissenschaftler erklären läßt, daß der Staat unregierbar ist, weil so überaus komplex aufgebaut; der Kanzler könne seine politischen Ideen niemals durchsetzen, die Realität sei einfach stärker als er. Woraus der Politiker schließt, er könne genausogut aufhören zu regieren – und dies auch tatsächlich tut und damit eine veritable Staatskrise auslöst. Daraufhin ruft man eilig den Wissenschaftler herbei, damit der erneut mit dem Regierungschef rede. Was der gerne tut, und zwar folgendermaßen: «Selbstverständlich kann der Bundeskanzler niemals ‹gewinnen› ... Aber das heißt noch lange nicht, daß er entbehrlich oder gar überflüssig wäre. Im Gegenteil! Im Gegenteil!» Der Grund für die Verpflichtung des Kanzlers, trotz aller Vergeblichkeit weiterzumachen, lautet schließlich: Der Staat ist «ein hyperkomplexes System», das «notwendigerweise zusammenbricht, sobald Sie die Elemente entfernen, die es strukturieren, auch wenn diese Elemente sich nie und nimmer ohne Rest durchsetzen können». Übersetzt für unsere kleine, individuelle Welt heißt das: Wir mögen zwar keine großen Chancen haben, unsere Superpläne in allen Details zu realisieren, aber daraus zu schließen, wir könnten genausogut damit aufhören, wäre falsch. Vielmehr sollten wir mit sonnigem Gemüt an unseren Projekten und Wünschen weiterwerkeln, ohne zu erwarten, sie jemals 1:1 umsetzen und erfüllen zu können. Das Problem besteht nicht darin, *daß* wir Pläne verfolgen, sondern darin, *wie* wir sie verfolgen. Und genau darum soll es jetzt gehen, um eine Lebenshaltung, die ich «Durchwursteln» nennen möchte. Sie bildet gleichsam das Wasserzeichen des «Kleinen Seelenklempners», den ich in der Überzeugung geschrieben habe, daß Durchwursteln eine menschenfreundliche Methode ist, durchs Leben zu kommen. Genau betrachtet sogar die einzige, die uns zur Verfügung steht. Doch ich kann mich auch täuschen.

Wir sollten den Satz «Es ist passiert!» in unseren aktiven Wortschatz aufnehmen. Bei einer so diffus-existentiellen Sache wie dem Durchwursteln braucht es die Hilfe großer Autoren, damit wir ein Gefühl dafür bekommen, worauf wir uns einlassen. Und tatsächlich: Bei Robert Musil werden wir fündig, im «Mann ohne Eigenschaften». Als Musil in dem Kapitel «Kakanien» die versunkene österreichisch-ungarische Monarchie charakterisiert, erwähnt er eine Redewendung, die wir Durchwurstler uns zur zweiten Natur machen sollten: «Es ist passiert, sagte man dort, wenn andre Leute anderswo glaubten, es sei wunder was geschehen; das war ein eigenartiges, nirgendwo sonst im Deutschen oder einer andern Sprache vorkommendes Wort, in dessen Hauch Tatsachen und Schicksalsschläge so leicht wurden wie Flaumfedern und Gedanken.» Möglich sei das nur in einem Staat gewesen, «der sich selbst irgendwie nur noch mitmachte, man war negativ frei darin, ständig im Gefühl der unzureichenden Gründe der eigenen Existenz und von der großen Phantasie des Nichtgeschehenen oder doch nicht unwiderruflich

Geschehenen wie von dem Hauch der Ozeane umspült, denen die Menschheit entstieg.»

Wenn wir also unser Leben zu planen versuchen, uns durch dessen Höhen, Tiefen und langgestreckte Ebenen bewegen, dann sollten wir – so meine Empfehlung – hin und wieder innehalten und zu uns selbst sagen: «Es ist passiert!» Nicht mehr und nicht weniger. Sie könnten auch die Formulierung eines unserer Kinder verwenden. Auf die Frage, ob es der Urheber der kleinen Bleistiftskizze auf der frisch geweißelten Wand sei, antwortete es mit dem hilfreichen Satz: «Es ist so geworden!» Versuchen Sie es bei nächster Gelegenheit. Sie werden spüren, wie Sie von einem Gefühl der Erleichterung durchströmt werden. Denn wer sich so wunderbar beiläufig von der Idee verabschiedet, große Pläne entwerfen und stemmen zu müssen, wer einräumt, es liege nicht unbedingt an ihm, daß am Schluß zwar etwas Brauchbares herausgekommen ist, aber definitiv nichts Revolutionäres – der nimmt den Druck von seinen Schultern und verschafft sich Luft zum Atmen: «Aaaaaah! Ich bin nicht schuld. Es ist passiert!»

Wir sollten jedoch nicht übersehen, daß mit dem Zusammenschnurren unserer riesigen Pläne und dem Herunterschrauben unserer übergroßen Erwartungen auf ein menschliches Maß das schmerzhafte Gefühl des Verzichts einhergehen kann. Den Traum zu beerdigen, eine glänzende Karriere als Model oder als Internet-Unternehmer oder als zehnfacher Vater zu stemmen, macht erst mal keine gute Laune. Aber vielleicht erreichen wir das Ziel ja doch noch, denn oft scheitern wir nur, weil uns die gigantischen Pläne zu sehr stressen. Ein gutes Beispiel für den positiven Effekt dieses Downsizing sind jene Paare, die nach jahrelangen vergeblichen Versuchen, ein Kind zu zeugen, eines adoptieren – und kurze Zeit später ein eigenes bekommen. Tja, wenn wir alles immer vorher wüßten!

🗝 *Wir sollten die Macht des Schicksals anerkennen und respektieren – schon deshalb, weil wir dann plötzlich die ganze Verantwortung nicht mehr allein tragen müssen.* Dieses Thema begegnet uns im Grunde in vielen Verkleidungen immer wieder von neuem. Wenn wir es hochhängen wollten, ließe sich sagen, es gehöre zu den Lebensthemen. Wollen wir aber nicht. Oder doch? Unsere Seele wird jedenfalls jedesmal ordentlich durchgeschüttelt, wenn wir die Erfahrung machen, daß wir nicht alles planen können und das Schicksal uns ohne geringste Vorwarnung erfaßt. So wie mich vor vielen Jahren am Mittelmeer.

Es war ein sonniger Tag nach einer stürmischen Nacht, das Meer also noch unruhig, ich durch die Freundlichkeit des Wetters leichtsinnig gestimmt. So kam es, daß ich die Warnungen meiner Freunde in den Wind schlug und die Felsküste hinunterkletterte, um baden zu gehen. Im ersten Moment glaubte ich noch, es seien ein paar harmlose Wellen, die mich umspülten, bis ich schlagartig den Boden unter den Füßen verlor, von der Strömung erfaßt, ins Meer hinausgezogen, unter Wasser gedrückt und herumgeschleudert wurde. Ich hatte keine Ahnung mehr, wo oben und wo unten war, wo die Küste und wo das offene Meer, als ich die Augen aufriß, sah ich bloß Milliarden Luftbläschen im Wasser, das mir auch noch in Nase und Mund drang. Mir wurde schlagartig klar: Da ist etwas stärker als du, unendlich viel stärker. Mehr Kraft brachte ich nicht auf, ich registrierte bloß verwundert, was da mit mir geschah. Sogar die Angst blieb aus, weil das Schauspiel so überwältigend war. Etwas dagegen tun? In einer Brandung? Nachdem mich die Wellen wieder ausgespuckt hatten, wußte ich recht genau, daß es auch in eine andere Richtung hätte gehen können, in die Tiefe des Meeres zum Beispiel oder in die Nähe der großen, spitzen Felsen, irgendwohin, nur nicht wieder raus, zu den anderen, zum Badetuch.

Was wir aus solchen Erfahrungen lernen können? Einiges. Erst einmal: Man sollte die Warnungen seiner Freunde ernst nehmen, vor allem dann, wenn sie recht haben. Zweitens: Wir haben nicht alles in der Hand. Um das zu begreifen, müssen wir nicht ans große Schicksal denken. Es genügt, wenn wir uns vor Augen führen, daß wesentliche Teile unseres Lebens von Faktoren bestimmt werden, die wir nur bis zu einem gewissen Grad beeinflussen können: von der Familie, dem Staat, dem Beruf, unserem Körper, dem Stärksten in der Schulklasse. Vom Zufall ganz zu schweigen. Drittens: Es gibt einen Widerspruch zwischen der Macht des Schicksals und unserem angeborenen Wunsch nach Selbstbestimmung. Der läßt sich nicht auflösen, leider! Nichts zu machen. Wir können zwar über das fiese Schicksal und die doofen Zufälle lästern, das kann sogar recht unterhaltsam und entlastend sein. Aber wir dürfen nicht vergessen, daß dies bloß unserer Selbstbehauptung dient, ändern tut es nichts. Und schließlich sollten wir nicht der Vorstellung anhängen, das Schicksal schulde uns etwas oder wir könnten es mit Hilfe von Opfern besänftigen oder für uns einnehmen. Zufälle erfassen uns, selbst wenn wir eine Hasenpfote in der Tasche tragen, zehn vierblättrige Kleeblätter, ein Hufeisen oder alles zusammen. Exklusivverträge mit dem Schicksal existieren nicht, für niemanden. «Shit happens» beziehungsweise «luck happens», mehr ist dazu eigentlich nicht zu sagen. Daher ist auch die Frage «Warum ich?» falsch gestellt, wenn uns das Schicksal mit aller Wucht trifft. In ihr schwingt die kindliche Vorstellung mit, wir hätten das Recht auf eine bessere Behandlung, weil wir im Grunde unseres Herzens gute Menschen sind. Das mag in den meisten Fällen auch stimmen, aber dem Zufall ist das egal. Um uns auf diese Ebene der Verhandlungen zu begeben, müßten wir an Gott glauben, wenngleich er den Ruf hat, ähnlich verschwiegen zu sein wie das Schicksal.

Es bleibt daher nur eins: weitermachen! Um jeden Preis. Mit den Wendepunkten, die uns das Schicksal liefert, das Bestmögliche anfangen und uns dabei stets daran erinnern, daß uns das Schicksal nicht persönlich meint. Daß zum Beispiel der heftige Verkehrsunfall, in den wir ohne unser Zutun geraten sind, purer Zufall war – ungewollt, ungeplant und sinnlos. Keine Strafe, kein Wink mit dem Zaunpfahl, nichts. Wir müssen den Unfall akzeptieren, wie er ist, ihn zur Grundlage unserer weiteren Pläne machen. Ich weiß, daß sich das unendlich viel leichter hinschreiben läßt, als es zu realisieren ist.

Wir sollten unser Talent zur Schludrigkeit pflegen, weil es uns vor dem Schlimmsten bewahrt. Wir haben zwar einen starken Hang dazu, alles richtig machen zu wollen, doch viele von uns erlauben sich regelmäßig Schludrigkeiten, sind also mit dem Unperfekten durchaus vertraut. Wer sich an seine diesbezügliche Kompetenz gerade nicht erinnern kann, der muß nur seine Schreibtischschubladen öffnen oder an die Kartons denken, die seit dem

Umzug vor einem Jahr unausgeräumt im Keller stehen. Und? Fühlen Sie es, das leise nagende Gewissen? Das ist der beste Beweis dafür, daß Sie genau wissen, wie Sie es anstellen, nicht perfekt zu sein.

Welch großen Gefallen wir uns damit tun, unser Talent zur Schludrigkeit zu pflegen, zeigt das Schicksal von Messies. Diese scheinbaren Vollchaoten sind nämlich nichts anderes als gescheiterte Perfektionisten. Weil sie sich mit halben Lösungen nicht zufriedengeben wollen, fangen sie gar nicht erst an, Ordnung zu schaffen, sondern kapitulieren gleich. Das führt dazu, daß wir ihre Wohnungen nur mehr auf schmalen, ausgetretenen Pfaden durchqueren können, weil überall Papierberge, Altglaspyramiden und Plastiktütenstupas in die Höhe ragen. Genauso kann es uns Pläneschmiedern gehen: Wo gelebt wird, sammeln sich auch jede Menge halbfertige, zurechtdilettierte und scheinvollendete Projekte an. Sie beweisen, daß mit uns alles in Ordnung ist – und nicht, wie man uns gerne glauben machen möchte, daß wir Versager sind, die bloß ein wenig erzogen werden müßten.

🗝 *Wir sind gut beraten, bloß halbgare und interimistische Pläne zu machen (statt perfekte und wasserdichte).* Ein naheliegender, wenngleich zu selten beherzigter Ratschlag. Einen perfekten Plan machen zu wollen ist ein Widerspruch in sich. Der Grund: Jeder Plan dieser Welt enthält zwangsläufig Elemente, die ungewiß sind, Elemente, die erst mal plausibel erscheinen, dann aber fragwürdig und rätselhaft werden. Schuld daran sind nicht wir Ahnungslosen, die die Annahmen besser hätten recherchieren können, schuld sind die Macht des Zufalls und die Vertracktheit der Welt. Sie greifen ein, wo, wann und wie sie wollen: Das Wetter schlägt plötzlich um und läßt die fröhliche Bootsfahrt zum Abenteuer werden; beim Blättern in alten Zeitschriften entdecken wir en passant etwas, das unsere Vorstellungen komplett über den Haufen wirft; oder die Kinder werden krank und machen eine neue Wochenplanung erforderlich. Ausgenommen davon sind bloß Ereignisse, die den Naturgesetzen unterworfen sind: Warme Luft steigt immer auf, Brot fällt immer auf die Butterseite, und nachher will es niemand gewesen sein.

Wer trotz dieser (schlummernden) Zufalls- und Komplexitätsbomben versucht, seinen vermeintlich perfekten Plan ohne jede Anpassung an die neuen Umstände durchzuziehen, wird scheitern. Und zwar auf lächerliche Weise. Nehmen wir an, es ist heiß, und jemand hat sich fürs nächste Wochenende vorgenommen, einen Ausflug an den Badesee zu unternehmen; nehmen wir weiter an, er hält an diesem Plan unbeirrt fest, obwohl die Temperaturen drastisch gefallen sind und es ohne Unterlaß regnet – dann findet er sich in kurzen Hosen allein am Strand wieder. Den vertraulichen Berichten einiger meiner Freunde zufolge, die sich in angesehenen Unternehmen bewegen, haben viele Projekstrategien eine ähnliche Qualität. Daß wir nicht alle über die Manager lachen, die da in kurzen Hosen im Regen stehen, liegt nur daran, daß die Materie, mit der sie sich beschäftigen, für Außenstehende kaum verständlich ist.

Wir sollten uns besser um die Details kümmern, als ständig mit dem Großen und Ganzen zu hantieren. Die klassische Vorstellung vom richtigen Planen und Tun ist folgende: ein Ziel definieren, dann einen Hochsitz errichten, einen detaillierten Plan entwerfen und schließlich die

Aufgaben verteilen. Der Pläneschmiedende muß dabei oben auf dem Hochsitz sitzen und überwachen, ob das Fußvolk auch tatkräftig am großen, perfekten Ding mitarbeitet. Sollte etwas schieflaufen, so die Annahme, werde er es von da oben sehen und abzustellen wissen. Es gibt viele Varianten dieser Strategie, aber im Grunde läuft es stets darauf hinaus, daß Projekte von zentraler Stelle aus definiert und gesteuert werden.

Es liegt auf der Hand, daß es dem Typen da oben auf dem Hochsitz mit zunehmender Komplexität des Projekts immer schwerer fällt, den Überblick zu behalten und die richtigen Anweisungen zu geben. Wenn dann noch fremdes Fußvolk auftaucht, eigene Leute das Projekt zu sabotieren beginnen, Unvorhergesehenes geschieht und der Manager im Hochsitz unter irgend etwas Untherapierbarem zu leiden beginnt (Größenwahn, Kritikunfähigkeit, Tennisarm), läßt sich leicht ausmalen, daß das ganze Unterfangen ein problematisches Ende nehmen wird.

Die Freunde des Durchwurstelns vertreten einen völlig anderen Ansatz. Sie verfolgen zwar ebenfalls große Ziele, denen sämtliche Bemühungen gelten, aber den Hochsitz wird man vergeblich bei ihnen suchen. Keiner da, weil sie ihn nicht brauchen. Definiert, gelenkt und vorangetrieben werden Projekte nämlich mittels handlicher Einzelaufgaben, die eine nach der anderen formuliert und abgearbeitet werden, wobei sich die zweite aus der ersten ergeben kann, die dritte wiederum aus der zweiten und so fort. Die Betonung liegt auf *kann*, denn diese Strategie der kleinen Schritte will sich nicht festlegen; so mag es auch sein, daß sich Schritt 27 aus Nummer 3 ergibt und der wiederum aus der 7. In seinem Buch «durchwursteln.

unkonventionell führen und organisieren», einem ebenso leidenschaftlichen wie intelligenten Plädoyer fürs Improvisieren, spricht der amerikanische Management- und Erziehungsberater Roger A. Golde vom «Arbeiten mit ganz kleinen marginalen Zuwächsen oder Fortschritten»; bei diesem pragmatischen Vorgehen werde nicht versucht, «das Problem als Ganzes, also total, sondern so zu lösen, daß nach und nach immer kleine Stücke des Problems abgespalten werden». Durchwurstler legen Strategien nicht vorab fest, sondern gehen davon aus, daß diese sich erst im Lauf der Arbeit an den Details ergeben, denen wir uns wiederum schrittweise nähern. Wer also ins Wochenende fahren will, kennt zwar seinen Plan, sich zu erholen und zu diesem Zweck die Stadt zu verlassen, befaßt sich aber nicht sofort mit der Recherche des geeigneten Campingplatzes, sondern kümmert sich erst mal um sein Auto: Fährt es? Sind die Reifen dran? Der richtige Soundtrack an Bord? Anschließend können wir dazu übergehen, die Rumpelkammer mit dem Freizeitzeug zu sichten. Wer weiß, was sich dabei ergibt? Wohin es dann wirklich geht, läßt sich aufgrund des funktionierenden Wagens immer noch entscheiden; und wenn dann noch die Kenntnis des exakten Wetters dazukommt, wird langsam ein Bade- beziehungsweise Bergschuh draus.

Mindestens ebenso wichtig wie die Resultate dieses Herumfrickelns an Details ist für Durchwurstler die emotionale Seite der ganzen Angelegenheit: Mitarbeiter, die Schritt für Schritt vorgehen, haben ungleich mehr Chancen zu experimentieren als die Exekutoren vorgefertigter Arbeitsgänge. So sie denn aufmerksam und flexibel sind, können die Mitarbeiter sogar neue Optionen für das Projekt entdecken, gleichzeitig aber aufgrund der Überschaubarkeit ihres Tuns Sackgassen zügig wieder verlassen. Wegen ihres erfüllten und unmittelbaren Tuns erleben sich die Menschen als kompetent und sind dadurch resistenter gegen Mißerfolgserlebnisse.

🗝 *Wir sollten versuchen, gleichgesinnte Durchwurstler zu finden – das macht gute Laune.* Sehr angesehen ist das Durchwursteln trotz der bislang skizzierten Vorteile nicht, und man muß schon ein wenig suchen, um kleine Plädoyers dafür zu finden. So vertritt beispielsweise der Professor und Buchautor Thomas Meuser die freundliche These, daß «eine erfolgreiche Promotion vor allem Wurschtel-Qualitäten erfordert», während Franz Fehrenbach, der Vorsitzende der Geschäftsführung der Robert Bosch GmbH, anläßlich der Finanzkrise freimütig bekannte: «Wir haben derzeit keinen Wirtschaftsplan, weil die Perspektiven völlig unklar sind.» Einen deutlich entschiedeneren Befürworter hat die Strategie des Improvisierens im neuen amerikanischen Präsidenten Barack Obama gefunden – wenngleich der den Begriff des «muddling through» nicht explizit verwendet (und das auch weiterhin so halten dürfte). Aber Obamas Kommentar zu seinem rund achthundert Milliarden Dollar schweren Hilfspaket für die US-Wirtschaft klang ganz danach. So sagte er auf seiner ersten großen Pressekonferenz am 9. Februar 2009 im East Room des Weißen Hauses: «Der Plan ist nicht perfekt, kein Plan ist das!» Welch menschenfreundliche Töne. Wie wunderbar. Und wie wenig beachtet von den professionellen Kommentatoren. Denn das sagt nicht der nette Onkel von der Kreissparkasse (für den so eine Aussage bereits ziemlich ungewöhnlich wäre), sondern jemand, der qua Position dazu verpflichtet ist, unumstößliche Wahrheiten zu verkünden. Doch damit nicht genug, Obama sagt noch weitere Dinge, die wir uns ins Notizbuch schreiben sollten, ganz vorne, wo wir gerne nachsehen: «Und ich kann Ihnen auch nicht versprechen, daß alles genauso klappen wird, wie wir das hoffen. Aber ich kann Ihnen mit absoluter Sicherheit sagen, daß sich die Krise und das Leid von Millionen Amerikanern weiter verschärfen werden, falls wir untätig bleiben.» Klingt, als hätte ihm der vorhin erwähnte Hans Magnus Enzensberger die Worte in den Mund gelegt.

Wir sollten uns mal auf Bauchentscheidungen verlassen, mal auf rationales Vorgehen, je nach Bedarf – und darin keinen Widerspruch sehen. Die hohe Schule des Durchwurstelns plädiert nicht nur dafür, sich gegebenenfalls zu verzetteln und über diesen Umweg eine neue Form der Intelligenz entstehen zu lassen. Sie spricht sich zudem für eigenartige Methoden aus. So warnt der bereits zitierte Roger Golde davor, sich bloß auf strenge Rationalität zu verlassen; vielmehr empfiehlt er nachdrücklich «nichtlogisches Denken». So sei es oft hilfreich, sich von einem aktuellen Problem abzuwenden und spazierenzugehen oder sich schlafen zu legen. Hinter dieser Empfehlung steht die Annahme, daß die «unbewußten Prozesse eine Zeitlang die Bearbeitung übernehmen» und man nachher klüger sei als zuvor. Das mag ein wenig esoterisch klingen, Hirnforscher haben aber in der Zwischenzeit gezeigt, daß diese Strategie durchaus berechtigt ist. Es kann sehr sinnvoll sein, sich abends mit bestimmten Problemen zu beschäftigen beziehungsweise Lernstoff anzueignen. Der Grund: Unser Gehirn liegt nachts nicht komatös in unserem Kopf herum, sondern arbeitet auf Hochtouren – mit dem Ergebnis, daß wir am nächsten Morgen klarer sehen und einige unregelmäßige Lateinvokabeln mehr beherrschen als zuvor.

Ganz ähnlich argumentiert der Psychologe Gerd Gigerenzer, der sich in seinem Buch «Bauchentscheidungen» mit der «Intelligenz des Unbewußten und der Macht der Intuition» befaßt. Er kommt zu dem Fazit, daß wir «auf unsere Intuition vertrauen» sollten, «wenn wir über Dinge nachdenken, die schwer vorauszusagen sind, und wenn wir wenig Informationen haben» – wenn es also um die weißen Flecken in unseren Plänen geht. Unter Intuition versteht Gigerenzer übrigens unsere angeborene Fähigkeit, ein relativ gutes Gefühl für die Zukunft zu entwikkeln; er behauptet, daß wir uns dabei gern «auf den besten Grund» beschränken und möglichst wenige Informationen aufnehmen. Dies untermauert er mit einigen Studien, in einer weist er zum Beispiel nach, daß uns schon zwei einfache Fakten genügen, um mit hoher Wahrscheinlichkeit vorherzusagen, welche Fußballmannschaft ein bestimmtes Spiel gewinnen wird: Wir müßten nichts anderes wissen als den Tabellenrang und den Halbzeitstand. Wie das funktioniere? Wir würden, so Gigerenzer, intuitiv (und korrekterweise) annehmen, daß das bislang deutlich bessere Team auch gewinnen wird; und falls die beiden Mannschaften ungefähr gleich stark sind: jenes, das zur Halbzeit führt. Fertig! Unsere Intuition hält also problemlos mit den Trendstudien und Umfragetools jener Leute mit, die sich eine goldene Nase damit verdienen, Managern zu verraten, was diese selber wissen könnten – würden sie nur wagen, auf ihre Gefühle zu hören.

Und auch der Autor Nassim Nicholas Taleb, ein ehemaliger Börsenhändler, gibt in seinem wunderbaren Buch «Der Schwarze Schwan», das sich mit der Macht höchst unwahrscheinlicher Ereignisse beschäftigt, wertvolle Anregungen für das Selbstverständnis des Durchwurstlers. Erst reitet er eine Attacke nach der anderen gegen all jene Wissenschaftler, die glauben, sie hätten mathematische Modelle entwickelt, mit denen sich ökonomische und gesellschaftliche Entwicklungen präzise vorhersagen ließen. Um dann schließlich dieser Methode der Bösen die Methode der Guten gegenüberzustellen: Der Gute, so Taleb, «entwickelt Intuitionen auf Grundlage der Praxis, geht von Beobachtungen zu Büchern». Seht ihr, liebe Jungs auf den Hochsitzen, so einfach kann das sein! So einfach! Wenn auch, zugegeben, nur manchmal …

Denn es wäre fahrlässig, wenn wir uns von nun an darauf beschränken würden, aus dem Bauch heraus zu entscheiden; auch sollten wir uns nicht unverrichteter Dinge ins Bett legen, wenn es schwierig wird. Als versierte und flexible Durchwurstler ahnen wir jedoch allmählich, wann es angebracht sein könnte, ein bißchen esoterisch zu werden, und wann wir den analytischen und rationalen Weg beschreiten sollten.

Einen deutlichen Hinweis darauf, wann was zu tun ist, gibt uns Gigerenzer: Eine komplexe Analyse «zahlt sich aus, wenn es gilt, die Vergangenheit zu erklären, wenn die Zukunft in hohem Maße vorhersagbar ist oder wenn reichlich Information vorliegt» – was wir freilich schon ahnten, als wir das Auto für den Wochenendausflug flottgemacht haben. Wer mit komplizierten Apparaten zu tun hat, mit spannenden Daten oder der Gründung einer GmbH, der wird sich nicht mit verschränkten Armen hinstellen und versuchen, die Sache intuitiv zu lösen.

Auch unser wegweisender Autor aus den siebziger Jahren, Roger A. Golde, rät nachdrücklich, flexibel zu bleiben und sich die richtigen Anlässe fürs Wursteln und für dessen Gegenstück, das rationale Vorgehen, zu suchen. So sei es besser, meint er, sich durchzuwursteln, wenn es um Menschen und ihre Angelegenheiten gehe; Sachprobleme seien oft ein Fall fürs Rationalsein, besonders kleine und mittelgroße Pläne eigneten sich seiner Erfahrung nach fürs vernünftige Abarbeiten; große und komplexe hingegen seien wieder ein Fall fürs Herumimprovisieren; und schließlich sei man mit dem Durchwursteln auch gut beraten, wenn der Plan von vielen Unwägbarkeiten – sei es aufgrund unzuverlässiger Mitarbeiter oder aufgrund unklarer Zeitläufte – bestimmt werde. Generell müssen wir «während der Lösung eines Problems sehr oft zwischen Wursteln und logisch-kausalem Denken hin- und herwechseln. Sobald eine Idee durch rationales Denken geklärt und geprüft ist, ist die Grundlage für die nächste Runde des Wurstelns hergestellt.»

Wir sollten flexibel bleiben und bloß dann konsequent sein, wenn es um die Befolgung dieses Ratschlags geht. Diese Empfehlung klingt ein bißchen wie einer dieser Appelle, die bevorzugt in Neujahrsansprachen von Bundespräsidenten und in den Reden von Personalchefs auftauchen (wenn sie Einsparungen und Entlassungen ankündigen). Wie sollen wir sie also verstehen, wenn nicht miß? Am besten als eine Grundhaltung, die wir uns immer wieder in Erinnerung rufen sollten. Flexibel zu sein bedeutet:

- ein grobes Ziel festzulegen, das man mit seinem Plan erreichen will (das reicht in der Regel)
- auf andere zu hören und ihre Anregungen gegebenenfalls aufzunehmen
- sich nicht verpflichtet zu fühlen, am eigenen Plan um jeden Preis festzuhalten
- den Plan aus Einzelschritten zusammenzusetzen, manche davon konkret, andere eher angemessen diffus haltend, damit sie sich dehnen, drehen oder wenden lassen (flexible Einzelteile besitzen den Vorteil, daß ihr Nichtfunktionieren auf das Gesamtkonstrukt keine gravierenden Auswirkungen hat)
- sich vieles zuzutrauen, im richtigen Moment aber zu registrieren, daß man ziemlich große Angst hat
- sich nicht allzu ernstzunehmen, im nächsten Moment aber davon auszugehen, daß man von der eigenen Klugheit überrascht werden wird
- sich an der Methodik des idealtypischen Durchwurstlers zu orientieren, die Golde sinngemäß so beschreibt: Der Durchwurstler improvisiert, reagiert auf Zwänge und auf die Anforderungen des Augenblicks
- damit zu rechnen, daß unsere Pläne scheitern können; daß Probleme auftreten, von denen wir nichts geahnt haben; daß wir überraschend Erfolg haben können.

Beherzigen Sie all dies, können die Aussichten, ein Ziel tatsächlich zu erreichen, nur besser werden.

Sehen Sie sich den Wust an (unvereinbaren) Zielen und Plänen, Wünschen und Erwartungen in Ihrem Leben einmal genauer an, indem Sie eine Gruppe von Playmo-

bilmännchen vor sich aufbauen. Weil wir, was die eigenen Angelegenheiten anlangt, oft mit Blindheit geschlagen sind, hilft es wahrscheinlich, einen Trick anzuwenden: Setzen Sie sich an einem friedlichen Sonntagnachmittag an den Küchentisch und verleihen Sie Ihren Lebenszielen und Plänen, Wünschen und Erwartungen eine konkrete Gestalt, indem Sie ein paar Playmobilfiguren vor sich aufstellen und ihnen Namen geben (auf Post-its schreiben und ankleben): «Feste Beziehung», «Völlige Unabhängigkeit», «Kinder», «Riesenkarriere», «Großer Reichtum», «Sexuelle Erfüllung», «Bequemes Leben» und so fort. Erst aufhören, wenn im wahrsten Sinne des Wortes alles auf dem Tisch ist. Dann das ganze Durcheinander eingehend betrachten. «Wow, herrscht hier ein Gewimmel! Und das alles soll ich unter einen Hut bringen?»

Im nächsten Schritt könnten Sie versuchen, die auf dem Tisch verteilten Figuren ein wenig zu ordnen, um zu sehen, was wohin gehört, welcher der vielen Wünsche dem anderen im Weg steht beziehungsweise welche Pläne einander widersprechen. Es empfiehlt sich, die Sache zu keinem hochkomplexen Strategiespiel zu machen, sondern sich einfach von der Intuition leiten zu lassen. Schieben Sie die Figuren so lange herum, bis Sie das Gefühl haben, alle stehen auf dem richtigen Platz oder zumindest an einer Stelle, an der sie nicht mehr stören. Ja, vielleicht sehen Sie sich sogar genötigt, einige von ihnen ganz vom Tisch zu nehmen (was hilfreich wäre). Um die Perspektive der jeweiligen Figur einnehmen zu können, einfach den Finger auf deren Kopf legen und ein wenig einfühlen. Wer zu sehr am Schicksal einzelner Figuren hängt, sollte sich vorstellen, er erledige die Sache für einen engen Freund –

am besten, Sie versuchen das von vornherein. Am Schluß könnten Sie dasitzen und erkennen, daß das Playmobilmännchen, das auf dem Rücken das Post-it «Feste Beziehung» trägt (zufälligerweise ein Pirat), im Zentrum der kleinen Inszenierung steht, während das Männchen mit dem Aktenkoffer («Völlige Unabhängigkeit») irgendwo weit draußen, zwischen Salzstreuer und Pfeffermühle, gelandet ist, und daß die «Sexuelle Erfüllung» (ein Bauarbeiter) ganz gut aufgehoben ist zwischen «Geborgenheit» (ein ägyptischer Sänftenträger) und «Abenteuer» (ein Indianer mit Kopfschmuck).

Sollten Sie sich während dieses Nachmittags nicht ein wenig sonderbar fühlen und nicht gelegentlich den Gedanken hegen, einer bescheuerten Idee aufgesessen zu sein, haben Sie etwas falsch gemacht. Ihre leichte Reserviertheit zeigt Ihnen, daß Sie sich eine skeptische Haltung bewahrt haben, die Sie vor allzu großem Unsinn schützen wird. Sie sollten nur vermeiden, sich von diesen befremdlichen Gefühlen zu sehr beeindrucken zu lassen, bezieht sich die Sache mit den Playmobilmännchen doch auf zigfach erprobte Techniken, wie sie etwa bei systemischen Aufstellungen Anwendung finden.

Stehen Sie sich selbst beratend zur Seite. Klingt erst mal eigenartig, läßt sich aber machen. Und zwar so: Nehmen Sie sich eine Stunde frei, stellen Sie sich in einen leeren Raum und sagen Sie sich, daß dort, wo Sie eben stehen, die Gegenwart ist. Sie sollten sich klarmachen, auf welche Frage Sie gerne eine Antwort hätten (zum Beispiel: «Welche meiner unzähligen Wünsche und Pläne sind wirklich wichtig für mich?»). Sobald das geschafft ist, tun Sie langsam drei Schritte nach vorne und stellen sich dabei vor, bei jedem Schritt vergingen zehn Jahre. «Zehn – zwanzig – dreißig.» Jetzt sind Sie am Ende Ihrer Zeitreise angekommen, dreißig Jahre älter und dementsprechend reicher an Erfahrungen. Halten Sie kurz inne und fühlen Sie ein bißchen in sich rein (wem das zu esoterisch klingt, kann das Reinfühlen auch seinlassen). Anschließend drehen Sie sich um und blicken auf die Stelle zurück, von der aus Sie gestartet sind. Auch wenn Sie sich nur ungenau dort stehen sehen oder denken «Vielleicht hätte ich ein Playmobilmännchen aufstellen sollen, den Indianer mit Kopfschmuck», werden Sie es schaffen, sich selbst ein paar hilfreiche Antworten zu geben. Rufen Sie sich die vorhin gestellte Frage «Welche meiner unzähligen Wünsche und Pläne sind wirklich wichtig für mich?» in Erinnerung und beantworten Sie sie Ihrem anderen Ich. Wenn nötig, können Sie zwischen den beiden Positionen hin- und hergehen, um die jeweilige Perspektive einzunehmen (falls nicht unter Esoterikverdacht stehend: wieder reinfühlen). Ihren eigenen Ratschlägen ist durchaus zu trauen, denn immerhin kommen sie von jemandem, der Sie sehr gut kennt.

Rechnen Sie damit, enttäuscht und erleichtert zugleich zu sein. Die Hoffnung, alles zugleich zu erreichen, ist schön, aber wenig realistisch. Daher haben wir ja damit begonnen, Downsizing zu betreiben. Welche Wege wir auch immer einschlagen, um die Zahl unserer Pläne und Ziele, Erwartungen und Wünsche auf ein menschliches, also unser Maß zu reduzieren – wir werden uns damit in einen ambivalenten Gefühlszustand manövrieren. Er schmeckt ein wenig wie Erdbeeren mit Salz. Oder Marmeladenbrot mit Senf. Denn einerseits erfüllt uns der Abschied von unerreichbaren Zielen mit einem Gefühl der Erleichterung (was sonst sollten wir empfinden, wenn wir auf unserer langen Wanderung durch den Alltag endlich den schweren Rucksack mit Forderungen an uns selbst ablegen?), andererseits jedoch berauben wir uns damit auch einiger liebgewonnener Größen- und Machbarkeitsphantasien – etwa der Vorstellung, eine langjährige Beziehung auf dem Erregungsniveau des Frischverliebtseins halten zu können. Das mag nun ein wenig desillusionierend klingen, defensiv und spaßverderberisch. Und im Grunde ist es das auch. Sich von seinen Maximalvorstellungen, seinen Idealen, seinen Weltentwürfen und Lebensplänen zu verabschieden oder zumindest ein wenig zu distanzieren – das ist ein Werk der Ernüchterung. Doch auch damit läßt sich umgehen. Wenn nicht heute, dann morgen.

Es ist mehr als legitim, in mancher Stunde sehnsuchtsvoll an jene Zeiten zu denken, in denen uns die ganze Welt noch offenstand, in denen alles machbar schien. Aber – und nun muß er doch noch fallen, dieser unbeliebte Begriff – der *Verzicht* auf manche Dinge ist nicht nur eine Voraussetzung fürs Erwachsenwerden, sondern auch für den Weg in ein gutes Leben. Oder wie es der großlippige und knackärschige Philosoph Mick Jagger formuliert hat: «You can't always get what you want, / But if you try sometime, yeah, / You just might find you get what you need.»

Stets glücklich sein wollen

Wie Sie sich von der Vorstellung befreien können, nur ein Leben in andauerndem Glück sei das Wahre, während Ihr Alltag mit den dahinplätschernden Beziehungen, unerfüllten Wünschen und den Warteschlangen im Supermarkt eine einzige Enttäuschung sei – und wie Sie es anstellen, doch noch einen respektablen Zipfel von der Wurst zu bekommen und gleichzeitig zu akzeptieren, daß Phasen des Unglücks durchaus lebensnotwendig und sinnvoll sind.

Als ich sechzehn war, bestand das Glück dieser Erde aus einem gebrauchten Moped. Es befand sich hinter der dikken Schaufensterscheibe eines etwas schmierigen Händlers – der aber wahrscheinlich nur deshalb so wirkte, weil er jedesmal schief lächelte, wenn ich mir die Nase an seinem Schaufenster plattdrückte. Leute wie er wissen, wann sie es mit Kunden zu tun haben und wann mit verzweifelt Liebenden.

Das Moped, ein Modell der österreichischen Firma KTM, war gelb lackiert und hatte bloß ein paar Kratzer, die sich leicht ausbessern ließen. Es hieß «Comet Grand Prix». Ich träumte davon, es zu besitzen, und sah mich im Geiste schon mit A., der begehrten Mitschülerin, übers flache Land rasen. Dazu erklang aus dem Off gitarrenlastiger Rock, vorzugsweise von Jimi Hendrix und Deep Purple. So mußte das irdische Paradies aussehen!

Doch von dem Moped trennte mich nicht nur die Schaufensterscheibe, sondern vor allem das nötige Geld. Die Eltern zu fragen erübrigte sich. Zu teuer, zu gefährlich, zu gelb. Mein Leben war also sinnlos, öde und leer und ich daher für jede Gelegenheit empfänglich, die versprach, diesen Zustand zu beenden. Sie bot sich mir in Gestalt eines Mannes, der an den Gymnasien der Umgebung nach Schülern suchte, die für ein Umfrageinstitut arbeiten wollten. Rettung war nah! Und ich war sein.

Ich radelte los. Von einem Einfamilienhaus zum nächsten Bauernhof. Jedesmal fragte ich die Frau des Hauses, wo sie den Alltagsbedarf einkaufe, wo sie die Schrankwand erstanden habe und wer entscheide, wofür das Haushaltsgeld ausgegeben wird. Die Leute vom Institut wollten es genau wissen. Pro Fragebogen benötigte ich nicht nur eine Dreiviertelstunde, sondern mußte auch jeweils ein Schmalzbrot und ein Gläschen Schnaps zu mir nehmen, die abzulehnen die ländliche Etikette verbot. Im zweiten Haushalt ließ regelmäßig meine Konzentration nach, im vierten kippte ich schon mal versehentlich das Gläschen um, und an den Rest konnte ich mich meist nicht mehr erinnern. Aber der vage Gedanke an die gelbe Ikone der Geschwindigkeit spendete mir Trost, und so radelte ich abends oft müde und betrunken nach Hause.

Meine Zensuren wurden schlechter, meine Finanzen blieben bescheiden, und als mich eines Tages ein freundlicher Nachbar, der mich am Wegesrand liegend aufgelesen hatte, zu meinen Eltern brachte, war das Unternehmen «Comet» gelaufen. Mein Dasein verfinsterte sich wieder. Doch schon zeigte sich ein neuer Hoffnungsstreif am Horizont: In den Sommerferien verdingte ich mich als Bürohilfskraft in einer Ziegelfabrik, die dem Vater einer Schulfreundin gehörte. Dort stempelte ich Lieferscheine ab und rumpelte in unbeobachteten Momenten mit dem Hubstapler übers Betriebsgelände, bis mich die Schulfreundin einlud, mit ihr, ihrem großen Bruder und dessen Freundin nach Schottland zu fahren. Die Stimmung in meinem mopedlosen Jammertal hellte sich auf, ich gab all meine Ersparnisse für die Reise aus – um schließlich nach einem entbehrungsreichen Jahr wieder am Anfangspunkt meiner Bemühungen zu stehen. Ich hier – das Moped dort.

Wenn ich es recht sehe, hat sich an dieser Grundkonstellation nicht viel geändert. Nach wie vor bemühe ich mich, an das gelbe Moped zu kommen, das hinter einer dicken Fensterscheibe steht – wenn es sich mittlerweile auch um ein metaphorisches handelt. Manchmal bin ich ihm ganz nahe, dann rückt es wieder in weite Ferne. Es geistert durch meine Träume, ich erzähle den Kindern davon, male mir aus, wie ich damit übers flache Land fahre, aus dem Off ertönt dazu auch heute noch gitarrenlastiger Rock. Und manchmal denke ich mit Schrecken daran, daß der schmierige Typ es vielleicht ewig behalten könnte.

Es fällt uns also nicht allzu schwer, uns als Stiefkinder des Schicksals zu fühlen, während wir durchs Leben pflügen. Entweder träumen wir von unerreichbaren Dingen, hängen in einer Schlange vor der Supermarktkasse fest, während die anderen zügig vorrücken; oder wir kaufen mit Vorliebe solche Aktien, die binnen weniger Monate den größten Teil ihres Wertes verlieren. Ganz zu schweigen von den unzähligen Demütigungen, die das Leben für uns bereithält, seien es die kleinen oder die etwas größeren: die abschlägigen Antworten, mit denen man uns im

Job bedeutet, unsere Ideen seien kaum originell; die sich dahinschleppende Beziehung, die uns vorführt, wie wenig charismatisch wir offensichtlich sind; das schmerzende Knie, das uns das Skifahren verleidet; die unbestimmte Angst, die sich über unsere Zukunftspläne legt; oder die Hartnäckigkeit, mit der sich unser Lottoschein weigert, zum großen Los zu werden.

Wenn uns auch keine großen Katastrophen heimsuchen, so scheint unser Alltag doch irgendwie bestimmt von den Vorboten des nächsten Unglücks. Warum wir? Warum immer wir? Während alle anderen von erfüllter Beziehung zu erfüllter Arbeit eilen, läßt unser Glück auf sich warten.

Sieben Vermutungen über das Fernbleiben unseres Glücks

Wer ein wenig herumfragt, wird feststellen, daß die meisten von uns glauben, eine exklusive Beziehung zum Schicksal zu haben: Während es die anderen gut behandelt, hält es für uns bloß Unglück, noch mehr Unglück und totales Unglück bereit. Wie konnte das nur passieren? Nun, dafür gibt es eine ganze Menge von Gründen. Manche davon gehen auf uns selbst zurück (lassen sich also ändern), andere hingegen sind im wahrsten Sinne des Wortes schicksalhaft (lassen sich also nicht ändern, in ihren Auswirkungen allerdings modifizieren) – womit wir schon bei der ersten Vermutung über das Fernbleiben unseres Glücks wären. Sie lautet:

Wir könnten den Hang zum Unglück von unseren

Altvorderen geerbt haben. So wie die einen mit schwarzem Haar oder dem Talent zum Jodeln auf die Welt kommen, so besitzen die anderen eine natürliche Anlage zum Pessimismus. Es ist daher einiges gewonnen, wenn wir uns in der Verwandtschaft umsehen: Sollten Erzählungen von haarsträubenden Unglücksserien, auf die der eigene Clan abonniert scheint, zur Familienfolklore gehören, dann können wir auf unsere Erbanlagen verweisen. Die gute Nachricht (so wir denn etwas an unserem Zustand ändern wollen): Eine Veranlagung zu etwas Bestimmtem bedeutet nicht, daß wir diesem rettungslos ausgeliefert wären. Nun gut – fürs Jodeln nicht talentiert zu sein macht all jenen das Leben nicht leichter, die es unbedingt erlernen wollen, aber es hindert sie auch nicht daran, es zu versuchen und irgendwann irgendwie hinzubekommen.

Zweite Vermutung: Vielleicht leben wir bloß mit den falschen Menschen zusammen. Diese These verdankt sich einer neuen Studie über die Ausbreitung von Glück innerhalb sozialer Netzwerke; zwei Soziologen, James H. Fowler und Nicholas Christakis, haben in einer auf zwanzig Jahre angelegten Untersuchung herausgefunden, daß unser Wohlbefinden stark davon abhängt, wie es den Menschen in unserer unmittelbaren Umgebung geht. Wer in einem Netzwerk glücklicher Menschen lebe, sei automatisch zufriedener. Ein naheliegender Gedanke zwar, aber es ist doch beruhigend, ihn auch empirisch bestätigt zu finden. Die beiden Wissenschaftler ermittelten sogar, welche Menschen die Chance aufs Glücklichwerden um wieviel Prozent erhöhen. Am stärksten profitieren wir demnach von einem glücklichen Freund (+ 25 Prozent), gefolgt von glücklichen Brüdern beziehungsweise Schwestern (+ 14

Prozent) und einem glücklichen Ehepartner (+8 Prozent). Wenn dem so ist, dann könnten wir unseren emotionalen Zustand schlagartig aufhellen, indem wir unsere deprimierende Umgebung verlassen und in eine zertifizierte Glücklichen-WG ziehen.

Dritte Vermutung: Wir sind besonders talentiert darin, uns zu Stiefkindern des Schicksals zu machen. Wie das am besten funktioniert, wird in Paul Watzlawicks Klassiker «Anleitung zum Unglücklichsein» höchst vergnüglich dargestellt. Darin wimmelt es von Leuten, die konsequent das Positive in ihrem Leben (und in ihrer Vergangenheit) übersehen und bloß Negatives wahrnehmen beziehungsweise von anderen annehmen. Sich derart in Probleme zu stürzen ist leichter, als wir glauben, denn entgegen der weitverbreiteten Annahme, daß die Wirklichkeit unverrückbar dasteht wie ein riesiges Bücherregal voller Nachschlagewerke, dient alles, was wir erleben, lediglich als Vorlage für unsere subjektiven Interpretationen. Erscheint dem einen (um zunächst beim Regal zu bleiben) die Phalanx gelehrter Bücher als Beweis für die Sinnlosigkeit, dem noch etwas Eigenes hinzufügen zu wollen, stellt sie für den anderen einen unermeßlichen Quell der Inspiration dar. Erkennt der eine im Sonnenuntergang die Dämmerung der Menschheit, dient er dem anderen als Anlaß, an einem Sundowner zu nippen, der ihm von einem kompetenten Barmann gemixt wurde. Es gibt eine Unzahl von Experimenten, die eindrucksvoll zeigen, daß glückliche Menschen überall Chancen entdecken und mit ihrem Optimismus recht behalten. Negativ gestimmte Leute verhalten sich genau umgekehrt: Ihnen erscheint die Welt als eine Ansammlung fieser Menschen und aussichtsloser Projekte, und welche Erfahrung sie auch machen, sie beweist in ihren Augen nur, daß sie chancenlos sind. Auch wenn wir uns selbst grundsätzlich als optimistisch einschätzen, sollten wir nicht glauben, vor solchen Gedankengängen gefeit zu sein. Stellen Sie sich nur einmal vor, Sie stünden wie so oft in der Warteschlange im Supermarkt. Wie lange dauert es, bis Sie sich bei dem Gedanken ertappen, vom Schicksal benachteiligt zu sein, weil Sie stets in der langsamsten Schlange stehen? «Immer ich», denken Sie, «nie die anderen!» So naheliegend der Gedanke ist, so unnötig pessimistisch ist er, denn: Es ist *vollkommen normal*, daß Sie in einer langsamen Schlange stehen! Sie glauben das nicht? Dann haben Sie wahrscheinlich (wie die meisten von uns) im Matheunterricht Briefchen geschrieben oder aus Kugelschreibern Blasröhrchen gebastelt. Die Wissenslücke ist schnell geschlossen. Mal angenommen, vor vier geöffneten Supermarktkassen haben sich vier Schlangen gebildet – wie hoch ist die Wahrscheinlichkeit, die schnellste zu erwischen? Richtig: 1:4. Das heißt aber, Sie werden mit fünfundsiebzigprozentiger Wahrscheinlichkeit *nicht* in der schnellsten landen, sondern in einer der anderen, am ehesten in einer mittelschnellen (die Wahrscheinlichkeit beträgt bei vier Schlangen fünfzig Prozent). Umgekehrt formuliert: Im Warteschlangenwettbewerb hinten zu liegen ist kein Beweis dafür, daß Sie ein besonderer Pechvogel sind, sondern belegt bloß Ihre absolute Durchschnittlichkeit (was vielen von uns auch wieder nicht passen dürfte, aber das ist ein anderes Thema).*

* Zum selben Ergebnis kommen wir, wenn wir uns die Standardsituation mit der U-Bahn ansehen («Dauernd fährt mir die Bahn

Hinzu kommt eine Eigenart dynamischer Systeme, wie es Menschenschlangen sind: Wir können unmöglich vorhersehen, wie sich die Wartenden verhalten. Das Spektrum reicht von Kunden, die umständlich mit der Kreditkarte zahlen, über solche, die von der eigenen Geldknappheit überrascht werden (was dazu führt, daß drei der sieben bereits verrechneten Artikel wieder storniert werden müssen: «Frau Knoll bitte an Kasse zwei, Frau Knoll bitte!»), bis hin zu solchen Kunden, die dafür sorgen, daß sich die kürzeste Schlange in die mit der längsten Wartezeit verwandelt. Zu so einem unschuldig Schuldigen wurde ich selbst einmal, als einer meiner Artikel schlicht zu schwer war, um von der Kassiererin abgewogen zu werden; Frau Knoll mußte tatsächlich ihre Kasse absperren, die Wassermelone unter den Arm klemmen und damit in den Keller gehen, wo eine geeignete Waage stand. Sie können sich vorstellen, was die Menschen dachten (aber nicht sagten), die hinter mir standen. Ich war, ohne daß ich es hätte vorausahnen können, zur GAUW geworden, zur «größten anzunehmenden unerwarteten Warteschlangenbremse».

vor der Nase weg!»): Die Wahrscheinlichkeit, zur unpassenden Zeit den Bahnsteig zu betreten, beträgt 2:3. Mal angenommen, unsere U-Bahn fährt im Zehn-Minuten-Intervall (8:00 Uhr, 8:10 Uhr etc.), dann ergeben sich folgende drei Situationen: 1. Wir kommen zu einem Zeitpunkt, der uns denken läßt: «Ah, genau richtig!» (8:07 Uhr bis 8:10 Uhr); 2. «Mist, gerade versäumt!» (8:11 Uhr bis 8:13 Uhr); 3. «Blöd, jetzt muß ich warten!» (8:14 Uhr bis 8:16 Uhr). Das heißt: In zwei von drei Fällen kommen wir zum falschen Zeitpunkt, nur in einem von dreien gerade richtig. Die Wahrscheinlichkeit für ein negatives Gefühl liegt bei 2:3; es ist also wahrscheinlicher, daß wir uns ärgern, als daß wir uns freuen.

Leicht nachvollziehbar, welchen Unwägbarkeiten wir in anderen Systemen wie etwa Aktienmärkten unterworfen sind, wo wir es nicht mit zehn Wartenden zu tun haben, sondern mit Millionen von Börsenspekulanten: Jeder von ihnen kann uns zum Verlierer machen, ohne daß dafür unser mieses Karma verantwortlich wäre.

Die beste Methode freilich, sich zu beweisen, daß man es wieder mal nicht gebacken bekommt, ist die Teilnahme an dem Spiel «6 aus 49», denn: Die Wahrscheinlichkeit, sechs Richtige zu tippen und dadurch einen namhaften Betrag zu gewinnen, beträgt ungefähr 1 zu 14 000 000. Das heißt: Wer Lotto spielt, wird mit einer Wahrscheinlichkeit von etwa 99,999993 Prozent nicht den Hauptgewinn machen, sich dafür aber mit ebenso hoher Wahrscheinlichkeit beweisen, daß er ein Verlierer ist. Lotto spielt also, überspitzt gesagt, wer sich das Leben ein wenig schwerer machen will, und zwar Woche für Woche. Daran ändert auch der Umstand nichts, daß tatsächlich Glückspilze existieren, die Säcke voller Geld nach Hause tragen. Ihr Schicksal ist in etwa so exotisch wie das von Menschen, die von einem Blitz getroffen werden, während sie versuchen, auf dem linken Zeigefinger einen Dessertteller mit geschnittener Wassermelone zu balancieren, die im Keller eines Supermarkts von einer leise fluchenden Verkäuferin gewogen wurde. Es hat also wenig Sinn, darauf zu hoffen, uns möge dasselbe geschehen. Es wird nicht!

Vierte Vermutung: Weil die Erfolglosigkeit einen schlechten Ruf hat, erzählen alle nur von ihren Triumphen – und wir glauben ihnen bereitwillig. Den Erfolgreichen gehört die Welt und die allgemeine Bewunderung. Als offensichtlich erfolgloser Mensch hingegen haben wir die größtmögliche aller Nieten gezogen. Wer daran seine Zweifel hat, sollte bei der nächstbesten Gelegenheit versuchen, seine Mitmenschen mit ein paar persönlichen existentiellen Problemen zu behelligen – nein, nicht mit lustigen Mißgeschicken, sondern mit so richtig abturnenden Dingen wie Krankheit oder Arbeitslosigkeit. Das dürfte nach hinten losgehen. Außer bei den wirklich guten Freunden, die sich exakt in diesen Momenten als solche beweisen können. Statt unsere Sorgen schildern wir daher einander lieber unsere Siege. Wer nicht aufmerksam ist, neigt dazu, die ständig reproduzierten Erfolgsgeschichten für bare Münze zu nehmen – und das eigene Leben für eine einzige Pechsträhne zu halten. Das ist natürlich widersinnig – wir wissen ja, daß die Geschichten der anderen nicht immer stimmen können. Trotzdem fallen wir gern auf uns selbst herein, denn während wir von den anderen meist nur wenig wissen und uns den Rest in bunten Farben ausmalen, sind wir mit unseren Nöten und Ängsten bis in die letzten Details hinein vertraut. So wie Fans ihre Stars nur als Sieger kennen, so laufen wir umgekehrt Gefahr, nur die unglücklichen Seiten unseres Ichs zu sehen – das umgeben scheint von lauter glücklichen, erfolgreichen anderen Ichs.

Fünfte Vermutung: In den Medien liefert das Unglück einfach die besseren Geschichten – während das Glück ziemlich langweilig daherkommt. Während im privaten Gespräch alle Welt von Erfolgen berichtet und Niederlagen dort keinen Platz haben, bestimmen im Journalismus die Katastrophenmeldungen und Untergangsszenarien den Alltag. Da! Ein Wirbelsturm mit Hagel, mit letzter Kraft schafft es die Gruppe, sich in Sicherheit zu bringen, während Tanklastzüge durch die Luft gewirbelt werden und die eben noch friedlich grasende Kuh mit einem lauten Knall platzt. Das ist tragisch, das ist spannend! Kein Wunder also, daß wir in den Zeitungen und Nachrichtensendern vor allem vom Loch in der Ozonschicht hören, vom drohenden Wirtschaftskollaps und von grassierender Massenarbeitslosigkeit, während sich kaum jemand dafür interessiert, daß die Müllmänner ihren Job tun, kompetente Lehrer den Kindern erfolgreich etwas beibringen und aufmerksame Zugführer dafür sorgen, daß die allermeisten Züge pünktlich und sicher ankommen. Die große mediale Erzählung wird bestimmt von Szenarien des Unglücks und des drohenden Untergangs. Ein Umstand, der sensible Menschen wie uns in der Annahme bestärken könnte, in einer dunklen, aussichtslosen Welt zu leben – wofür es zwar erdrückend viele Hinweise gibt, nicht aber in dieser Ausschließlichkeit.

Sechste Vermutung: Vielleicht haben wir uns, ohne es zu ahnen, häuslich in unserem Unglück eingerichtet – und es solcherart zu unserer Lebenswirklichkeit gemacht. Das klingt paradox, denn wer sollte sich schon in einer so unkomfortablen Situation wie dem eigenen Unglück einrichten wollen? Und doch tun wir es immer wieder. Aus einem naheliegenden Grund: Wir sind daran gewöhnt, die Lehren zu beherzigen, die uns das Leben erteilt. Das ist grundsätzlich überaus sinnvoll, denn wozu gehen wir sonst in dessen mitunter strenge Schule? Eben! Nur übertreiben wir es immer wieder mit unserer Gelehrsamkeit und formen aus speziellen Erfahrungen und Situationen universell gültige Gesetze – mit der Folge, daß wir diese Gesetze auch in unpassenden Momenten anwenden und dort, wo wir nicht weiterkommen, die Realität so lange verändern, bis sie zu unseren Gesetzen paßt. Das ist ein wenig so, als würden wir uns als geübte Skifahrer weigern, die Bretter abzuschnallen, auch wenn es längst Sommer geworden ist.

Siebente Vermutung: Wir haben noch nicht erkannt, daß das Glück uns geradewegs ins Verderben führt. Mit dieser These nähern wir uns dem Dreh- und Angelpunkt unserer kleinen Meditation über Glück und Unglück. Unsere Klagen über das Ausbleiben andauernden Glücks beruhen auf einer falschen Vorstellung von der Ökonomie unserer Psyche: Die sieht nämlich vor, daß wir eindeutig öfter *unglücklich* sind als glücklich. Das hat einen einfachen Grund: Bekanntlich neigen wir Menschen dazu, im Zustand des Glücks umgehend faul und untätig zu werden, also jede Form der Weltaneignung bleibenzulassen. Wozu auch, sind wir nicht dort, wo wir hinwollten? Diese Zufriedenheit wiederum führt dazu, daß wir über kurz oder lang verkommen (wie auch immer das konkret aussehen mag). Das weiß unsere Psyche, die es prinzipiell gut mit uns meint, zu verhindern, indem sie uns immer wieder aus dem Zustand des Glücks hinausbefördert oder uns erst gar nicht hineingeraten läßt. Erst ein gewisser Grad an Grund-Unglück animiert uns dazu, geniale Projekte zu entwickeln, eine steile Karriere zu planen, Jodelweltmeister werden zu wollen oder durch die Landschaft zu fahren, um Frauen zu ihren Kaufgewohnheiten zu befragen. Was uns antreibt, ist die Aussicht, durch diese Bemühungen glücklicher zu werden – und zwar deutlich glücklicher, als wir es im Moment sind. Damit die Dynamik nicht schon nach dem Erreichen des erstbesten

Ziels erlahmt, hat unsere Psyche den erwähnten klugen Mechanismus entwickelt: Kaum erlangt, beginnt das Gefühl des Glücks wieder zu schwinden und jenem Grund-Unglück Platz zu machen, das uns neuerlich antreibt, mit unserem Streben fortzufahren. So durchleben wir in der Verfolgung unserer Ziele eine Art Gefühls-Jo-Jo: Längere Phasen gemäßigten Unglücks wechseln sich mit kurzen, heftigen Momenten des Glücks ab. Jeder, der sich schon einmal eine sündhaft teure Armbanduhr gekauft hat, die er sich jahrelang gewünscht hat, kennt dieses Auf und Ab. Der kurzen Euphorie des Besitzes folgt die Ernüchterung, bis die Uhr nur mehr dazu dient, die Stunden bis zur nächsten Anschaffung zu zählen.

Es gibt noch einen zweiten triftigen Grund, für die Flüchtigkeit des Glücks dankbar zu sein. Denn ständig glücklich zu sein ist nachgewiesenermaßen gefährlich: So haben neuere psychologische Untersuchungen zum Einfluß von Gemütsstimmungen auf die Gutgläubigkeit gezeigt, daß wir im Zustand des Glücks alle Vorsicht fahrenlassen und selbst den offensichtlichsten Lügnern ihre Märchen glauben. Auch viele Künstler werden auf die Frage, was sie denn von der Aussicht auf dauerhaftes Glück halten, dankend abwinken: So ein Zustand würde ihrer Kreativität nicht unbedingt förderlich sein. Ich will nun nicht das Klischee bedienen, Künstler müßten ständig und spektakulär leiden, das ist natürlich völliger Unsinn. Es geht hier vielmehr um die suggestive Kraft des Glücks, die kreativen Menschen in die Quere kommt und die uns gutgläubig macht: Das Gefühl des Glücks bringt uns nämlich der Welt nahe, läßt uns eins werden mit ihr, die Grenzen zwischen Außen und Innen verschwimmen;

so sehen wir alles durch die sprichwörtliche rosarote Brille, die das Negative zum Verschwinden bringt. Eine moderate Form des Unglücks hingegen läßt uns von der Welt abrücken, sie prüfend betrachten, ihr skeptisch begegnen – all das sind wichtige Voraussetzungen dafür, sie einigermaßen adäquat wahrnehmen und darstellen zu können.

Wir brauchen das Unglück also dringend zum Leben. Wie tief diese Erkenntnis in unserem kollektiven Gedächtnis schlummert und auf welch feines Gleichgewicht zwischen den beiden Polen Glück und Unglück wir angewiesen sind, illustriert ein Zitat von Martin Luther: «Nichts kann die Welt schwerer ertragen als gute Tage; sie kann das Glück nicht (recht) brauchen. Sie hat zu schwache Beine dazu, als daß sie gute Tage ertragen könnte. Im Glück ist sie allzu übermütig und überheblich, im Unglück verzagt sie.»

Wenn wir schließlich einen Schritt weitergehen (und das sollten wir zumindest versuchshalber tun) und das spezifische Gefühl der Angstlosigkeit dem Oberbegriff Glück zuordnen, so müssen wir unserer Fähigkeit zum Unglück doppelt dankbar sein. Wie das Beispiel von Menschen zeigt, die durch eine bestimmte Hirnschädigung jegliche Furcht verloren haben, führt der Zustand vollkommener Angstfreiheit geradewegs ins Verderben. Wer nicht dazu fähig ist, ängstlich (also unglücklich) zu sein, der kann zwar verstehen, daß es gefährlich ist, ohne sich umzusehen über eine vielbefahrene Straße zu rennen – er wird es aber dennoch tun und höchstwahrscheinlich unter die Räder kommen. Krankhaft glücklichen Menschen fehlt die Fähigkeit, die abstrakte Erkenntnis (Straße + Autos = gefährlich) mit jenem Gefühl (Gefahr = Angst) zu verbinden, das ihnen die richtige Handlungsanweisung liefert (Angst = nicht tun). Überspitzt läßt sich sagen: Wem es gelingt, das Unglück für immer hinter sich zu lassen, der rennt geradewegs ins nächste Auto.

Wir sind also gut beraten, nicht den naheliegenden Fehler zu begehen und bloß das große Glück zu suchen und wertzuschätzen. Wir sollten auch für das Unglück dankbar sein – für das moderate Unglück, um genau zu sein. Das niederschmetternde, totale, lähmende Unglück genießt zu Recht einen miesen Ruf, und jeder unserer Versuche, ihm zu entgehen, ist mehr als verständlich.

Während uns das Versprechen, glücklich zu werden, als strahlendes Ziel dienen kann, das uns anzieht und schwere Wege gehen läßt, schiebt uns das moderate Unglück gleichsam vor sich her wie ein sanfter, manchmal auch etwas rauher Rückenwind. So gesehen ist dem Zustand eines sanften Unglücks etwas geradezu Glückhaftes eigen.

Leider suggerieren die meisten Ratgeber und Handbücher, die die Regale der Buchhandlungen füllen, das genaue Gegenteil: Sie wollen uns glauben machen, daß wir dauernd glücklich zu sein hätten – oder zumindest die längste Zeit unseres Lebens. Diese Ideologie des immerwährenden Glücks verträgt sich weder mit unserer Selbstwahrnehmung (meist fühlen wir uns nämlich irgendwie zwischen «so lala» und «ein bißchen unglücklich») noch mit dem oben Gesagten. Wer uns einzureden versucht, ein Anflug von Unlust sei bereits ein Riesenproblem, der melancholische Blick aus dem Zugfenster das untrügliche Zeichen für eine Depression (während er in Wirklichkeit bloß dem labbrigen Brötchen geschuldet ist, das wir eben für 5,30 Euro im Bordbistro gekauft haben) und die moderate Grundstimmung unseres Alltags kein Zeichen von Normalität, sondern eine Katastrophe, der stürzt uns erst in jene Form des Unglücks, die er vorgeblich beseitigen will. Wer die Normalität pathologisiert, der verschafft uns ein paar Probleme, die wir ohne ihn gar nicht hätten. So lassen uns Ratgeber mitunter ratloser zurück, als wir zu Beginn ihrer Lektüre waren. Gegen das Unglück sollten wir erst zu polemisieren beginnen, wenn es ernst wird, also bei Krankheit, Depression, Trennung und Tod.

Für die meisten Ratgeber ist das Mäkeln über das Unglück nur die Ouvertüre zu ihrem großen Versprechen, sie könnten uns den Weg zu dauerhaftem Glück zeigen, die Tricks verraten, wie es sich gleichsam festnageln und dazu zwingen ließe, bei uns zu bleiben. Das ist, auch zu meinem tiefen Bedauern, leider nicht möglich. Zumindest nicht in diesem Leben. Das Glück kommt, um gleich wieder zu gehen. Das Unglück bleibt, um gelegentlich zu verschwinden. Das absolute, dauerhafte Glück ist einer Phase unserer Existenz vorbehalten, die allgemein «Paradies» genannt wird (welches wir angeblich erst dann betreten können, wenn wir uns vor dem Jüngsten Gericht verantwortet haben). An jenem Ort freilich (und *nur* an jenem) kommen unsere Seelen zur Ruhe, denn im Paradies fließen nicht nur Milch und Honig und österreichischer Rotwein aus burgenländischen Toplagen, sondern dort haben sich auch Dinge wie «Karriere», «Angst» und «Einsamkeit» für immer erledigt.

Sich vielleicht einfach mal selbstbewußt in die Tasche lügen – und andere Anleitungen zum Glücklichsein

Auch wenn das moderate Unglück unser natürlicher Zustand ist und dauerhaftes Glück in weiter Ferne liegt, wollen wir uns dennoch fragen, was wir tun können, um dem vergänglichen, flüchtigen irdischen Glück ein wenig näher zu kommen. Dazu lassen sich in der einschlägigen Glücksforschung jede Menge Hinweise von ganz unterschiedlicher Tragweite und Komplexität finden. Manche sind ohne großen Aufwand zu erproben, andere verlangen von uns, die Grundkonstruktion unseres Lebens über den Haufen zu werfen. Obwohl ich den letztgenannten recht skeptisch gegenüberstehe, sollen auch solche hier aufgeführt werden, und das aus einem Grund, der zugleich den Kern meines ersten Tips bildet:

Geben Sie dem Glück die Chance, Sie zu treffen. Wesentliche Voraussetzung dafür, gelegentlich vom Glück erfaßt zu werden, ist, daß Sie ihm die Gelegenheit dazu bieten. Am einfachsten läßt sich diese Empfehlung mit Hilfe eines klassischen Witzes veranschaulichen: Über viele Jahrzehnte hinweg fleht ein armer Mann allwöchentlich zu Gott, ihm doch den Hauptgewinn im Lotto zu verschaffen. Doch nichts! Gott schweigt. Kein Gewinn. Als der Mann unverdrossen weiter um göttlichen Beistand bittet, tut sich eines Tages der Himmel auf, und es ertönt eine resignierte Stimme: «Ich würde dir ja gerne helfen, mein Lieber» – kurze, bedeutungsschwere Pause –, «aber gib mir eine Chance – und kauf dir endlich einen Lottoschein!» Wenn Sie also hoffen, zufriedener zu werden, ohne zugleich dem Glück die Chance zu geben, Sie zu finden, machen Sie sich die Sache schwerer, als sie ohnehin schon ist. So kann es zum Beispiel keineswegs schaden, sich aufzumachen ins pulsierende Leben da draußen. Es erhöht die Wahrscheinlichkeit, daß Ihnen irgend etwas Gutes geschieht. Und weil wir dem Glück jede Chance eröffnen sollten, uns zu treffen, finden Sie hier auch Hinweise auf einige Glücksstrategien, denn wer weiß, ob nicht für den einen oder anderen Leser gerade einer dieser Ratschläge wichtig wird – nicht unbedingt deshalb, weil er ihn befolgen würde, sondern weil er ihn vielleicht auf einen neuen, ganz anderen Gedanken bringt.

Blicken Sie gelegentlich auf die positiven Seiten Ihres Lebens. Das ist zweifellos eine dieser großen, unhandlichen Empfehlungen, aber wir wollen sie bei unserer Suche nach dem Glück in Erwägung ziehen. Sollten Sie sich über viele Jahre hinweg in der Kunst geübt haben, nur das Negative wahrzunehmen und in allem die Bestätigung des eigenen Unglücks zu entdecken, werden Sie nicht deswegen damit aufhören (können), weil ich Ihnen das nahelege – das ist vollkommen klar. Sie haben sicher gute Gründe für Ihre Weltsicht, und sie hat Ihnen, so vermute ich, während einer ganz bestimmten Phase Ihres Lebens gute Dienste geleistet (sie hat Sie möglicherweise vor Enttäuschungen bewahrt); mittlerweile macht Ihnen Ihre Vorliebe fürs Schwarzsehen vielleicht zu schaffen. Sie haben aber die Chance, Ihrem Pessimismus mit subversiven, kleinen Schritten zu Leibe zu rücken. Diese können beispielsweise darin bestehen, gegen Ihre eigene Grundregel («Immer alles schwarzsehen!») zu verstoßen und nach Ereignissen in der Vergangenheit zu suchen, die unzweifelhaft positiver Natur sind. Nach Ereignissen also, die Sie als liebenswerten, erfolgreichen, optimistischen oder zumindest halbwegs kompetenten Hauptdarsteller Ihres Lebens zeigen. Seien Sie bei dieser Suche ruhig großzügig: Da das Bild, das wir uns von der Vergangenheit machen, weniger von objektiven Tatsachen geprägt wird als von unseren subjektiven Interpretationen, liegt es an Ihnen, zum eigenen Vorteil tätig zu werden und sich die Vergangenheit so zurechtzulegen, daß sie Ihnen den Rücken stärkt. Sie sollten das ohne allzu große Rücksicht auf die Wahrheit tun, denn es geht um Ihr Seelenheil und nicht um die objektive Geschichte Ihres Lebens. Sie müssen ja nicht unbedingt jedem von Ihrer kleinen Geschichtsklitterung erzählen.

Halten Sie die guten Dinge Ihres Lebens fest – wie, ist Ihnen überlassen. Haben Sie erst einmal eine positive Erinnerung aufgespürt, empfiehlt es sich, sie festzuhalten, mit welchem Trägermedium auch immer (Tagebuch, Poesiealbum, Blog, Twitter, Facebook, Steintafel). Wir neigen nicht nur zur Vergeßlichkeit, was die positiven Dinge anbelangt, sondern auch – wie gerade erst geübt – zur ständigen Neuinterpretation unserer Vergangenheit. Damit nun die frisch aufpolierten Erinnerungen nicht in dunkleren Momenten wieder an Glanz verlieren, ist es besser, Sie haben schwarz auf weiß, was für Sie spricht. Von diesem Inselchen der Selbstachtung aus können Sie sich dann aufmachen zu vielen Entdeckungsfahrten. Sie sollten dabei nicht aus den Augen verlieren, welcher Mission diese Fahrten dienen: weitere liebenswerte Aspekte Ihrer Person zu finden und festzuhalten. So wie erfolgreiche Freibeuter geschickt durch unsichere Gewässer segelten, so sollten Sie sich von den Untiefen der Selbstzweifel fernhalten – was natürlich leichter gesagt als navigiert ist.

Pflegen Sie Ihre Beziehungen. Wieder so ein Hinweis, der in die Kategorie «großes Empfehlungstheater» gehört. Aber es führt kein Weg an der Erkenntnis vorbei, daß Menschen, die in zufriedenstellenden Beziehungen, intakten Familien, einem dichten freundschaftlichen Netzwerk und befriedigenden Berufsverhältnissen leben, ungleich mehr Aussichten haben, glücklich zu werden, als andere. Zynisch veranlagte Leser werden nun ausrufen: «Ach, wer hätte das gedacht!» Sie haben nicht ganz unrecht mit Ihrer Häme, aber der so banalen Erkenntnis ist nach kurzem Innehalten ein wenig mehr zu entnehmen als die Tautologie, daß glückliche Lebensumstände glücklich machen. So könnte Sie etwa das Wissen, daß stabile Freundschaften maßgeblich zum Glück beitragen, dazu animieren, endlich Ihren alten Schulfreund anzurufen, dem Sie das schon lange versprochen haben. Das gilt vor allem für Männer! Wir kümmern uns nämlich, im Unterschied zu den Frauen, kaum um die Pflege unserer engsten Freundschaften – mit unangenehmen Folgen: Wir stürzen in Krisenzeiten (Trennung, Arbeitslosigkeit, Haarausfall) nicht selten in tiefe Löcher der Einsamkeit, während Frauen häufig von ihrem konsequent geknüpften Netzwerk guter Freundinnen aufgefangen werden.

Achten Sie auf das Materielle, aber nicht zu sehr. Auch Geld spielt im Zusammenhang mit unserem persönlichen Glücksempfinden eine gewisse Rolle. Die Betonung liegt auf *gewisse*, denn sein subjektiver Wert ist weder mit der Formel «Je mehr, desto besser» noch mit «Glück ist von Geld unabhängig» zu erfassen. Die Wahrheit liegt –

Überraschung! – irgendwo dazwischen. So wirkt sich ein stetes, verläßliches Einkommen positiv auf unsere Grundstimmung aus. Gleichzeitig läßt sich unser Glück nicht proportional zum Einkommen steigern; so registrieren wir zwar erfreut, daß wir mehr auf dem Konto haben als zuvor, der Umstand löst aber keine beständige Euphorie aus. Ab einer gewissen Obergrenze tut sich dann glückstechnisch überhaupt nichts mehr. Wo diese magische Grenze liegt, läßt sich nur individuell beantworten: Während der eine erst bei einem neuen Zwölfzylinder feuchte Hände bekommt, stellt sich der Effekt beim anderen bereits beim Anblick einer seltenen Vinyl-Scheibe seiner Lieblingsband aus den Siebzigern ein. Zudem dürfen wir nicht vergessen, daß das «Glück ein Vogerl» ist, wie die Österreicher sagen – also flüchtig, schreckhaft und sehr beweglich.

Geben Sie Ihr Geld für andere aus. Das erhöht Ihre Chancen, glücklicher zu werden, deutlich. Eine einschlägige Studie über die glücklichmachende Wirkung von Geldspenden hat gezeigt, daß schon kleine Beträge, die wir anderen in welcher Form auch immer zukommen lassen, unser Befinden merklich verbessert. So gesehen bekommt Wohltätigkeit eine ganz neue Dimension – die nur kritisieren sollte, wer sehr streng mit sich und der Welt sein will.

Machen Sie sich die richtige Vorstellung von Ihren Gewinnchancen. Selbst in puncto Glücksspiel gibt es noch die eine oder andere (wenn auch sehr geringe) Möglichkeit, das Glück zu Ihren Gunsten zu beeinflussen. So können Sie beispielsweise ein Los der Klassenlotterie kaufen. Damit sinkt die Wahrscheinlichkeit, *nicht* den Jackpot zu gewinnen, auf 99,99998 Prozent – immerhin eine Zunahme Ihrer Chancen um 0,000013 Prozent, verglichen mit «6 aus 49». Die Mißerfolgs-Wahrscheinlichkeit verringert sich deutlich, wenn Sie sich damit bescheiden, lediglich den Lospreis wiedergewinnen zu wollen; dann beträgt sie erträgliche 45,65 Prozent, oder anders formuliert: Sie gewinnen mit 54,34prozentiger Wahrscheinlichkeit ein bißchen Geld.

Einiges ist eben tatsächlich eine Frage des Blickwinkels.

Cool sein

Warum es empfehlenswert sein kann, neben sich zu stehen, gute Witze auf eigene Kosten zu machen und erst mal ein wenig Zeit zu verplempern, bevor Sie richtig loslegen – und was es Ihnen bringt, sich zu vergegenwärtigen, daß unser Sonnensystem in zwei Milliarden Jahren den Bach hinuntergehen wird.

Es sind Geschichten wie die folgende, die in vielen von uns den Wunsch entstehen lassen, doch stets cool, gelassen und souverän zu sein. Und sie möglichst pointenreich zu erzählen ist ein Versuch, meine Coolness wiederzugewinnen. Mal schauen, ob es mir gelingt, denn ich sah alles andere als gut aus dabei.

Es war ein belangloser Nachmittag, daher weiß ich auch nicht mehr, woher ich kam und wohin ich wollte, bloß an die Straßenecke in Berlin kann ich mich bestens erinnern. Ich schlenderte den Gehweg entlang, als plötzlich ein Auto neben mir hielt. Der Fahrer, ein Mann meines Alters mit schwarzem, gegeltem, nach hinten frisiertem Haar, öffnete das Fenster auf der Beifahrerseite und begann, auf mich einzureden: Er habe als Aussteller an einer großen Modemesse teilgenommen, sagte er mit unverkennbar italienischem Akzent und deutete dabei auf den Rücksitz, wo stapelweise Klamotten lagen; nun wolle er auf dem schnellsten Weg wieder nach Hause, «bella Italia», seine Frau und die Kinder warteten, aber genau das gestalte sich schwierig, denn «ick abbe eine Probblema!».

Mein erster Impuls war, einfach weiterzugehen, denn in Berlin folgt selbst auf die originellsten Einleitungen stets die Frage, ob man nicht ein wenig Geld habe. Doch die fröhliche Dramatik, die hier zu spüren war, veranlaßte mich, stehenzubleiben und mich zu dem geöffneten Fenster hinunterzubeugen. Der schwarzhaarige Mann lächelte verschwörerisch und sprach weiter, wobei er die Stimme senkte, kam nun doch der intime Teil seines Bekenntnisses: Am gestrigen Abend sei er noch in einem Puff gewesen und dabei von einer Russin nach Strich und Faden ausgenommen worden: Geld weg, Kreditkarte weg – nur sein Ausweis sei ihm geblieben. Sagte es und fischte aus der Mittelkonsole einen deutschen Personalausweis. Einen deutschen? Ja, der *Italiener* mit dem *Berliner* Kennzeichen wedelte mit einem abgegriffenen *deutschen* Personalausweis vor meiner Nase herum, obwohl er angeblich auf dem Weg nach Italien war. Ich nahm diese Ungereimtheiten zwar irgendwie zur Kenntnis, ließ mich aber nicht weiter von ihnen beeindrucken, denn nun wurde es richtig interessant: Er habe Angst vor seiner Frau, sagte Schmalzlocke, könne ihr das Mißgeschick mit der Russin natürlich nicht beichten und müsse sich daher auf anderem Weg die zwei Tankfüllungen organisieren, die er brauche, um wieder nach Hause zu kommen; also sei er auf einen verständnisvollen Mann wie mich angewiesen. Ob ich ihm nicht helfen könne – mit Geld! Nein, er wolle es nicht einfach so geschenkt, was ich denn von ihm glaube, rief er aus, er habe das Auto voller toller Klamotten und werde mir für das bißchen Kohle eine richtig teure, schwarze Gucci-Lederjacke überlassen, die er auf der Messe gezeigt habe. «Welche Kleidergröße hast du denn?» fragte er mich, und anstatt einfach weiterzugehen und den Kopf zu schütteln über das haarsträubende Angebot, zog ich tatsächlich mein Jackett aus, um ihm meine Kleidergröße zu nennen, die ich immer wieder vergesse. Worauf er ein wenig auf dem Rücksitz herumkramte und zwei Kleidungsstücke hervorzog: «Ick abbe zwei Stücke für dich, amico mio!» sagte er, weil ich so liebenswürdig sei. Dabei hielt er mir den Zipfel einer Jacke hin, damit ich ihn anfasse, «isse gut!».

Nur für den Fall, daß Sie es vergessen haben: Die Szene spielte sich an einer vielbefahrenen Berliner Kreuzung ab, der Mann hatte sein Auto in zweiter Reihe geparkt, der Motor lief die ganze Zeit, während ein steter Strom an Passanten an uns vorüberzog – aber das ist auch schon die einzige Erklärung, die ich dafür anbieten kann, warum ich im nächsten Augenblick mein Portemonnaie aus der Jackettasche nahm und einen Hundert-Euro-Schein rausfischte. *Ja, ich nahm einen Hundert-Euro-Schein heraus* und beobachtete mich dabei, wie ich ihn in das offene Autofenster reichte. Da, endlich!, meldete sich der Rest meiner Vernunft und befahl der Hand, den Schein nicht nur festzuhalten, sondern ihn wieder zurückzuziehen – doch es war zu spät. Der Fremde war schneller, steckte das Geld weg, stopfte die beiden Kleidungsstücke in eine große weiße Tüte, schob sie aus dem Seitenfenster und raste mit angemessen quietschenden Reifen die Kantstraße runter in Richtung Zoo.

Ich erstarrte. Schauer liefen mir den Rücken hinunter. In der Rechten hielt ich die weiße Tüte, in der Linken meine Brieftasche. Ich sah in die Tüte, sah alles, das letzte, erbärmliche, demütigende Detail. Und als ich sie kurze Zeit später auf der Toilette unseres Büros erneut öffnete, nickte ich nur noch kraftlos, weil ich ja schon alles gesehen hatte. Das einzig Unbekannte waren die beiden Etiketten, die in den aus billigem Plastik bestehenden, in China gefertigten, an den Ärmeln zu kurz geratenen «Lederjacken» klebten: Sie zeigten die unverwechselbare Schrift des edlen italienischen Labels – «Gucki».

Es mag tröstlich sein, daß wir selten in solche Situationen geraten, und wenn, dann meist auf Reisen. Jeder von uns kennt einschlägige Geschichten. Ich denke zum Beispiel an ein befreundetes Paar, das in einer römischen Seitenstraße von einem nervösen, auf einem Motorrad sitzenden jungen Mann angesprochen wurde. Er habe da einen neuen CD-Player, den sie für wenig Geld kaufen könnten, sagte er, öffnete einen Karton, der mit dem Namen einer bekannten Marke bedruckt war, und zeigte ihnen die täuschend echt aussehende Frontseite eines Geräts. Die beiden überlegten erst, ließen sich aber durch den Tick des Fahrers, den laufenden Motor immer wieder hochzudrehen, zu einer Schnellentscheidung drängen, die mit der Übergabe eines Fünfzig-Euro-Scheins endete. Als das Paar im Hotel seine Neuerwerbung auspackte, hielt es ein schwarz bemaltes, mit Alufolie und diversen Plastikschnipselchen beklebtes Holzbrettchen in den Händen, das auf einem Ziegelstein befestigt war; hinten hing ein kurzes Elektrokabel ohne Stecker heraus, was rätselhaft blieb, denn das Kabel hatte, versteckt wie es war, bei dem Täuschungsmanöver keine Rolle gespielt. Der vermeintliche CD-Player war so liebevoll gefertigt, daß die beiden ihn mit nach Hause nahmen, auch deshalb, weil sie Künstler sind und einen besonderen Sinn für solchen Kram besitzen.

Doch auch im Alltag geraten wir immer wieder in Situationen, die schlechte Gefühle in uns auslösen, Situationen, in denen wir den Eindruck haben, unsouverän, unsicher oder unentspannt zu sein. Sei es, weil wir unbeherrschte E-Mails verschicken, die uns kurze Zeit später leid tun; weil wir uns von den Kindern zu würdelosen Schreianfällen hinreißen lassen; weil wir vom kleinsten Konflikt im Job um den Schlaf gebracht werden; oder weil wir so gedankenlos sind, unangemessen gekleidet auf eine wichtige Party zu gehen. Sobald wir wieder bei uns sind, wünschen wir uns nichts sehnlicher als: «Wären wir doch cooler, viel cooler!» Ein naheliegender Wunsch, genießt doch der Idealtypus des gelassenen, souveränen Menschen (ob nun in seiner weiblichen oder männlichen Ausprägung) breite gesellschaftliche Anerkennung, und das seit vielen Jahrzehnten.

Es scheint also sinnvoll, uns diesen Idealtypus ein wenig genauer anzusehen, um dann im nächsten Schritt zu entscheiden, ob wir ihm nacheifern sollen – und wenn nicht, welche Elemente aus dessen Konkursmasse wir uns aneignen könnten, denn irgend etwas Verwertbares findet sich selbst in den flachsten Klischees, davon bin ich überzeugt. Coole Menschen, so meine These, sind in der Regel entspannt, souverän, gut angezogen, schweigsam, charismatisch, auf der Höhe der Zeit, in sich ruhend, nicht unbedingt warmherzig, durchaus arrogant. Und, wie Meyers Großes Taschenlexikon weiß: «leidenschaftslos beziehungsweise sachlich-nüchtern (bezogen auf das

Handeln oder Einschätzen einer Situation)». Wer sich solcherart zu präsentieren weiß, dem trauen wir eine ganze Menge höchst beneidenswerter Dinge zu: So jemand begibt sich in unserer Vorstellung nie in peinliche Situationen, er weiß, wie man überlegen bleibt, rational, ist Herr der Dinge, ruhig, mutig, elegant.

Es gibt eine lange Liste von Frauen und Männern, die das Ideal des Coolen verkörpern, wir müssen bloß ein wenig in der Geschichte Hollywoods stöbern (Humphrey Bogart, Marlene Dietrich, James Dean), in den Annalen des Jazz (Miles Davis) und der Literatur (Tom Wolfe) oder uns ein paar Popstars (David Bowie) oder Models (Kate Moss) vor Augen führen. Mittlerweile hat sich eine ganze Industrie auf die Produktion und Idealisierung cooler Menschen spezialisiert; von der Schönheitschirurgie über die People-Magazine bis hin zur Imageberatung. Zwei Fähigkeiten sind es, die den coolen Typen besonders auszeichnen: Er kontrolliert seine Gefühle. Und er hält mühelos Distanz zur Welt. Fähigkeiten also, die durchaus hilfreich sein können – wenn sie nicht, wie so oft, zu weit getrieben werden und damit das (an sich sympathische) Bild des Coolen überdecken. So können wir an vielen Menschen beobachten, daß sie ihre Gefühle nicht nur beherrschen, sondern überhaupt zum Verschwinden bringen wollen. Was aus einem doppelten Grund wenig empfehlenswert ist: Gefühle haben wir nun einmal, selbst dann, wenn wir nichts von ihnen wissen wollen; und Gefühle sind nicht weniger als unser Schlüssel zur Welt. Im Kapitel über Glück und Unglück erzähle ich von einem Menschen, dem aufgrund einer Hirnschädigung seine Gefühle abhanden gekommen sind: Er sieht zwar genau, daß er vor einer vielbefahrenen Straße steht, und weiß zu sagen, daß es lebensgefährlich ist, sie zu überqueren, ohne sich umzusehen – um es dann doch zu tun. Ohne Gefühle verstehen wir zwar die Welt, begreifen sie aber nicht. «Ich fühle, also bin ich», hat der bekannte Neurobiologe Antonio R. Damasio deshalb auch eines seiner Bücher zum Thema genannt. Mit Gefühlen interpretieren und werten wir Situationen; sie sind komprimierte Erfahrungen, die ganze Kaskaden bewußter Entscheidungen ersetzen; sie motivieren uns, weiterzumachen, uns zu verlieben, oder sagen uns, wie wir ein Problem angehen können. Es gibt hundert weitere Gründe, die dafür sprechen, Gefühle keinesfalls zu unterdrücken – der wichtigste davon: Wir kommen mit dem Versuch nicht durch. Unsere Gefühle bleiben uns treu und haben, so wir sie zu verdrängen wissen, die unangenehme Eigenart, in entstellter Gestalt wieder aufzutauchen und uns das Leben schwerzumachen.

Lange Zeit zog man aus der (im Grunde korrekten) These, wir dürften unsere Gefühle keinesfalls unterdrükken, den (falschen) Schluß, daß wir ihnen vollkommen freien Lauf lassen sollten. Man stellte sich die menschliche Seele wie eine Art Druckkochtopf vor. Wenn die darin befindlichen Emotionen zu kochen begännen, so meinte man, müßten sie irgendwo entweichen, damit wir nicht explodieren – wie man das von Dagobert Duck kennt, dem jedesmal, wenn er sich über seinen Neffen Donald ärgert, der Zorn in Form weißer Wölkchen aus den Ohren kommt. Irgendwann hat sich dann herausgestellt, daß wir Menschen doch keine Druckkochtöpfe sind und das ungehemmte Ausleben von Ärger und Aggression uns mehr schadet als nützt. Wer Gefühlen ungehemmt nachgibt, der heizt sie nämlich erst richtig an und wird die Erfahrung machen, daß es mehr die Ereignisse sind, die *ihn* steuern, als er *sie*.

Eine solche Eskalation ist mir in unangenehm genauer Erinnerung geblieben: Wir, meine Brüder und ich, müssen zwischen vier und neun Jahre alt gewesen sein, als wir bei meiner Großmutter zu Besuch waren. Wir mochten Oma sehr, hatten uns also darauf gefreut, bei ihr zu Gast zu sein. Das Beste an diesen Besuchen war ihr riesiger Schrank voller Spielzeug; ein Puppenhaus war darunter, eine Kegelbahn mit Kreisel, ein Papiertheater. Und eine große hölzerne Garage, handgemacht, grün angemalt. Aus bis heute unerfindlichen Gründen nervte uns diese Garage, erst ein bißchen, dann ein wenig mehr, bis wir, einander anstachelnd und anfeuernd, damit begannen, sie in einem Akt archaischen Zorns zu zerlegen, ja zu zertrümmern. Sehr zum Entsetzen unserer Großmutter. Und auch zu unserem eigenen. Noch heute wird mir ein wenig ungemütlich, wenn ich daran denke, wie wir drei Druckkochtöpfe erst dadurch richtig auf Touren kamen, daß wir Dampf *abließen*.

Es gibt mittlerweile Studien, die zeigen, wie das bei heftigem Ärger vermehrt ausgeschüttete Streßhormon unserem Herz-Kreislauf-System schadet und Zorn unsere Wahrnehmung einschränkt. In solchen Situationen machen Menschen oft Dinge, die ihnen hinterher unendlich leid tun. Womit wir uns schnellen Schrittes auf jene Mittellage zubewegen, auf der wir die *wirklich* Coolen vermuten. Sie hängen nämlich weder dem einen noch dem anderen Extrem an – sondern kennen ihre Gefühle sehr genau, wissen um deren innere Logik, können sich mit deren Hilfe bestens ausdrücken, wissen, wann sie sich ihnen ganz hingeben dürfen, wann besser nicht und können zudem anderen dabei helfen, es ihnen gleichzutun, und das alles in einem eleganten Wechselspiel von Vernunft und Emotionalität. Mit einem Wort: Die wirklich Coolen verhalten sich meist besonnen, leben in einem Zustand freundlicher Abgeklärtheit und hellwacher Präsenz. Positive Folgen, die sich daraus ergeben: Coolsein ermöglicht uns, heftige emotionale Reaktionen zu vermeiden, ohne dabei Gefühle zu verdrängen; unser Fühlen, Tun und Machen so zu gestalten, wie es unseren Vorstellungen entspricht; uns nur dann in die Dinge anderer (Gefühle, Nöte, Sorgen, Bedenken) involvieren zu lassen, wenn wir es wollen; uns von der Zustimmung anderer weniger abhängig zu machen; und schließlich, uns selber mehr zu schätzen (inklusive aller Vorteile, die das hat).

Und so könnte es damit klappen: Achten Sie auf den Unterschied von Gedanken und Gefühlen. Oft glauben wir, mit anderen über unsere Gefühle zu sprechen, und produzieren dann Sätze wie: «Ich habe nicht die geringste Ahnung, was du willst!», also einen Gedanken beziehungsweise eine Einschätzung. Wenn Sie sich wünschen, daß der andere mitbekommt, was Sie empfinden, dann sollten Sie Sätze sagen wie: «Ich fühle mich ein wenig unter Druck gesetzt, wenn ich Coolsein in einem einzigen Satz definieren soll!»

Und versuchen Sie Distanz zu schaffen zwischen sich und der Welt, zwischen den eigenen Gefühlen und ihren Mitmenschen. Gelingt Ihnen das, kommen Sie dem Ideal der Besonnenheit recht nahe. Aber jetzt konkret:

Reagieren Sie nicht sofort, sondern verplempern Sie erst mal Zeit. Geht es nicht gerade darum, einem plötzlich ausscherenden Auto auszuweichen, haben Sie in den meisten Situationen die Möglichkeit, ein wenig Zeit verstreichen zu lassen – zwischen dem Ereignis, das den Ärger ausgelöst hat, und Ihrer Reaktion darauf. Unter dem Aspekt des Coolseins sind alle Medien, die uns unmittelbare Reaktionen abverlangen, beziehungsweise von denen wir uns zu einer unmittelbaren Reaktion verleiten lassen, großer Mist. Twitter zum Beispiel. Oder E-Mails. Soziale Netzwerke im Internet. Telefongespräche. Chats. Sie alle schieben den Moment des Empfindens und den der Äußerung ganz nahe aneinander. Und provozieren uns dadurch, Unüberlegtes zu sagen oder zu schreiben.

Fragen Sie nach. Sollten Sie sich über die Aussage eines anderen ärgern und genötigt sein, sofort zu reagieren, stellen Sie wenigstens eine Gegenfrage. Sie müssen dabei nicht unbedingt den Klassiker des Psychosprechs verwenden: «Habe ich dich richtig verstanden, daß du das Gefühl hast, ich setze dich unter Druck, wenn ich dich bitte, Coolsein zu definieren?» – Ihnen wird etwas Eigenes einfallen. Hartnäckiges Nachfragen hat einen Nachteil und zwei Vorteile: Es nervt schnell. Dafür erhöht es die Wahrscheinlichkeit, daß Sie ganz genau wissen, worüber Sie sich gleich ärgern werden; und Sie gewinnen Zeit, um nachzudenken beziehungsweise sich etwas abzuregen.

Haben Sie die Chance, eine Nacht darüber zu schlafen, dann schlafen Sie eine Nacht darüber. Ob es eine wichtige Entscheidung ist, Zoff mit dem Lebensgefährten oder ein unwirsch-mißverständlicher Anruf – unser Gehirn ist ein mächtiger Apparat und arbeitet während der ganzen Nacht an der Lösung unserer Probleme. Wir müssen ihm nur eines verschaffen: die dazu nötige Zeit. Außerdem sind Gefühle ein flüchtiger Stoff. Sie halten sich nicht allzu lange, es sei denn, wir konservieren sie künstlich – aber das ist ein eigenes Thema.

Lassen Sie das Zeug liegen. Die E-Mail zum Beispiel, die Sie voller Zorn (oder in grenzenloser Euphorie) geschrieben haben. Ein paar Stunden reichen schon, ein Tag ist besser. Auch Selbstgeschriebenes lesen Sie mit ungleich wacherem und kritischerem Blick, wenn Sie es erst nach ein, zwei Tagen wieder hervorholen, um es zu bearbeiten.

Meditieren Sie oder gehen Sie eine Runde ums Haus. Wenn Sie keine Scheu vor Esoterik haben und zwischen dem Firlefanz und den Verdiensten der New-Age-Bewegungen zu unterscheiden wissen, könnten Sie zu meditieren beginnen. Wer zweimal zwanzig Minuten pro Tag mit geschlossenen Augen dasitzt und an nichts denkt,* gewinnt Abstand zur Welt, reduziert den Grundstreß, erhöht das Selbstvertrauen und ist ausgeglichener. Sollten Sie für Ihren Weg in die Eso-Schmuddelecke eine wissenschaftliche Empfehlung wünschen, könnten Sie das Buch «Hirnforschung und Meditation: Ein Dialog» lesen, an dem der vollkommen unverdächtige, weil seriöse Hirnforscher Wolf Singer mitgearbeitet hat.

Setzen Sie sich auf den stillen Stuhl. Diese Methode wird vor allem bei der Kindererziehung empfohlen. Wenn Situationen zu entgleisen drohen, wenn Kinder

* *Ja*, ich weiß, Meditieren funktioniert ein wenig anders, aber im Kern besteht es aus genau dem beschriebenen Vorgang.

Unerwünschtes getan haben, dann zieht man sie ein paar Minuten aus dem allgemeinen Spielverkehr und setzt sie auf einen Sessel, der in einer Ecke oder in einem anderen Zimmer steht. Dort haben die Kinder Zeit, sich zu beruhigen und Distanz zum Streit um den Bauklotz zu gewinnen. Dies erinnert nicht zufällig an das früher übliche In-der-Ecke-Stehen, ist aber milder und pädagogisch abgesichert. Sie können ja mal versuchen, die Sache unter Erwachsenen einzuführen. Nur so als Idee. An einschlägigen Berichten bin ich sehr interessiert.*

Lenken Sie in Konfliktsituationen die allgemeine Aufmerksamkeit auf etwas weniger Verfängliches. Auch dabei handelt es sich um eine Methode, die sich im Zusammenleben mit Kindern bewährt hat. Meist steigern wir nämlich das Gefühlschaos junger Menschen unnötig, wenn wir auf dessen Auslöser herumreiten. Indem wir zum Beispiel wiederholt fragen, was denn los sei; wenn wir einwenden, daß der umgestoßene Legoturm nun wirklich nicht *dieses* Theater wert sei etc. Besser, Sie sprechen den gemeinsamen Plan für den kommenden Tag an, im Garten Löcher zu graben, um dort etwas zu pflanzen oder nach Wertvollem zu suchen. Hilft fast immer. Und das Schönste an diesem Kniff: Bei den meisten Erwachsenen funktioniert er ebenfalls. Wenn sich die emotionalen Wogen geglättet haben, können Sie immer noch beiläufig auf den Anlaß für die Gefühlserregung zurückkommen und fragen: «Sag mal, mein Lieber: Was stellst du dir denn nun *genau* unter Coolsein vor?»

Hören Sie den Astrophysikern zu und überlegen

* Bitte an: ca@ankowitsch.de

Sie, ob sich die Sache lohnt. Welche Sache? Jede Sache. Diese Methode zielt darauf, Ihren Ärger oder die an Ihnen nagende Enttäuschung in einen relativierenden Rahmen zu stellen. Dafür gibt es viele Methoden. Eine besteht darin, unsere Situation mit dem Großen und Ganzen zu vergleichen. Beispielsweise mit der Geschichte des Universums. Vor vierzehn Milliarden Jahren entstanden, dehnt es sich rasend schnell aus, was dazu führt, daß es mit unserem Sonnensystem in ca. zwei Milliarden Jahren vorbei sein dürfte. Also auch mit der Erde, mit der Delle im Auto, mit dem kränkenden Halbsatz des Freundes, mit dem verlorenen Auftrag, mit den abgesprungenen Followern*. Der österreichische Schriftsteller Thomas Bernhard hat ein anderes Bezugssystem gewählt, um den richtigen Abstand zu den eigenen Problemen zu gewinnen: «Wenn man an den Tod denkt, ist alles lächerlich.»

Beweisen Sie Humor und lachen Sie – vor allem über Ihre eigenen Fehler. Humor ist eine klassische Strategie, um sich von der eigenen Person zu distanzieren. Wir sollten sie bloß nicht auf andere anwenden, da sich schwer sagen läßt, ob sie es schätzen, wenn wir über ihre Niederlagen lachen. Wie cool man mit dieser Strategie wirken kann, zeigt eine kleine Anekdote, die ich vor vielen Jahren erlebte, als ich noch bei einer angesehenen Wochenzeitschrift in Hamburg arbeitete. Es war Freitag nachmittag, Konferenz, die gesamte Redaktion versammelt. Im Rah-

* So bezeichnet man Menschen, die die kurzen Textnachrichten abonnieren, die man auf www.twitter.com schreiben kann; die Anzahl der Follower, also der einem Nachfolgenden, ist ein Zeichen für die Klasse der eigenen Kurznachrichten. Wer also Follower gewinnt, ist beliebt, wer sie verliert, ein Loser.

men der Blattkritik konnte jeder sagen, was ihm zur vorliegenden Ausgabe einfiel. Weil das Auditorium groß, die eigenen Projektionen noch größer und die Chancen, sich zu blamieren, ideal waren, überlegten es sich besonders die Jüngeren dreimal, ob sie etwas sagen wollten, denn wir hatten schon Szenen erlebt, bei denen die Kritiker anschließend gerupfter den Raum verließen als die Kritisierten. Diesmal bewegte sich die interne Blattkritik auf einem verschlafen-konsensualen Niveau, bis sich schließlich ein jüngerer Kollege meldete. Er nahm sich nicht weniger als den Leitartikel des Ex-Chefredakteurs und aktuellen Herausgebers vor. Mit einem Schlag durchpulste mich jene Aufregung, die sich einstellt, wenn man andere bei einem waghalsigen Unterfangen beobachtet und befürchtet, es könnte scheitern. Aber es kam anders, zumindest zu Beginn: Der Kollege machte eine hervorragende Figur. Er faßte pointiert zusammen, was der Säulenheilige des Hauses geschrieben hatte, landete auf dessen Kosten die eine oder andere harmlose Pointe, bis er schließlich zum Kern seiner Wortmeldung kam: Der Leitartikel sei ganz wunderbar, von gewohnter Brillanz, aber – er ließ eine gespannte Pause entstehen – er enthalte einen ganz entscheidenden Denkfehler! Wenn die anfangs formulierte Annahme stimme, dann könne die Conclusio nur *so* oder *so* lauten, keinesfalls aber *so*, wie wir es alle seit gestern auf Seite eins der angesehenen Wochenzeitschrift lesen könnten. Es wurde still in dem großen Raum. Der kritisierte Herausgeber hörte schlagartig zu lächeln auf, beugte sich vor, griff zur aktuellen Ausgabe und überflog noch einmal die angesprochene Passage. Ich rechnete mit dem Schlimmsten. «War das wirklich nötig?» schoß es mir durch den Kopf, «hätte der Kollege nicht auf dem kleinen Dienstweg etwas sagen können … Gesichtsverlust … Katastrophe … das Ende ist nah!» Während ich mich immer tiefer in meine Befürchtungen hineinarbeitete, hieb der Angesprochene plötzlich mit seiner Pranke auf den Tisch – und brach in schallendes Gelächter aus; gleichzeitig knöpfte er sich eine der Whiskyflaschen vor, die damals noch auf dem Konferenztisch herumstanden. «Sie haben vollkommen recht!» Allgemeines, befreites Gelächter. Worauf der Kritisierte sein Glas vernehmlich auf den Tisch stellte und fragte: «Und? Was haben wir kommende Woche auf der Eins?»

Behandeln Sie sich wie Ihren besten Freund und erledigen Sie für ihn die eine oder andere schwierige Sache. Bei dieser Empfehlung ist ein wenig Abstraktionsvermögen nötig, aber nach kurzer Übung werden Sie es hinbekommen. Weil wir bekanntlich schwierige Situationen besser einschätzen und meistern können, wenn wir sie aus einer gewissen Distanz heraus betrachten, ist es hilfreich, von uns abzurücken. Am besten gelingt das, indem Sie sich vorstellen, nicht *Sie* befänden sich in der brenzligen Situation, sondern ein enger Freund. Sehen Sie ihn sich genau an, womit er da ringt, was er da alles am Hals hat. Und? Haben Sie es bemerkt? Bestens! Sind Sie erst mal an diese Perspektive gewöhnt, können Sie damit beginnen, ihm den einen oder anderen Ratschlag zu geben oder gar stellvertretend für ihn ein paar Dinge zu erledigen. Ganz so, wie ich das im Kapitel über das Durchwursteln beschreibe (Stichwort: Playmobilmännchen). Mit dieser Strategie können Sie sich bei grundsätzlichen Lebensentscheidungen ebenso zur Seite stehen wie bei der Frage, welches Auto Sie kaufen sollen (was für manche auf dasselbe rauskommt, aber das ist eine andere Frage).

Verfahren Sie mit Gedanken, die Sie loswerden wollen, genauso wie mit realen Gegenständen – und legen Sie sie einfach ab. Wenn Sie sich einmal entschieden haben, sich wie einen Freund zu behandeln und zu beraten, dann ist ohnehin schon alles gut – na, vielleicht nicht alles, einen zusätzlichen Schritt könnten Sie noch gehen. Ich habe ihn jedenfalls zigfach getan, und er hat mir immer wieder weitergeholfen (ich schätze: in der Hälfte aller Fälle). Um diesen Trick anzuwenden, stellen Sie sich einfach vor, Ihre lästigen Gedanken (Sorgen, Bedenken, Ängste) seien kleine Gegenstände, die Ihnen im Kopf herumgehen. Welche konkrete Form Sie ihnen geben, ist Ihrem Geschmack überlassen. Verspielte Naturen stellen sie sich als bunte Bälle vor, rationalere Menschen als Chipkarten. Sobald Sie ein klares Bild davon haben, wie die Gedanken aussehen, die Sie verschwinden lassen wollen, machen Sie einen kleinen Spaziergang und deponieren die Dinge an einem fernen Ort. Murmeln Sie etwas in der Art wie «Da bleibt ihr nun!» und gehen Sie wieder nach Hause. Fertig. Eventuell auftauchende Erinnerungen an die kleine Szene einfach vergessen.

Wem die ganze Sache etwas zu ungewöhnlich erscheint, der könnte sich ein paar Rituale ins Gedächtnis rufen, deren sich Menschen anderswo bedienen und die dem unseren recht ähnlich sind. So deponieren zum Beispiel nicht wenige ihre Wünsche an der Klagemauer in Jerusalem, um sie (mit Gottes Hilfe) zu befördern. Unter ihnen Barack Obama, der im Juli 2008 einen Zettel in eine Mauerritze steckte und darauf um Weisheit für seine anstehenden

Entscheidungen bat. Ob es auf den Zettel zurückzuführen ist, daß er Präsident wurde, läßt sich nicht mit letzter Gewißheit sagen; geschadet hat er ihm jedenfalls nicht.

Verlieren Sie gelegentlich Ihren Kopf. Die angeführten Empfehlungen könnten Sie zu dem Irrtum verleiten, Sie sollten immer versuchen, Distanz zu allem zu halten. Daher will ich an dieser Stelle ein abschließendes *Aber* aus der großen Aber-Kiste holen, die bekanntlich zu den wesentlichen Ausrüstungsgegenständen von uns Durchwurstlern gehört. So sinnvoll es also sein mag, cool zu bleiben, so wunderbar ist es mitunter, sich kopfüber ins Meer der Gefühle zu stürzen. Bedingungslos. Und gedankenlos. Psychologen sprechen in diesem Zusammenhang von einem Zustand namens «Flow» und meinen damit das Erlebnis, ganz in einer Tätigkeit aufzugehen und damit dem großen Glück sehr nahe zu kommen. So erzählen Läufer davon, wie nach einer gewissen Zeit jeder störende Gedanke verschwinde und sie eins würden mit der Welt, eine einzige, beglückende Bewegung. In solchen Zusammenhängen zu fordern, wir müßten zur Selbstdistanzierung fähig sein, wäre blanker Unsinn. Eine kleine Einschränkung sei freilich erlaubt: Wir sollten wissen, wie tief das Meer der Gefühle ist, in das wir da stürzen; es wäre nicht das erste Mal, daß wir uns verschätzen und den Kopf stoßen.

Sollten Sie noch ein wenig unschlüssig sein, ob Sie sich auf den Weg zu einer cooleren Lebensführung machen sollen, bringt vielleicht der nächste Fasching Klarheit. Kaufen Sie sich, so Sie ein Mann sind, einfach eine goldgerahmte Pilotenbrille, ein geblümtes Hemd, knöpfen Sie es bis zum Bauch auf, hängen Sie sich eine (falsche) Goldkette mit einem zehn Zentimeter großen Dollarzeichen um und schütten Sie ausreichend Pomade in Ihr Haar. Genau das habe ich gemacht. Und damit nichtsahnend eine Erfahrung provoziert, die mir noch heute hilft: Die Gäste des Festes begegneten mir zwar respektvoll und musterten mich durchaus bewundernd, hielten aber meist Abstand. Seit damals glaube ich zu wissen, daß es die moderate Form des Coolseins ist, die am ehesten hilft, sich durch den Alltag zu wursteln.

Abnehmen

Wie Sie dahinterkommen können, ob Sie tatsächlich ein paar Kilos zuviel wiegen oder bloß einem Ideal nacheifern, und wie Sie (wenn es denn nun unbedingt sein muß!) die Sache mit dem Abnehmen schaffen – wobei ich Ihnen den Hinweis leider nicht ersparen kann, daß es mit ein bißchen Möhrengeknabber nicht getan sein wird.

Was tun wir nicht alles, um unser Idealgewicht zu erreichen. Tagelang rohes Sauerkraut essen, zum Beispiel. Wie jene Frau, deren Geschichte ich jetzt erzählen will. Eine solche Sauerkrautkur regt bekanntlich die Verdauung an, weshalb jeder, der sie anwendet, gut beraten ist, in Reichweite seiner gewohnten Umgebung zu bleiben und auf alle Eventualitäten vorbereitet zu sein. Die Hauptdarstellerin unserer Geschichte hielt sich nicht an diesen Ratschlag, sondern fuhr gemeinsam mit ihrem Mann zum Einkaufen. Es sei ein ganz normales Wochenende gewesen, erzählten die zwei Freundinnen, denen ich die Anekdote verdanke.* Der Supermarkt war nur wenige Autominuten vom Zuhause der Frau entfernt, was sollte also geschehen? Um ganz sicherzugehen, bat sie ihren Mann, draußen auf sie zu warten, sie wolle die paar Einkäufe so schnell wie möglich erledigen. Sagte es, schnappte sich ihre Handtasche

* Sie hat mittlerweile eine ähnliche Verbreitung erreicht wie die berühmte Geschichte von der Spinne in der Yucca-Palme.

und ließ ihren Mann auf dem großen Parkplatz im Auto allein, das in einem schicken, wenngleich ziemlich unauffälligen Grau lackiert war. Der Mann drehte das Radio an, lehnte sich zurück und zog seinen Hut in die Stirn.

Die Frau schlenderte unterdessen durch die langen Supermarktreihen und warf ein paar Dinge in ihren Einkaufswagen – als sich zum ersten Mal das Sauerkraut bemerkbar machte. Weil es noch ein sehr fernes Grollen war, ließ sie sich von ihrem Tun nicht abbringen. Doch manche Unwetter nähern sich schnell, wie jene im Hochgebirge, wo das Barometer urplötzlich fallen kann. So auch dieses. Mit einem Mal wußte die Frau, daß sie besser nach der Kundentoilette fragen sollte. Sie schob den Einkaufswagen in eine Nische, klemmte sich ihre Handtasche unter den Arm und begab sich auf die Suche nach einer Verkäuferin. Das Grollen war nun nicht mehr fern, sondern bedrohlich nah, es kündigte sich unerbittlich ein Gewitter an, was man daran erkennen konnte, daß die Frau kleine, trippelnde Schritte machte und nicht mehr frei ausschritt. Endlich erblickte sie eine Angestellte, der sie schon von weitem zurief: «Entschuldigen Sie, wo sind denn hier die Kundentoiletten?», doch die antwortete ebenso knapp wie brüsk: «Hammwa keene!» In ihrer Ratlosigkeit verstrickte die Frau die Verkäuferin in einen kurzen Disput, um sich schließlich abrupt abzuwenden: Das Unwetter war nun so nahe gekommen, daß sie nur noch einen Impuls verspürte: «Raus hier, schnell raus!»

An den beiden Kassen hatten sich lange Schlangen gebildet; unter den vielen Wartenden waren auch einige Kinder, die den Menschen zwischen den Beinen herumwuselten. Die Kleinen zwangen die mittlerweile schwer atmende Frau kurz innezuhalten und ihnen umständlich auszuweichen. Der Satz «Raus hier, schnell raus!» hämmerte wie ein Mantra gegen ihre Schläfen, bevor es der Gramgebeugten gelang, sich brutal durchzudrängen. Endlich, endlich war sie im Freien – und da spannte sich vor ihr der riesige Parkplatz mit den unzähligen, in der Sonne glitzernden Autos auf. Während sie gequält vorwärts trippelte, mitten hinein in dieses Mittelklassewagen-Labyrinth, irrte ihr Blick umher: Wo stand nur ihr Mann?! Sie war in blankem Aufruhr, unflätige Flüche mischten sich mit Stoßgebeten, kindliche Bitten um Gnade mit verzweifelten Seufzern – *da, da* entdeckte sie ihr graues Fahrzeug und hinter dem Steuer auch ihren Mann. Gefunden, gerettet, nichts wie hin! Die Frau eilte los, «es sind nur fünf Minuten nach Hause, ich schaffe das, ich schaffe das», schoß es ihr durch den Kopf; sie erreichte das Auto, riß die Beifahrertür auf, ließ sich mit dem ganzen Gewicht ihrer Verzweiflung auf den Sitz fallen, kreischte mit sich überschlagender Stimme: «Schnell, schnell, fahr nach Hause, bitte …», stemmte sich noch ein letztes Mal mit aller Kraft gegen das übermächtige Drängen – um diesem schon im nächsten Moment in einer Mischung aus ungläubigem Staunen, grenzenloser Erleichterung und abgrundtiefem Entsetzen nachzugeben. ES WAR GESCHEHEN! Die Katastrophe, vor der sich jeder von uns in seinen dunkelsten Stunden ängstigt, war eingetreten: Sie war nicht nur auf die Grundfunktionen ihres Körpers reduziert, sondern diesen auch noch schutzlos ausgeliefert.

Die Frau erstarrte. Wie ihrem Mann verständlich machen, was geschehen war? Was tun? Wie weiterleben? Langsam wandte sie sich nach links und hob den waidwunden

Blick. DOCH DA SASS GAR NICHT IHR MANN! Es war ein Fremder, sie saß neben einem fremden Mann, in einem fremden Auto, das dem ihren – aus der Nähe betrachtet – nicht einmal besonders ähnlich sah. Als hätte ihr jemand eine Lanze direkt ins Herz gestoßen, schrie die Frau auf und flüchtete panikartig, hinein ins Meer der Mittelklasseautos – und *da, da* erkannte sie endlich ihren Mann, stürmte auf das graulackierte Fahrzeug zu, warf sich auf den Beifahrersitz und schrie wieder, mittlerweile vollkommen außer sich: «Schnell, schnell, fahr nach Hause, bitte!» Und ihr Mann fuhr.

Eine Stunde später: In der Wohnung des Ehepaares herrschte diese brüchige Stimmung, wie sie sich nach schlimmen Ereignissen gerne ausbreitet. Die beiden sprachen betont höflich miteinander, bloß über das Allerunverfänglichste, in dem Wissen, die ganze Sache würde bald auf eine beherrschbare Größe geschrumpft sein und sie könnten wieder zur Tagesordnung übergehen. Da klingelte es an der Haustür. Die Eheleute sahen einander fragend an. Sie erwarteten niemand. Die Frau zog den Bademantel enger um sich und verschwand im Schlafzimmer, während ihr Mann die Tür öffnete. Draußen stand ein Unbekannter. Er grüßte knapp. In der Hand hielt er eine Damenhandtasche, die der Mann irgendwoher kannte: «Die», sagte der Fremde und deutete mit einer kaum merklichen Kopfbewegung auf die Tasche, «hat Ihre Frau eben in meinem Auto vergessen.»

Einige Tage nach dem Vorfall meldete sich die Versicherung des Herrn bei der des Ehepaares – und man bereinigte die Angelegenheit in gegenseitigem Einvernehmen.

Sind drei Kilo weniger das wert? Keineswegs, werden die meisten jetzt sagen. Doch wer sich umschaut, stellt fest, daß das Thema «Abnehmen» für ziemliche Betriebsamkeit sorgt, vor allem unter Medizinern, Statistikern, Frauenzeitschriftenverlegern und nicht zuletzt uns Bürgern hochentwickelter Industrienationen. Immerhin haben 62 Prozent aller Deutschen schon einmal eine Diät gemacht, weil sie sich für zu dick halten. Rund zwanzig Prozent der Frauen bringen es nach einer Studie der Deutschen Angestellten-Krankenkasse (DAK) sogar auf mehr als fünf Versuche, doch die meisten Diätanläufe (knapp siebzig Prozent) bleiben ohne Erfolg. Eine andere Krankenkasse hat herausgefunden, daß rund fünf Millionen Deutsche unter Eßstörungen leiden und etwa zwanzig Prozent der Schüler unter einer Vorform, nämlich einem gestörten Eßverhalten.

Ich will nun keineswegs das Szenario einer zwischen Diätwahn und Eßstörungen dahinschlingernden Republik heraufbeschwören, um vor dieser bedrohlichen Kulisse Anleitungen für ein paar *wirklich* empfehlenswerte Diäten zu geben. Die zitierten Zahlen sollen bloß verdeutlichen, daß sich, wer morgens vor dem Spiegel steht und ein wenig besorgt seine Speckröllchen oder seinen Bauchansatz mustert, in ziemlich großer Gesellschaft befindet; was schon mal ein erster Schritt zu einer entspannteren Haltung unserem Körper gegenüber sein könnte. Und genau darum soll es in diesem Kapitel gehen. Gewidmet ist es all jenen, die seit langem mit ein paar überzähligen Kilos hadern – egal, ob diese nun real oder bloß eingebildet sind.

Daß es nicht ganz einfach werden dürfte, sich mit dem

eigenen Körper auszusöhnen, zeigt schon der Blick in eine beliebige Illustrierte. Die darin abgebildeten Models und Schauspielerinnen sind nicht nur schlank und gutaussehend, sondern tragen Klamotten in Konfektionsgrößen, die mehr mit einem guten Abi-Schnitt zu tun haben als mit tatsächlichen Kleidergrößen. Doch damit nicht genug: Betrachtet man die vergötterten Frauen unter dem Aspekt des sogenannten Body Mass Index (BMI), wird deutlich, daß sie zur Gruppe der unterernährten Menschen gehören. Beim BMI dividiert man das Gewicht der Person in Kilogramm durch deren Größe in Metern zum Quadrat. Ein BMI von 18 gilt als eben noch tolerierbare Untergrenze, die von den allermeisten Models jedoch unterschritten wird. Beispiele gefällig? Kein Problem: Heidi Klum hat einen BMI von 17,1 (178 cm/53 kg), Gisele Bündchen von 15,9 (180 cm/49 kg), Nicole Kidman von 17,2 (178 cm/54 kg) und Naomi Campbell, Katie Holmes und Keira Knightley sind sogar noch weiter von der magischen 18 entfernt.

«Na und», könnten wir sagen, «was geht uns das an?» Prinzipiell ist dieser Einwand berechtigt. Aber ganz so einfach ist es auch wieder nicht, denn die vielen dünnen Frauen (und wenigen dünnen Männer) dienen als mächtige Rollenmodelle, als Schönheitsideale, denen zahllose Menschen nacheifern. Ihre Macht beruht nicht auf der einfachen Neidformel: «Du bist dünn – also will ich auch dünn sein», sondern auf einer etwas komplexeren Kausalkette: «Du bist beliebt, erfolgreich, begehrenswert und berühmt, *weil* du dünn und gutaussehend bist – wenn ich auch beliebt, erfolgreich, begehrenswert und berühmt sein möchte, *muß* ich ebenfalls dünn werden!» Wer nicht die

Kraft aufbringt, sich gegen die Botschaft dieser idealisierten Körper zu wehren, wer sie sich – im wahrsten Sinne des Wortes – nicht vom Leib halten kann (und wer kann das schon bei ihrer Dauerpräsenz und Suggestionskraft), der muß irgendwann auf die Idee kommen, er sei zu dick. Selbst dann, wenn er (gemessen am Durchschnitt) *genau* die richtigen Maße hat. Frauen geraten ungleich häufiger unter diesen Druck, aber das sollte uns nicht darüber hinwegtäuschen, daß die Männer dabei sind aufzuholen. Die Meldungen über Eßstörungen männlicher Jugendlicher nehmen kontinuierlich zu.

Zusätzlich verschärft wird die Situation durch die Wundertaten einer ganz besonderen Handwerkertruppe: der Retuscheure. Sie drehen die Bilder der gutaussehenden Menschen so lange durch ihre digitalen Idealisierungsapparate, bis wir in Gesichter blicken, die weder Falten noch Pickel, noch Spuren des Lebens kennen, das uns Tag für Tag zeichnet. Und obwohl wir das wissen, bestaunen wir die Schönheiten mit offenen Mündern und müssen uns anstrengen, uns nicht noch ein wenig alltäglicher und rundlicher zu fühlen als ohnehin schon.

Trost könnte auf den ersten Blick der Umstand bieten, daß Models und Schauspieler zwar als überirdische Ikonen fungieren, ihrerseits aber ebenfalls unter dem Diktat dieser Ideale stehen – letztlich also unter demselben Druck leiden wie wir. Unglücklicherweise tröstet uns das nicht: Denn wenn selbst die Götter der Schlankheit eine abstrakte Instanz über sich haben, die sie fürchten müssen, steht es um unsere Chancen, diese zu entmachten, nicht sehr gut. Schließlich gibt es niemanden, der den Zwang zum Dünnsein erfunden hätte, den wir persönlich haftbar machen oder dem wir gegebenenfalls eine reinhauen könnten, um unsere Ruhe zu haben.

Es ist und bleibt schwierig, gegen abstrakte Dinge anzukämpfen – doch unmöglich ist es nicht. Vielleicht hilft es, an dieser Stelle an eine der vielen wunderbaren Anekdoten von Friedrich Torberg zu erinnern, die er in seinem Buch «Die Tante Jolesch» erzählt und mit deren Hilfe wir uns in Zeiten zurückversetzen können, in denen es noch Wichtigeres gab, als dürr zu sein, nämlich viel und gut zu essen, und das konsequent und mit Lust. In einer von Torbergs Geschichten geht es um eines der bemerkenswertesten Festessen im Prag der Zwischenkriegszeit, das regelmäßig am Weihnachtsabend in der Wohnung des berühmten Komikers Armin Berg stattfand. Unzählige Leute, vor allem aus dem Theater, wollten daran teilnehmen. Ausgerichtet wurden diese Zusammenkünfte von den drei Schwestern Bergs, die in Brünn ein Restaurant betrieben, das für seine grandiose Küche berühmt war. Entsprechend üppig gestaltete sich das Weihnachtsessen, es dauerte jedesmal bis weit nach Mitternacht, und die Gäste erfreuten sich an einem nie versiegenden Strom von Köstlichkeiten. Auch wer es hielt wie die Profis und von jedem Gang nur ein bißchen probierte, war nach Aussagen Torbergs, der selbst am Gelage teilnahm, irgendwann ziemlich satt. So schreibt er über den Zustand der Gäste um zwei Uhr morgens: «Die geräumige Wohnung war vom leisen Stöhnen der Angeschlagenen erfüllt, die sich glasigen Blicks ihrer Erschöpfung hingaben und als einzige Nahrungszufuhr nur noch Mokka, Magenbitter oder Speisesoda akzeptierten.» Selbst der als «Fresser» bekannte Volksschauspieler Fritz Imhoff, ein «Nachtmahl-

Routinier», habe bereits mit geöffnetem Kragen und Hosenbund in seinem Stuhl gehangen, als plötzlich die drei Schwestern mit einem Tablett voller Gänseleberbrötchen erschienen seien, einer weiteren Delikatesse. Worauf Imhoff verzweifelt geächzt habe: «Das wird ja net zum Derscheißen sein, morgen …»

Bevor ich zum praktischen Teil des Kapitels übergehe, will ich noch zwei grundsätzliche Anmerkungen machen, die Ihnen dabei helfen könnten, nicht ganz so streng mit sich zu sein, wie Sie es gelegentlich sind.

Anmerkung 1: Unser Körper gehorcht zwei ehernen Regeln, die er während der Evolution gelernt hat. Die erste lautet: Wenn es *viel* zu essen gibt, lieber Körper, dann lege dir einen Nahrungsvorrat an, denn wer weiß, wann es das nächste Mal etwas gibt. Die zweite Regel lautet: Wenn es *wenig* zu essen gibt, lieber Körper, versuche so wenig Energie zu verbrauchen wie möglich und begib dich umgehend auf Nahrungssuche, denn sonst stirbst du über kurz oder lang. Zwei überaus vernünftige Regeln. Kein Wunder, hatte doch die Evolution rund zwei Millionen Jahre Zeit, sie zu erproben, weshalb sie unserem Körper in Fleisch und Blut übergegangen sind. Das Problem besteht darin, daß sich die Lebensverhältnisse stark verändert haben. Während es für den Neandertaler von existentieller Bedeutung war, solcherart zu verfahren (bei Überfluß Vorräte anlegen – bei Mangel sparen), führen die beiden Regeln heute, da es – zumindest in Europa – genug zu essen gibt, zu zwei unerwünschten Resultaten: Die Eigenart, möglichst viel Energie für schlechte Zeiten aufzubewahren, läßt uns dick werden; Fettleibigkeit ist also nichts anderes als der (gutgemeinte) Versuch unseres Körpers vorzusorgen. Die Angewohnheit hingegen, bei Nahrungsmangel den Energieverbrauch zu drosseln und verstärkt auf die Suche nach Eßbarem zu gehen, hat zur Folge, daß wir während unserer Diäten weniger abnehmen als gewünscht und uns nachts über die Schokoladenvorräte hermachen. Überspitzt formuliert könnte man sagen: Unser Körper lebt noch in der Steinzeit, während wir uns mit den Verlockungen des 21. Jahrhunderts herumschlagen müssen.

Wer darauf hofft, unser Körper könnte lernen, mit den neuen Herausforderungen umzugehen, wird enttäuscht werden, denn gegen zwei Millionen Jahre menschlicher Evolution stehen gerade einmal hundert Jahre moderner Ernährungsgewohnheiten (0,005 Prozent). Selbst wenn sich unser Körper sehr beeilen sollte und für seine Anpassung an Fastfood und Bewegungsmangel nur *ein* Prozent seiner bisherigen Entwicklungszeit veranschlagt, sprechen wir immer noch von zwanzigtausend Jahren.

Anmerkung 2: Wen ein paar überzählige Kilos plagen, der denkt in Wahrheit über mehr als bloß ein Gewichtsproblem nach. So geht es in Zusammenhang mit unserem (tatsächlichen oder bloß eingebildeten) Übergewicht *auch* darum, was für ein Bild wir von uns haben, woher es stammt, wie groß die Kluft zwischen idealisiertem Selbst und unserer realen Person ist und zu welchen Verrenkungen wir bereit sind, um diesem Wunschbild zu entsprechen. Daran knüpft sich die Frage, wie es um unsere Autonomie bestellt ist, ahnen wir doch, daß das herrschende Schlankheitsideal über unsere Köpfe hinweg installiert wurde und meist in klarem Widerspruch zu unserer Lebenswirklichkeit steht. Dies trifft Frauen erfahrungsgemäß besonders hart, sie sind einem viel größeren gesellschaftlichen Druck ausgesetzt, schlank, sexy und begehrenswert zu sein, als Männer, denen man den Bauch meist durchgehen läßt.

Doch damit nicht genug. An der Frage nach sozialer Anerkennung, um die es hier eben auch geht, hängt ein ganzer Themenkomplex: Was muß ich tun, damit die anderen mich respektieren oder lieben? Soll ich überhaupt etwas tun? Reicht es nicht, möglichst authentisch dicklich zu sein? Oder muß ich meinen Mitmenschen ein wenig entgegenkommen und mich, obwohl es meinen eigenen Bedürfnissen zuwiderläuft, dreimal wöchentlich im Fitneßstudio quälen? Wer mag, könnte noch über die naheliegende Frage nachdenken, um welche Art von Liebe es sich eigentlich handelt, wenn sie bloß durch selbstquälerisches Fasten zu erzielen ist. Aber Vorsicht: Sie könnten darüber leicht in eine gefährliche Grübelschleife geraten, von der an anderer Stelle ausführlich die Rede ist.

Und schließlich geht es bei der Frage «Abnehmen oder nicht?» um handfeste Machtfragen. Ich habe das am eigenen Leib erfahren und war darüber sehr überrascht. Als ich mich einmal einer sanften Entschlackungskur unterwarf, war das anfangs eine Qual: schauerlich schmeckende Schüßler-Salze, nur leichte Speisen, ab 15 Uhr gar nichts mehr, abends Grastee und im übrigen viel lauwarmes Wasser. Nachdem ich die erste Woche überstanden hatte, stellte sich jedoch schleichend ein Gefühl des Schwebens ein, zumal ich merklich an Gewicht verloren hatte (das ich mittlerweile mehr als wieder draufgepackt habe). Nach der zweiten Woche kam eine weitere, mir bis dahin ganz fremde Erfahrung hinzu: Ich begann, auf Lebensmittel und den Akt der Nahrungsaufnahme herabzusehen. Essen war etwas für durchschnittliche Menschen, aber nicht für mich, den heroisch Fastenden! Ich hatte in den zwei Wochen nicht nur gelernt, meine abendlichen Hungergefühle zu ertragen, sondern glaubte mittlerweile, sie zu beherrschen. Und mit ihnen meine natürlichen Bedürfnisse und Regungen. Wer das schon einmal erlebt hat, weiß, zu welchen Allmachtsphantasien das führen kann: Man ist davon überzeugt, die Kontrolle über den eigenen Körper zu haben, ihn nach den eigenen Vorstellungen formen zu können. Welche Grenzen sollte es geben, sich selbst neu zu erfinden? Nur gut, daß ein auf den Punkt gebratenes Steak stärker war als ich! Seit diesem Erlebnis kann ich jedenfalls gut nachvollziehen, wie leicht man von Diäten und Hungerkuren abhängig werden kann.

All diese Themen schwingen mit, wenn wir uns Gedanken über das eigene Gewicht machen. So gesehen kneifen wir uns morgens nicht in unseren Oberschenkel oder unseren Bauchansatz, sondern direkt ins Ich. In diesem Zusammenhang einige hilfreiche Hinweise:

- *Besuchen Sie einschlägige Websites im Internet und schauen Sie sich an, wie Ihre Göttinnen und Götter in Unterwäsche aussehen.* Dies ähnelt dem klassischen Ratschlag, sich im Bewerbungsgespräch die Herren gegenüber in Unterhemden vorzustellen, um den übergroßen Respekt zu verlieren. Machen Sie sich bewußt, daß auf dem Wege der Manipulation – von den Retuscheuren der Schönheit war bereits die Rede – aus recht hübschen Frauen intergalaktische Wesen werden. Besonders gut läßt sich das anhand des Portfolios von Glenn C. Feron nachvollziehen, des amerikanischen Spezialisten für «The Art of Retouching». Auf seiner Website (www.glennferon.com) sind zunächst jede Menge überirdisch schöne weibliche und männliche Models und Stars zu sehen. Bewegt man jedoch den Cursor über die Bilder, kommt das jeweilige Originalfoto zum Vorschein. Wie erleichternd! Denn in der Regel blicken wir auf flachbrüstige Oberkörper, von erster Cellulite angeknabberte Beine oder in Gesichter, die von freundlichen Fältchen gezeichnet sind.

Lesen Sie die Yellowpress – aber nur ganz bestimmte Seiten. Und zwar jene, auf denen das Gewichts-Jo-Jo von Prominenten behandelt wird, die Sie attraktiv finden.

Denken Sie an die Macht Ihrer Gene und daran, daß einige davon auch falsch funktionieren könnten. Mir ist durchaus bewußt, daß dem Hinweis auf unsere Anlagen der Geruch der Ausrede anhängt. Schlagen sich nicht die meisten von uns mit irgendwelchen Erblasten herum, ohne deshalb jede Unzulänglichkeit damit zu begründen? Eben! Wir suchen die Ursache für unsere Probleme durchaus bei uns. Aber es gibt ernstzunehmende Hinweise, daß das Körpergewicht zu sechzig bis achtzig Prozent durch unsere Erbanlagen bestimmt wird, wir also im besten Fall vierzig Prozent Handlungsspielraum haben. Ich kann dieser These einiges abgewinnen, gibt es in meiner Familie doch eigentlich niemanden mit Übergewicht, und das trotz einer selbstbewußten Ignoranz gegenüber kalorienreduzierter Kost – sieht man einmal von meinem kochenden Vater ab, der eher gegarten Möhren, grünem Salat und Schnitzel zuneigt als Chips, Softdrinks und dem doppelt gebratenen Hamburger mit dicker Soße.

Wieviel unsere Gene dabei mitzureden haben, ob wir dick werden oder nicht, zeigen einschlägige Untersuchungen, die belegen, daß Menschen, die das gleiche essen, ganz unterschiedlich darauf reagieren. Während Schlanke dazu neigen, die aufgenommene Energie gleich zu verballern, indem sie Körperwärme produzieren und diese über die Haut wieder abgeben, gehen Dicke deutlich ökonomischer mit ihrem «Futter» um. Sie behalten ihre Körperwärme bei und legen lieber Fettpolster an Bauch und Hüfte an.

Unsere Gene können auch richtiggehend versagen. So wird gegenwärtig diskutiert, ob manche Menschen deshalb viel essen (und folglich stärker zunehmen als andere), weil sich bei ihnen durch die Nahrungsaufnahme nur langsam und schleppend ein Glücksgefühl einstellt, während das bei Schlankeren schon nach einer kleinen Portion hinhaut – ein Problem, an dem ein genetischer Defekt schuld sein könnte.

Akzeptieren Sie einfach, daß Ihr Körper stur ist und Ihr aktuelles Gewicht zu seinem idealen erklärt haben könnte. Manche Ernährungsfachleute sprechen vom «Set-Point-Gewicht», wenn sie uns plausibel machen wollen, daß wir keine Chance haben, jemals abzunehmen. Unser Körper wisse, was gut für ihn sei und welche Anzeige auf der Badezimmerwaage die richtige. Daher weigere er sich auch, etwas anderes zu akzeptieren. Sofern Sie einigermaßen gesund leben, schon mal längere Strecken zu Fuß gehen, täglich Möhren oder Äpfel essen und nur ein wenig Übergewicht haben, sollten Sie die Sache abhaken. Dünner werden Sie wahrscheinlich nicht mehr – und es hat auch nicht viel Sinn, es anzustreben. So schätzt das zumindest ein Mann ein, der das eigentlich wissen muß.

Dr. Philippe Beissner ist leitender Arzt am Stoffwechselzentrum der Klinik Hirslanden in Zürich und hat erst unlängst in einem Interview mit der Zeitschrift «Psychologie heute» festgestellt: «Wenn Sie nur leichtes Übergewicht haben und sonst gesund sind, nehmen Sie nicht weiter zu.» Hintergrund seiner, wie ich finde, beruhigenden Worte ist, daß alle Erwachsenen, die bislang nicht dick sind, bei normaler Ernährung gute Chancen haben, ihr Level zu halten. Ab und zu eine Möhre kann trotzdem nicht schaden.

Wie Sie, wenn es sich denn gar nicht vermeiden läßt, gegen Ihr Gewicht ankämpfen können. Wenn Sie das Gefühl haben, ein wenig zu mollig zu sein, könnte das natürlich auch damit zu tun haben, daß Sie es tatsächlich sind. Vielleicht stammen Sie aus einem Elternhaus, in dem Kartoffelchips und Fleischgerichte höher im Kurs standen als Gemüse und Salat. Wie bei vielem anderen orientieren wir uns auch bei der Ernährung an dem, was wir sehen. Wer uns beim Essen beobachtet, ist daher meist in der Lage, Rückschlüsse auf unseren Familienhintergrund zu ziehen oder auf unseren Freundeskreis, was vor allem für Jugendliche gilt, deren Geschmacksbildung besonders häufig vom Einfluß Gleichaltriger abhängt. Sollte Ihnen also Ihre Familie bei dem Versuch im Wege stehen, sich gesünder zu ernähren, müssen Sie ausziehen. Aber mit zweiunddreißig wird es sowieso langsam Zeit! Oder finden Sie nicht?

Bitte ernähren Sie sich gesund. Das wissen Sie, keine Frage. Pommes frites also eher meiden. Und wenn Sie welche essen, dann nur ab und zu. Deutlich öfter hingegen eine Möhre, die Ihnen mittlerweile aus dem Halse hängen dürfte, so oft wie ich sie Ihnen schon ans Herz gelegt habe. Aber so leid es mir tut: An ihr und ihren grünen Freunden in Blattform führt kein Weg vorbei, wenn Sie nicht zulegen wollen.

Bitte essen Sie langsam. Nein, es geht hier nicht um die Empfehlung, sich einer Bewegung namens «Slow Food» anzuschließen (wenngleich nicht das geringste dagegen einzuwenden wäre). Ich möchte auf etwas anderes hinaus, nämlich darauf, daß unser Körper schwer von Begriff ist. So braucht er stets eine Weile, bis er versteht, was wir da machen und daß es dem Zweck dient, unseren Hunger zu stillen. Wenn wir hingegen schlingen, signalisiert der Körper uns auch nach einer ausreichenden Mahlzeit noch, er sei hungrig; er versteht einfach nicht gleich, was läuft. Meist essen wir auch noch in ganz bestimmten Situationen zu schnell, nämlich wenn wir an der Wurstbude stehen oder im sprichwörtlichen Fastfoodrestaurant sitzen. Nicht genug also, daß wir zu hektisch (weil im Stehen und unter Zeitdruck) essen – das zuviel Gegessene ist auch noch ziemlich ungesund.

Schlafen Sie ausreichend. Was klingt wie aus dem «Handbuch für Ausreden», verweist auf einen ernstzunehmenden Zusammenhang: Wer zuwenig schläft, neigt offensichtlich dazu, mehr zu essen. Schuld daran ist der Mangel an einem Hormon: Leptin wird während der Nachtruhe produziert und ist dafür zuständig, unseren Appetit zu zügeln. Fehlt es, haben wir dauernd Lust zu essen. Und genau das wollten Sie ja verhindern. Also: Schlafen Sie gut – am besten zwischen sieben und acht Stunden.

Fragen Sie sich vor dem Essen, ob Sie überhaupt Hunger haben oder nicht vielmehr Langeweile, schlechte

Laune oder Streß. Wir essen bekanntlich nicht nur, wenn wir hungrig sind. Manchmal reicht es, uns etwas zum Knabbern hinzustellen, zum Beispiel eine Schüssel mit gesalzenen Erdnüssen; kaum haben wir es bemerkt, haben wir sie auch schon leergegessen, einfach so, aus Unachtsamkeit. Die Sache funktioniert übrigens auch mit gesundem Zeug: Stellen Sie mal versuchshalber eine stiftelig geschnittene (ja, da kommt sie wieder!) Möhre auf den Tisch, daneben ein Schälchen mit Kräuter-Joghurt-Dip – jede Wette, beides ist binnen kurzer Zeit weg! Auf diese Weise können wir auch unsere Kinder problemlos dazu bringen, größere Mengen an Äpfeln oder Kohlrabi zu verdrücken. Gelegenheit macht Vegetarier.

Aber wir essen auch noch aus anderen, komplexeren Ursachen. Weil es uns gerade schlechtgeht, zum Beispiel, oder weil wir unglücklich sind oder gestreßt, weil wir getröstet werden wollen oder nach Entspannung suchen. Wenn wir nicht genau aufpassen, fühlen sich diese emotionalen Zustände für uns wie eine Art Hunger an – und schon stehen wir prüfenden Auges vor dem Kühlschrank und überlegen, ob wir den Vorrat an Schinken und Käse oder den Rest vom Mittagessen verdrücken sollen – und das mitten in der Nacht.

Werfen Sie alle großen Teller weg und benutzen Sie kleine. Es empfiehlt sich immer wieder, unsere Wahrnehmung zu prüfen, neigt sie doch bisweilen zu eigenartigen Kurzschlüssen. So auch im vorliegenden Fall. Wir haben nämlich die Eigenart, einen vollen Teller mit der Erwartung zu verknüpfen, satt zu sein, sobald wir ihn geleert haben. Dieser Erwartung liegt eine simple Gleichung zugrunde: «Voller Teller geleert = Hunger gestillt». Das Bemerkenswerte ist, daß es keinen Unterschied macht, ob wir es mit einem großen vollen Teller zu tun haben oder mit einem kleinen vollen. Das ist unserem Gehirn egal. Voll ist voll, und voll verspricht Sättigung.

🍽 *Vermeiden Sie zuckerhaltige Fruchtsäfte und Softdrinks.* Das klingt im ersten Moment nach einer ziemlich speziellen Empfehlung, weist aber in Wirklichkeit auf ein Grundproblem unserer Ernährung hin. Zum einen können wir prinzipiell davon ausgehen, daß die Hersteller von Softdrinks und der allermeisten Säfte größere oder kleinere Mengen an Zucker in ihre Getränke schütten, denn wir Menschen haben einen Hang zu süßem Zeug – das wissen auch Ketchup-Produzenten und 7351 andere Nahrungsmittelhersteller. Nur schlecht, daß wir auf diese Weise große Mengen zusätzlicher Kalorien aufnehmen und es oft nicht einmal ahnen. Am einfachsten erkennen wir übrigens die Angewohnheit der Lebensmittelindustrie, stark zu süßen, an Aufklebern wie «Jetzt mit weniger Zucker!»: Das muß nur jemand betonen, der vorher ordentlich etwas hineingetan hat.

Der zweite Grund, zuckerhaltige Fruchtsäfte und Softdrinks zu meiden, hat mit einer weiteren Wahrnehmungsschwäche unseres Körpers zu tun: Während er feste Nahrung als Zufuhr von Energie begreift, ignoriert er Flüssiges gern. Flüssigkeit stellt keine Nahrung für ihn dar, die Nährstoffe (und Kalorien) einer Limonade tauchen in seiner internen Bilanz nicht auf. Trinken wir regelmäßig zum Essen mehrere Gläser Cola oder Fruchtsaft, dürfen wir uns nicht wundern, daß wir rundlicher sind als gewünscht.

🍽 *Machen Sie einen Bogen um Diäten.* Es mag ja sein, daß einige von ihnen vernünftige Möglichkeiten bieten, in kurzer Zeit ein paar Kilos zu verlieren, aber um einen solchen Pyrrhussieg kann es Ihnen im Grunde nicht gehen, oder? Ohnehin reagiert unser Körper auf Diäten nicht so, wie wir uns das wünschen: Er reduziert nämlich seinen Energieverbrauch und animiert uns dazu, auf Nahrungssuche zu gehen; darauf bin ich weiter oben schon eingegangen. Außerdem klappen die meisten Diäten nicht, die DAK hat erhoben, warum: 45 Prozent der Menschen sagen, es gebe zu viele Verführungen; 27 Prozent schoben es auf das Problem, sich nicht motivieren zu können; 21 Prozent haben keine Lust, die komplizierten Diätgerichte zu kochen; 20 Prozent können das Hungergefühl schwer ertragen. Auch die mit einer Diät verbundenen Risiken wie Eßstörungen und der berühmte Jo-Jo-Effekt sind zu bedenken. Das bekannteste Beispiel dafür ist der amerikanische Talkshowstar Oprah Winfrey. 1988 sprach sie zum ersten Mal in ihrer Talkshow über ihr Gewicht, nachdem sie dreißig Kilo verloren hatte. 2005 meinte sie dazu: «Ich habe mich fast zu Tode gehungert.» Seither können wir der Yellowpress entnehmen, in welcher Phase des Kampfes sich Frau Winfrey jeweils befindet. Geht es mit dem Gewicht gerade rauf oder runter?

Weit verlockender ist es doch, mehr oder minder essen zu dürfen, worauf man Lust hat – und *dennoch* schlank und gesund zu bleiben. Und genau das erreichen Sie mit Diäten nicht. Dazu braucht es mehr. Leider etwas, das ein bißchen anstrengender ist:

Vergessen Sie «FdH» und orientieren Sie sich statt dessen lieber an «Feww». Eine einfache Variante, langsam und vor allem dauerhaft ein paar Kilos zu verlieren, besteht darin, sich den Slogan «Friß ein wenig weniger» («Feww») zu eigen zu machen und nicht die weitverbreitete Diätempfehlung «Friß die Hälfte» («FdH»). Also: kleine Teller verwenden, langsam essen und bereits einige Zeit vor dem Gefühl des Platzens aufhören. Diesen schleichenden Entzug von Energie bekommt unser Körper nicht mit, bei «Feww» handelt es sich also um eine Art Geheimdiät, mit der wir ihn und unser Gehirn austricksen. Haben Sie sich erst einmal an diese kleinen Selbstbeschränkungen gewöhnt, schaffen Sie es locker, am Tag hundert bis zweihundert Kilokalorien weniger aufzunehmen und in einem Jahr rund fünf Kilo abzunehmen, wie der Ernährungswissenschaftler Brian Wansink in seinem Buch «Essen ohne Sinn und Verstand» vorgerechnet hat. Damit Sie eine ungefähre Vorstellung davon bekommen, auf welche Mengen Sie verzichten müssen: Zweihundert Kilokalorien entsprechen einem Glas Milch, einer halben Avocado, einer Handvoll Weintrauben, einem dreißig Gramm schweren Stück Butter beziehungsweise mehr als einem halben Kilo unserer notorischen, na, wie heißen sie doch gleich, Dingens, Möhren.

Schließen Sie einen Vertrag mit sich selbst. Bevor wir uns im nächsten Absatz der wichtigsten Empfehlung zuwenden, will ich Sie kurz auf eine weitere Möglichkeit hinweisen, die Ihnen das Internet bietet. Dort können Sie nämlich nicht nur unretuschierte Bilder von Supermodels betrachten, sondern auch einen Vertrag mit sich selbst schließen. Zum Beispiel den, sich ein wenig mehr zu bewegen. Sie müssen dazu nichts weiter tun, als die Website stickk.com aufzurufen, auf der Sie sich kostenlos anmelden und anschließend festlegen können, was Sie erreichen wollen. Damit Sie die Übereinkunft mit sich selbst auch einhalten, verlangt der Laden von Ihnen, daß Sie einen Geldbetrag einsetzen. Erreichen Sie Ihr Ziel, bekommen Sie Ihren Einsatz zurück. Wenn nicht, geht dieser an eine Institution oder eine Person Ihrer Wahl (einzige Einschränkung: Der Empfänger darf nicht mit Ihnen identisch sein). Das ist alles. Vielleicht hilft es ja. Wenn nicht, sind die fünf Euro eben weg, oder wieviel sind Ihnen Ihre Pläne wert?

Bewegen Sie sich, wann immer Sie Gelegenheit dazu haben. Die einzig wirksame Methode, unser Gewicht zu halten oder sogar ein wenig zu verringern, besteht zweifellos darin, uns körperlich zu betätigen. Daran führt laut Auskunft aller relevanten Experten kein Weg vorbei, ganz gleich, wie viele Möhren Sie essen. Unser Körper ist seit Urzeiten dafür konstruiert, sich zu verausgaben; da wir aber heutzutage kaum mehr tun, als zwischen Schreibtisch und Kaffeeautomat hin- und herzuwandern und zwei bis vier Finger über die Computertastatur zu bewegen, kommt unsere Energiebilanz regelmäßig durcheinander: Wir nehmen einfach viel mehr Energie auf, als wir in Form von Bewegung wieder verbrauchen.

Die Empfehlung, sich zu bewegen, gilt vor allem für Kinder. Da ich hier wahrscheinlich mit deren Erziehungsberechtigten spreche, bitte ich Sie inständig darum, Ihren Nachwuchs auf Trab zu bringen. Wer später dick wird oder sich dick fühlt, hat in seiner Jugend die Basis dafür geschaffen. Angesichts aktueller Statistiken können einem die Haare zu Berge stehen. Eine Studie zum Mediennutzungsverhalten von Kindern belegt, daß 15 bis 20 Prozent der Elfjährigen täglich mindestens vier Stunden fernsehen, bei den Fünfzehnjährigen liegt der Anteil sogar bei 20 bis 25 Prozent. Das bedeutet im Umkehrschluß: Während dieser Zeit bewegen sich die Kinder nicht, womöglich knabbern sie noch Chips und trinken gezuckerte Fruchtsäfte dazu. Das geht definitiv nicht! Wer den Zahlen mißtraut und das Ganze für übertriebenen Alarmismus hält, sollte sich an die Kinderärztin seines Vertrauens wenden. Als ich das einmal tat, weil meine Frau und ich den Eindruck hatten, unser kleiner, drahtiger Sohn sei womöglich untergewichtig (und müsse sich demnächst fragen lassen, ob er zu Hause nur Möhren bekomme), reagierte die Ärztin empört. Was mir denn einfalle! Genau so müßten Kinder sein. Keine Sekunde sollten wir uns Gedanken machen. Was ihr Sorgen bereite, sei die rapide Zunahme dicker Kinder, die sie in den vergangenen zwei Jahrzehnten beobachtet habe: Mittlerweile sei rund die Hälfte der Kleinen zu dick. Sagte es – und warf mich kurzerhand raus. Aus alledem folgt: Wir sollten unseren Kindern soviel Bewegung wie möglich verschaffen, indem wir sie einfach spielen und rumrennen lassen. Dazu bedarf es keiner großen Freizeitplanung: Es reicht, wenn die Kleinen auf Felsen klettern, im Wald verlorengehen – oder für uns zum Bioladen laufen, um ein Kilo Möhren zu holen. Fernsehen ist natürlich wunderbar, aber erst *nach* einem langen Ausflug.

«Ist ja gut, das mit der Bewegung haben wir verstanden», höre ich Sie sagen, «aber was ist denn nun so toll daran?» Pardon, das hatte ich ganz vergessen. Das Tolle ist, daß wir nicht nur Energie verbrauchen, solange wir uns bewegen, sondern mit dem Energieverbrauchen auch nicht aufhören, wenn wir uns anschließend ausruhen. Der Grund: Wer sich viel bewegt, bekommt mehr Muskeln, und diese Muskeln benötigen auch im Ruhezustand deutlich mehr Energie als das Fettgewebe, das schon damit zufrieden ist, es ein bißchen warm zu haben.

Überaus nützlich ist es zudem, daß sich durch Sport und Bewegung unser Gewebe strafft, was angesichts Ihres Vorhabens, ein wenig abzunehmen, ratsam ist. Oder möchten Sie, daß Ihre Haut aussieht, als sei sie Ihnen ein paar Nummern zu groß? Besonders empfehlenswert sind Sportarten wie Radfahren, Laufen und Schwimmen. Doch erwarten Sie keine allzu großen Schlankheitssprünge, denn bei all diesen Bewegungsarten verbrauchen Sie zwar Energie, aber in Maßen. So verbrennt ein siebzig Kilo schwerer Freizeitsportler bei einer halben Stunde Radfahren (Geschwindigkeit: 25 km/h in der Ebene) rund 360 Kilokalorien, bei einer halben Stunde Laufen (Distanz: sechs Kilometer) kommt er auf rund 440 Kilokalorien und bei einer halben Stunde Schwimmen auf etwa 270. Wen es interessiert, wie lange er durch den Stadtpark joggen muß, um die im Verlauf eines Tages aufgenommene Kalorienmenge wieder zu verbrauchen, sollte von rund dreitausend Kilokalorien ausgehen – das entspricht der durchschnittlichen Energiezufuhr eines Erwachsenen. Vergessen Sie aber nicht, den Energieaufwand für die körperlichen Grundfunktionen wie das Schlagen des Herzens und die Atmung mit einzurechnen. Die Höhe variiert je nach Geschlecht, Alter und Körpergewicht, aber anzusetzen ist dafür rund die Hälfte der dreitausend Kilokalorien. Sie könnten während Ihrer kleinen Rechenaufgabe eine frische Möhre knabbern.

Versuchen Sie, Ihr kleines Fitneßprogramm in den Alltag zu integrieren. Das Hauptproblem an dem lobenswerten Vorsatz, endlich ein bißchen Sport zu treiben, ist bekanntlich, daß wir schon jetzt, ganz ohne Sport, kaum Zeit erübrigen können. Bereits seit Wochen liegen einige Regalbretter herum, die wir montieren wollen, der Zeitschriftenstapel neben dem Sofa wächst und wächst, und die Schubladen sind auch noch nicht aufgeräumt. Wie sollen wir da mehrere Stunden in der Woche für Sport frei schaufeln?

Auf dieses Lamento bekommen wir von den Gesundheitsaposteln meist eine Antwort, die uns ein schlechtes Gewissen macht: «Ja, wenn Ihnen Ihre Gesundheit nicht mal drei, vier Stunden in der Woche wert ist, dann wird das *nie* etwas!» Der Hinweis mag richtig sein, er hat nur leider den falschen Effekt. Er schreckt uns ab – und bringt uns dazu, mit dem Sport aufzuhören, bevor wir überhaupt begonnen haben.

Ein Ausweg aus diesem Dilemma könnte darin bestehen, die sportlichen Aktivitäten, soweit es irgend geht, in den Tagesablauf zu integrieren und gar nicht Sport zu nennen, sondern beispielsweise «vernünftiges Verhalten» oder die «Ich-geh-die-paar-Schritte-zu-Fuß»-Regel. Wenn Sie Ihren Alltag daraufhin betrachten, wo und wann Sie ein bißchen faul sind, werden Sie feststellen, daß sich das leicht machen ließe. Beispielsweise könnten Sie beschließen, Aufzüge ab sofort nur noch in Ausnahmefällen zu benutzen – wenn Sie zehn Kisten Mineralwasser transportieren oder Ihrer fußlahmen Nachbarin die Einkäufe hochbringen sollen. Wie effektiv ein bißchen Treppensteigen sein kann, zeigt eine Studie der Universität Genf aus dem Jahr 2008. Knapp achtzig Mitarbeiter der Universität, die sich normalerweise nicht besonders viel bewegen, benutzten über einen gewissen Zeitraum nur die Treppen und fuhren generell nicht Aufzug. Das Ergebnis: Ihre Fitneß hat sich merklich gebessert, der Umfang der Hüfte verringerte sich durchschnittlich um 1,8 Prozent, das Körpergewicht um 0,7 Prozent und die Fettmasse im Gewebe um 1,7 Prozent. Eine andere Möglichkeit, sich im Alltag mehr zu bewegen, besteht darin, absichtlich eine U-Bahn-Station früher auszusteigen und den Rest des Wegs zur Arbeit oder nach Hause zu Fuß zu gehen – oder überhaupt aufs Fahrrad umzusteigen. Wer sich angewöhnt hat, mit seinen Kollegen im nächsten Stockwerk per E-Mail oder Twitter zu kommunizieren, könnte auf die alte Sozialtechnik des persönlichen Besuchs und Gesprächs zurückgreifen und durchs Haus wandern.

Mit welchen Tricks unser Körper sein Ziel verfolgt, sich ein möglichst geruhsames Leben zu machen, davon erzählt der bereits zitierte Dr. Beissner aus Zürich: Viele Patienten, die der Empfehlung ihres Arztes folgen, Sport zu treiben, würden zugleich ihre Betriebsamkeit drastisch zurückfahren, also ihr alltägliches Herumwuseln in Haus und Garten einstellen. Statt dessen würden sie ausgiebig auf der Couch herumlümmeln – und zwar so ausgiebig, daß sie sich in Summe *weniger* bewegen als vor Beginn ihres Fitneßprogramms. Dies nicht aus bösem Willen oder sonstwie verwerflichen Motiven, sondern vollkommen unbewußt. «Für uns Ärzte heißt das», so die Quintessenz des Mediziners, «daß wir manchmal einem Patienten besser nicht empfehlen, dreimal die Woche Sport zu treiben, sondern eher, sich im Alltag bewußt mehr zu bewegen, weil das diesem Menschen mehr bringt.»

Wer ein wenig abnehmen will, sollte also bedenken,

daß er es mit einem intelligenten, wendigen und ziemlich schlitzohrigen Gegenüber zu tun bekommt: seinem Körper. Dessen oberstes Trachten ist es, uns Menschen gut durchs Leben zu bringen, indem er Energie spart und jedes Gramm Nahrung in Form von Fett aufbewahrt. Rank, schlank und straff zu sein, gehört eindeutig *nicht* zu seinen Zielen. Wer es dennoch werden will, sollte daher zweierlei tun: den klugen Körper austricksen, indem er eine Geheimdiät macht; die besteht im wesentlichen daraus, ein *bißchen* weniger zu essen als üblich. Zum anderen sollte er sich viel und regelmäßig bewegen. Das freilich läßt sich nur durch eine einigermaßen konsequente Lebensführung erreichen, die sich für Durchwurstler nicht besonders eignet. Aber an mahnenden Nachfragen, ob das mit dem Abnehmen *wirklich* sein müsse, habe ich es auf den vorangegangenen Seiten nicht fehlen lassen. Deshalb kann ich mir an dieser Stelle ein leises «selber schuld» nicht verkneifen – trotz allen Verständnisses für den Wunsch, etwas schlanker zu werden.

Wider besseres Wissen handeln

Wie es kommt, daß Sie zwar genau wissen, was gut für Sie wäre, sich aber dennoch nicht danach richten. Und wie Sie es anstellen, öfter der Vernunft zu folgen und beispielsweise mit dem Rauchen aufzuhören – oder sich damit auszusöhnen, daß Sie wissentlich unvernünftig sind (wofür ebenfalls einiges spricht).

Als ich mich am Theater als Statist bewarb, ahnte ich, daß das keine gute Idee war: Eigentlich wollte ich studieren, auch zwei Semester ins Ausland gehen, anschließend den Zivildienst ableisten, um dann eine Karriere als Kunsthistoriker zu starten. Die Aussicht auf Abwechslung freilich war zu verlockend, und so gestattete ich mir ein Engagement am Stadttheater, ein einziges, Ehrenwort! Dann sollten meine bloß sporadischen Besuche im Proseminar der Vergangenheit angehören, und ich würde mich vorbehaltlos meinem Studium widmen.

Leider geriet ich in eine moderne Inszenierung von Goethes «Faust II», die meine Pläne über den Haufen warf, weil sie jede Menge Aufregung bot. Meine Rolle bestand darin, ein kleines Wägelchen auf die Bühne zu steuern, das mit einer gigantischen Aluschaufel versehen war; sie stellte den Höllenrachen dar, in den Fausts Seele geworfen werden sollte. Um dem Geschehen die nötige Dramatik zu verleihen, hatte ich Anweisung, mittels einer Nebelmaschine, die in der Schaufel montiert war, für diabolischen Qualm zu sorgen. Da ich neu am Theater und mit der Höllenmaschine nicht vertraut war, produzierte ich bei der mit größter Spannung erwarteten Premiere bloß ein lächerliches Miniwölkchen, das aussah, als paffe ein Engel eine Zigarette. Bis auf die Knochen blamiert, gab ich in der zweiten Vorstellung derart Stoff, daß viele Minuten lang die Schauspieler zwar zu hören, aber nicht mehr zu sehen waren, so zugequalmt hatte ich die Szene. Vom Husten der Zuschauer im Parkett ganz zu schweigen, die sich hinterher über eine weitere dieser modernen Inszenierungen beschwerten, die mittlerweile sogar ihre Gesundheit gefährdeten.

Solche Chancen, mich im Kulturleben der Stadt bemerkbar zu machen, nahmen sich im Vergleich zu meinem Proseminar überaus verlockend aus. Dort leierte nämlich ein Dozent irgend etwas über den Steilsitztypus der frühgotischen Madonnen herunter; als Beweis präsentierte er schwarzweiße Dias, die genausogut frühchristliche Christusporträts hätten zeigen können oder Pfannkuchen, so ausgeblichen waren sie. Weil ich mein schlechtes Gewissen nicht ganz abstellen konnte, bemühte ich mich, zumindest anfallartig in den Lehrveranstaltungen zu erscheinen, und schaffte zu meinem Erstaunen sogar ein paar Scheine. Das Theater freilich wußte mich mit weiteren Rollenangeboten zu verführen: Ich spielte eine schwule Schlange in einer modernen Rotkäppchen-Version, einen heruntergekommenen Römer in Dürrenmatts Romulus-Komödie und einen singenden Bettler in Brechts «Dreigroschenoper» – während an der Uni derselbe Dozent immer weiter dieselben drei Dias zeigte und mittlerweile vom treppenförmigen Diagonaltypus sprach.

Die Semester rauschten vorbei. Die Ahnung, daß ich es in der Mindeststudienzeit nicht schaffen würde, verdichtete sich zur Gewißheit. Irgendwann feierte ich das vierzehnte Semester und meine zehnte Theaterpremiere, ich spielte einen Lakaien mit Rokokoperücke, einen Mafioso mit MP und fiel im Oberseminar vor allem dadurch auf, daß ich als Studienrichtungsvertreter für eine Gruppe namens «JISK»* kandidierte, die mein Freund Paul gegründet hatte – bis ich den Entschluß faßte, ins Ausland zu gehen, um mich aus diesem Hin und Her zu befreien. Und tatsächlich: Es gelang. Ich studierte. Ich hatte mein Ziel wieder fest im Auge, bis mir nach zwei Semestern das Geld ausging und ich dem Angebot erlag, in einer Onkel-Wanja-Inszenierung einen Nachtwächter zu spielen. Ich sagte zu.

Als das achtzehnte Semester anbrach, ließ ich den Gedanken, die Dissertation zu beginnen, erste Gestalt annehmen. Just zu diesem Zeitpunkt meldeten sich die Behörden: Ich mußte Zivildienst leisten. Ich wurde in die chaotische Bibliothek einer sozialen Einrichtung entsandt, um dort Ordnung zu schaffen. Als ich sie nach knapp einem Jahr wieder verließ, war sie genauso chaotisch wie zuvor – ich aber hatte am bibliothekseigenen Computer die Basis für meine Dissertation gelegt, die ich dann in weiteren acht Semestern zu einem tragfähigen Textkorpus ausbaute. Im Jahr meiner Abschlußprüfung gelang es mir zum ersten Mal, eine Rolle abzusagen. Kein Theater mehr!

* Der Name stand für «Judas Ischariot Solidaritäts-Komitee», eine Sponti-Gruppe, die durch die erste Verkehrsinselbesetzung der Stadt auf sich aufmerksam gemacht hatte.

Es gab nämlich etwas viel Besseres: Mir lag das Angebot vor, als Statist in einer Hollywoodproduktion mitzuspielen, die in Wien gedreht wurde. Als ich dann Rücken an Rücken saß mit Julie Delpy und Ethan Hawke und in «Before Sunrise» einen Kaffeehausbesucher mimen durfte, fiel mir wieder einmal meine Dissertation ein. Sie lag, beinahe fertig, auf meinem Schreibtisch und mußte nur noch abgegeben werden. Kurze Zeit später gelang es mir – ebenso wie den Professor davon zu überzeugen, mich in die Welt zu entlassen, in der keine Karriere als Kunsthistoriker auf mich wartete.

Wer nun den unbelehrbaren Studenten anstarrt wie ein exotisch langohriges Tierchen im Zoo, sollte kurz in den Spiegel blicken. Sie werden entdecken, daß die meisten von uns sich ganz ähnlich verhalten – ja, daß wir dem eigenartigen Tierchen mehr gleichen, als uns lieb sein dürfte: Tun wir nicht ständig Dinge, obwohl wir wissen, daß sie eigentlich unvernünftig sind? Fahren wir nicht kurze Strecken mit dem Auto, obwohl wir wissen, daß das besonders umweltschädlich ist? Kaufen wir nicht im Winter frische Erdbeeren aus Mexiko, obwohl wir wissen, daß der Transport pro Kilo rund ein Liter Kerosin verbraucht? Essen wir nicht Gänsestopfleber, obwohl wir die martialischen Bilder des Mastvorganges kennen? Fangen wir nicht Beziehungen mit verheirateten Menschen an, obwohl wir wissen, daß es mit entwürdigender Heimlichtuerei und dem Showdown «Ich oder der andere!» enden muß? Machen wir uns nicht um die kleinsten Dinge Sorgen, obwohl wir wissen, daß man uns eines Tages kalt und reglos in eine Holzkiste legen wird und das Wissen um diese

Endlichkeit uns in etlichen Fragen eigentlich entspannter sein lassen sollte? Und rauchen wir nicht seit Jahren eine nach der anderen auf Lunge, obwohl wir wissen, daß wir besser damit aufhören sollten? Ja? Oder ja?

Ich gehe davon aus, daß Sie zumindest eine der Fragen mit «ja» beantwortet haben. Daß die meisten von uns die Inkonsequenz des Bummelstudenten kennen, macht die Sache zwar nicht einfacher, läßt uns aber zur weltweit wohl größten Partei werden: zur Partei der Fehlbaren. Nein, ich will nun nicht deren Mitglieder kritisieren und sie darüber aufklären, wie schizophren sie sind; schon allein deshalb nicht, weil sie das deutlich besser könnten als ich, denn viele davon sind klug und ganz im Bilde darüber, was sie da machen oder eben *nicht* machen. Das Rauchen etwa gehört zu jenen menschlichen Angewohnheiten, über dessen negative gesundheitliche Folgen niemand mehr aufgeklärt werden muß. Wir können davon ausgehen, daß jeder schon einmal etwas von Raucherbein und Lungenkrebs gehört hat, und wenn nicht, dann kann er es auf der Zigarettenpackung nachlesen. Ungleich interessanter erscheint mir die paradoxe Situation, in der die meisten von uns leben: Wir wissen über unsere Lage Bescheid – und ändern doch nicht unser Verhalten.* Wer könnte das besser beurteilen als ich, der nicht nur seinen

* Während uns über Studenten, die sich durch ihren Nebenjob als Statisten die Karriere ruinieren, keine gesicherten Daten vorliegen, wissen wir, daß die meisten Raucher gerne mit dem Rauchen Schluß machen würden (80 Prozent), es aber nur zu einem geringen Teil wirklich schaffen. Ich habe vom sechzehnten bis zum vierzigsten Lebensjahr (unter heftigen Protesten gegen mich selbst) geraucht.

Studienabschluß aufgrund von Statistenjobs unnötig lang hinauszögerte, sondern der in der Theaterkantine auch noch über Jahre eine Zigarette nach der anderen geraucht hat?

Viele kluge Menschen haben sich der Frage angenommen, warum wir wider besseres Wissen handeln. So hat etwa Sigmund Freud entschlüsselt, wie wir zwischen den Forderungen des Über-Ichs («Du sollst im Winter keine mexikanischen Erdbeeren essen!») und der Hemmungslosigkeit des Es («Ich will aber, sie schmecken doch so gut!») herumlavieren, und zwar mit allen möglichen Tricks und Finessen. Der amerikanische Sozialpsychologe Leon Festinger wiederum hat in den 1950er Jahren den Begriff der «kognitiven Dissonanz» geprägt. Mit seiner Hilfe beschreibt er die Standardsituation, widersprüchliche Gedanken zu hegen oder das eine zu denken und das andere zu wollen. Eine unangenehme Hängepartie sei das, sagt Festinger, und daher suchten wir nach Wegen, den unbequemen Zustand möglichst schnell zu beenden. Auch die Wirtschaftswissenschaftler haben sich dieser in ihren Augen seltsam irrationalen menschlichen Eigenart angenommen und dafür den klingenden Namen «Hyperbolic Discounting» gefunden. Als Beispiele nennen sie neben dem notorischen Rauchen ungeschützten Sex oder ungeschickte Vermögensbildung.

So weit, so gut. Nur: Weshalb verhalten wir uns so unvernünftig? Ein Grund besteht darin, daß wir dem kurzfristigen, kleineren Gewinn mehr Wert beimessen als dem langfristigen, höheren. Warum das so ist? Darüber läßt sich nur spekulieren; vielleicht greifen wir auf Erfahrungen zurück, die unseren Ahnen das Überleben gesichert haben: Weil sie nicht wissen konnten, ob sie den nächsten Tag noch erleben würden (Dinos, Vulkanausbrüche, Konkurrenten mit Keulen), entschieden sie sich lieber für das unmittelbar Erreichbare und überließen den Hauptgewinn den Geduldigen und in ihren Augen Doofen. Was von einer solchen Denkweise heute zu halten ist, hängt vom Kontext ab: In unsicheren Zeiten erscheint es durchaus sinnvoll, auf den kurzfristigen Ertrag zu setzen; die über Jahre gebundene Geldanlage oder die Ausbildung zum Arzt hingegen brauchen eine längere Phase der Sicherheit.

Welche Möglichkeiten haben nun Menschen, die das *eine* als richtig erkannt haben und das *andere*, das Falsche, tun (gleichgültig, ob es nun objektiv oder subjektiv falsch ist)? Wenn ich richtig gezählt habe, gibt es fünf Optionen. Sie sollen als Orientierung für all jene dienen, die sich mit ihrer Bummelei, ihrem Rauchen, ihrer Lust auf süße Sachen, kurz: mit all ihren ungeliebten Wesenszügen herumschlagen.

Erste Option: Ändern Sie Ihr Leben nicht, kommentieren Sie es nur witzig und ätzend. Der Philosoph Peter Sloterdijk hat unserem Thema ein zweibändiges Werk gewidmet. Es heißt «Kritik der zynischen Vernunft» (1983). Darin beschreibt er einen «Massentypus», der sich durch sein «aufgeklärtes falsches Bewußtsein» auszeichne, durch sein «Handeln wider besseres Wissen». Der von Sloterdijk identifizierte Typus des «modernen Massenzynikers» kann hier als Rollenmodell dienen. Sollten Sie ein kleines Auto fahren, so könnten Sie sich einfach einen benzinfressenden SUV zulegen, nach dem Umspringen der Ampel von Rot auf Grün prinzipiell das Gaspedal durchtreten, um dann zum Sound quietschender Reifen entweder zu sich selbst oder zu ihrem Mitfahrer zu sagen: «Ich arbeite an meinem ganz persönlichen Loch in der Atmosphäre, irgendwas muß doch bleiben von mir!»

Wer raucht, könnte sich in einer ruhigen Minute hinsetzen und ausrechnen, wie lange er das schon tut, dann die Tage mit vier Euro multiplizieren, um schließlich bei jeder Gelegenheit zu murren: «Jetzt bemühe ich mich seit fünfzehn Jahren, ordentlich zu rauchen. Und was ist der Erfolg? Ich habe erst 22 000 Euro verballert, und der Krebs läßt auch auf sich warten. Das bißchen Geld und Halskratzen soll alles gewesen sein? Da hat man mir aber deutlich Dramatischeres versprochen!» Währenddessen könnten Sie sich eine weitere Zigarette anstecken und abschätzig hüsteln.

Laut Sloterdijk schwingt in diesem Zynismus «eine abgeklärte Negativität mit, die für sich selber kaum Hoffnung, allenfalls ein wenig Ironie und Mitleid aufbringt». Wem also nach einer solcherart gefärbten Lebensführung zumute ist, der könnte sich Sloterdijks Doppelband besorgen, ihn lesen, nebenbei Erdbeeren aus Mexiko essen und Pornoseiten im Internet besuchen, sich diverse zynische Kommentare ausdenken, um im übrigen nichts in seinem Leben ändern – ein Ratschlag, der selbst schon Ausdruck einer solch zynischen Strategie ist.

Zweite Option: Ändern Sie Ihr Leben nicht, aber verdrängen Sie alle schlechten Gefühle. Diese Strategie läuft in eine ähnliche Richtung wie die erste, überläßt die Arbeit jedoch unserem psychischen Apparat. Der ist ja, wie wir seit Sigmund Freud wissen, ganz besonders talentiert darin, unangenehme Dinge dem Bewußtsein zu entziehen. Er tut das, indem er sie verdrängt, also unbewußt macht, und schwupps! haben wir vergessen, daß wir einst geplant hatten, im Regenwald von Costa Rica nach siebenbeinigen Spinnen zu forschen – und statt dessen BWL studiert haben, unsere Tage daher damit zubringen müssen, Kunden, die schon alles wissen und an nichts mehr interessiert sind, mit bunten Power-Point-Präsentationen zu unterhalten.

Der Vorteil an der Verdrängung ist, daß wir unseren Job nicht hinwerfen, sondern unbeirrbar weitermachen, weil wir nicht mitbekommen, wie er uns im Grunde unseres Herzens quält. Die Verdrängungsoption hat freilich auch gravierende Nachteile: Zum einen läßt sie sich nicht recht planen; unsere Psyche folgt ihrer eigenen Dynamik und ignoriert Befehle wie «Mach das mal unbewußt!» eher. Das bedeutet freilich nicht, daß wir gar keine Chance hätten, die Sache zu befördern – beharrliches Wegsehen, Ignorieren und Verschweigen hilft ganz ungemein. Der zweite Nachteil wiegt da schon schwerer: Verdrängte Gefühle und Gedanken haben die Unart, sich zu verändern und sich in neuer Gestalt den Weg zurück ins Bewußtsein zu bahnen. So kann es geschehen, daß unsere Beispielperson mit der Zeit eine irrationale Angst vor Softwarepaketen entwickelt, die der Erstellung von Präsentationen dienen; und im Gegenzug dazu eine unbezwingbare Liebe zu Spinnen entfaltet. Wer vergleichbare Symptome und Effekte kennt, der sollte kündigen.

Dritte Option: Ändern Sie Ihr Leben nicht, fummeln Sie aber so lange an Ihrem Weltbild herum, bis alles zueinanderpaßt. Sollten Sie Raucher sein, müssen Sie für diese Option alles in Frage stellen, was Sie jemals über die Schädlichkeit des Rauchens gehört haben – und versuchen, es durch eigene Erkenntnisse und Mutmaßungen zu ersetzen. Dazu eignen sich fünfundachtzigjährige Opas ganz ausgezeichnet, vor allem eigene. Sie müssen bloß über Jahrzehnte höllisch gequarzt haben, es heute noch tun und sich ganz offensichtlich bester Gesundheit erfreuen. Ein Gottesgeschenk, so ein Opa, denn er beweist, daß Rauchen definitiv *nicht* gefährlich ist. Wer keinen solchen knorrigen alten Mann in der Familie hat, der kann sich einen leihen. Idealerweise von einem Freund, der Stein und Bein schwört, sein Opa sei neunzig Jahre alt und daß dessen Arzt ihm beim Abschied jedesmal hinterherrufe: «Hören Sie ja nicht mit dem Rauchen auf! Das könnte für jemanden wie Sie schlimm enden!»*

Menschen, die zu dicke und schadstoffreiche Autos fahren, könnten bei Kritik einwenden, sie würden ohnehin kaum Gebrauch davon machen, außerdem sei es für den Zustand der Welt vollkommen egal, ob sie auf ihren Wagen verzichteten oder nicht; wenn Umweltschutz einen

* Weitere Entlastungsstrategien lauten erfahrungsgemäß: Sie würden nur wenig rauchen und vorwiegend auf Bio-Zigaretten zurückgreifen, die morgendliche Zigarette rege Sie an, während die am Computer konzentrationsfördernd und die am Abend beruhigend auf Sie wirke, Rauchen lasse Sie schlank bleiben, selbstsicher werden und kommunikativ sein, auch andere Genußmittel enthielten Schadstoffe, ohne daß sie von der Gesellschaft derart geächtet würden, und überhaupt, Sie seien als erwachsener Mensch niemandem Rechenschaft schuldig, auch einem wie mir nicht, der Sie da hinter der Maske des verständnisvollen Ex-Rauchers und Seelenklempners nerve.

Sinn haben solle, dann müßten alle mitmachen. Außerdem stecke hinter der Kampagne gegen das Autofahren bloß eine grüne *political correctness*, gegen deren totalitäre Strukturen man sich schon allein aus demokratiepolitischen Gründen wehren müsse. Und wer für seine Probleme keine schlüssigen Entlastungsargumente findet, bedient sich am besten einer der kursierenden Verschwörungstheorien. So könnten Sie etwa Ihren ständigen Genuß größerer Mengen Süßigkeiten wie folgt rechtfertigen: Die These von deren Schädlichkeit sei gegenstandslos und nur deshalb lanciert worden, um den Absatz von Sojaprodukten zu pushen, die ihrerseits aus wiederaufbereiteten Sägespänen bestünden und im übrigen auch so schmeckten.

Das Problem an dieser Strategie besteht darin, daß wir uns damit zwar erfolgreich beschummeln können, uns aber irgendwann doch auf die Schliche kommen – spätestens dann, wenn uns die Folgen unseres Tuns (Husten, gelbe Finger, verpaßte Prüfungen, zu hohes Gewicht) dazu zwingen. So werden wir eines Tages einsehen müssen, daß unser gesunder Opa bloß die Ausnahme von der Regel ist, die da lautet: Rauchen bringt es eher nicht. Und daß Zigaretten zwar tatsächlich beruhigend wirken, aber nur deshalb, weil sie Streß bekämpfen, den wir ohne sie gar nicht hätten (liefern sie doch jene Nikotinrationen, von denen sie uns erst abhängig gemacht haben) – ganz im Sinne des Bonmots von Karl Kraus, der über die Psychoanalyse stänkerte, sie sei «jene Geisteskrankheit, für deren Therapie sie sich hält».

Vierte Option: Ändern Sie Ihr Leben nicht und tragen Sie die Konsequenzen Ihres Handelns mit Würde.

Die eleganteste Art, mit seinem gewohnten Leben fortzufahren, besteht darin, sich damit auszusöhnen. Also weder zynische Witze zu machen, noch sich rauszureden, noch die Wahrheit zu verdrängen – sondern die etwaigen Folgen seines Tuns zu bedenken, um sie dann, so sie denn eintreten, mit Würde zu tragen. Diese Haltung unterliegt allerdings einer schwerwiegenden Einschränkung: Sie ist nur dann mit gutem Gewissen zu vertreten, wenn die Konsequenzen unseres Handelns ausschließlich uns selbst betreffen und in kein anderes Leben hineinpfuschen. Wer also beschließt zu rauchen, sollte damit nur sich schaden. Doch leider riskiert fast jeder mit seinem Gequarze, andere mit hineinzuziehen; die eigenen Kinder zum Beispiel oder den Lebensgefährten, der sich Sorgen um die Gesundheit des Rauchers machen muß. So gesehen wäre die Raucherei nur für alleinstehende, völlig autonome Menschen vertretbar – und der Kauf eines Geländewagens bloß für Leute legitim, die den Besitz eines ausschließlich ihnen zustehenden Planeten nachweisen können. Weil sich weder das eine noch das andere machen lassen dürfte, wenden wir uns nun der nächsten Option zu.

Fünfte Option: Ändern Sie Ihr Leben, indem Sie sich durchwursteln. Viele Raucher berichten übereinstimmend davon, daß der Versuch, sich die Sache langsam abzugewöhnen, bloß dazu geführt habe, daß sie den lieben langen Tag auf die seltene Gelegenheit lauerten, eine durchzuziehen. Derart streng rationiert seien die Zigaretten in ihrer Phantasie erst recht zu magischen Objekten der Begierde geworden, die Verlockung – noch stärker als je zuvor – habe sie irgendwann wieder zusammenbrechen lassen. Ob das wirklich stimmt, kann nur jeder für sich ausprobieren. Ich kenne Menschen, die rauchen tatsächlich nach Lust und Laune ein paar Stück am Tag, können damit aber auch nötigenfalls für längere Zeit aufhören; ihnen die Radikalvariante des Entzugs vorzuschlagen, erscheint wenig sinnvoll. Für Heavy-Metal-Raucher hingegen ist es wohl ungleich effektiver, von heute auf morgen Schluß zu machen. Freilich erst, nachdem sie sich mit dem Für und Wider, dem Häßlichen und dem Guten der ganzen Aktion etwas genauer beschäftigt haben.*

Jetzt, wo wir uns klargemacht haben, warum wir etwas in unserem Leben ändern wollen, stehen die Zeichen fürs Loslegen recht gut. Und weil sich das Loslegen noch einmal dadurch befördern läßt, daß man weiß, was zu tun ist, sollen hier ein paar Empfehlungen folgen. Ich habe sie entlang der Frage «Wie aufhören mit dem Rauchen?» aufgeschrieben, um ein konkretes Beispiel zu liefern; aber natürlich sind die einzelnen Punkte auch grundsätzlich für viele andere Lebenssituationen gültig – man muß sie sich nur übersetzen:

Rechnen Sie damit, daß Ihnen Ihre genetischen Anlagen in die Quere kommen, zumindest gelegentlich. Wie schwer beziehungsweise leicht es uns fällt, den Schritt

* So ist es zum Beispiel hilfreich, wenn wir uns vor Augen führen, welche miesen Dinge wir hinter uns lassen (morgendliches Kopfweh, nächtliche Ausflüge zu weit entfernten Tankstellen, um dann Zigaretten einer Sorte zu kaufen, die wir nicht mögen, aber mögen müssen, weil es unsere nicht gibt), welche guten Dinge wir bekommen (straffere Haut, frischeren Atem, freie Hände) und welche Verantwortung wir tragen (für das Seelenheil des Lebensgefährten und der Kinder, die ziemlich traurig sein dürften, wenn wir ernstlich erkranken würden).

zum Nichtraucher zu tun, zielstrebiger zu studieren oder langfristige Investments zu verfolgen, das hängt auch von unserer genetischen Disposition ab. Während die einen nach fünf Tagen entspannt von sich behaupten können, das mit dem Gequalme habe sich für sie erledigt, quälen sich andere grenzenlos, um schließlich nach drei Jahren überfallsartig wieder mit dem Rauchen zu beginnen, weil sie von den entsprechenden Genen (angeblich) dazu gezwungen wurden. Untersuchungen haben gezeigt, daß es sich bei etlichen Problemen so verhält: Während die einen zum Dickwerden neigen, bleiben die anderen stets beneidenswert schlank; während die einen zur Schwermut neigen, können die anderen gar nicht anders, als mit einer soliden Grundzufriedenheit durchs Leben zu gehen. Prinzipiell unternehmen können wir nichts gegen unsere Gene. Aber eine spezifische Neigung bedeutet nicht automatisch, daß wir ihr machtlos ausgeliefert sind. Unsere Anlagen mögen alles ein wenig komplexer machen, aber sie lassen uns genug Handlungsfreiheit.

Trennen Sie sich von Requisiten der Sache, die Sie überwinden wollen. Für Raucher bedeutet das: Zigaretten weg, Aschenbecher weg, Feuerzeug weg, Poster mit dem rauchenden Humphrey Bogart weg. Was nicht da ist, kann auch nicht geraucht beziehungsweise verwendet beziehungsweise bewundert werden. Wer sich hingegen vor einen Altar mit Schokolade setzt oder nicht aufhört damit, von den wilden Nächten als Statist am Theater zu schwärmen, der wird sich das Leben unnötig schwermachen und Gefahr laufen, schwach zu werden.

Begeben Sie sich nicht ohne Not in brenzlige Situationen. Gerade weil wir gerne schwach werden, sollten wir freundlich zu uns sein und als Neo-Nichtraucher nicht in verruchte Bars gehen, als Schlankheitsinteressierte nicht in Konditoreien und als Strenggläubige nicht in Sexshops. Das hilft.

Erzählen Sie jedem von Ihrem neuen Leben. Auch wenn es Ihnen unangenehm sein dürfte, mit den eigenen Vorhaben und Erfolgen hausieren zu gehen, sollten Sie hier eine Ausnahme machen. Am besten, Sie erzählen allen Ihren Bekannten von Ihren Plänen: «Übrigens, ich habe zu rauchen aufgehört!» oder: «Ich habe mein Auto abgeschafft, das war für mich ökologisch nicht mehr vertretbar.» Persönliche Entscheidungen oder Neuorientierungen werden für uns oft erst dadurch greifbar, daß wir davon berichten (die anderen fragen dann nach, wir antworten, die anderen erzählen es wiederum anderen, bis schließlich Dritte und Vierte uns darauf ansprechen), und die Nachricht an die Welt, wir hätten beschlossen, etwas Neues anzufangen, wird viele Folgen haben. So wird man Sie nicht mehr in Versuchung führen, eine mitzurauchen; auch ermutigen Sie so manchen, es Ihnen nachzumachen. Eine Untersuchung hat kürzlich gezeigt, daß Nichtraucher richtiggehend sozial ansteckend sind; ein einziger Abstinenzler verführe nachweislich viele Menschen seiner näheren Umgebung dazu, es ihm gleichzutun (beispielsweise geben 67 Prozent der Ehepartner ebenfalls das Rauchen auf).

Seien Sie auf Krisen vorbereitet und nachsichtig mit sich. Um auf alle Eventualitäten vorbereitet zu sein, sollten wir uns überlegen, wie wir auf heftige Anfechtungen und bei der ersten Rückfallzigarette reagieren werden. Dabei ist es empfehlenswert, sich an ein zentrales Strategieelement des Durchwurstelns zu erinnern: Errichten Sie bitte keine geschlossenen Systeme, die durch den Wegfall eines einzigen Details in sich zusammenbrechen. Bleiben Sie entspannt. Reden Sie sich raus. Seien Sie nachsichtig mit sich. Und fassen Sie Ihr Ziel wieder ins Auge.*

Bedenken Sie, daß Sie gute Gründe für Ihr bisheriges, gewohntes Leben hatten. Auch wenn wir mit der Gesamtsituation unzufrieden sein mögen, so lernen wir im Lauf der Zeit, unser Leben zu managen und aus der Vielzahl unserer Strategien eine ganz spezifische Kultur zu formen (die Außenstehende mitunter fremd anmuten mag). *Unsere* Kultur. *Unsere* Identität. Für viele Raucher stellt die Furcht, jene Gewohnheiten aufgeben zu müssen, die sie rund um die Zigarette entwickelt haben, das größte Hindernis dar: Was geschieht, wenn ich zu rauchen aufhöre und dem Getriebe des Alltags nicht einmal mehr für fünf Minuten entkommen kann? Wenn ich mich nicht mehr mit anderen in blauen Dunst hüllen und dabei vielsagend schweigen kann, mir nicht länger Gedanken über

* Hoffnungsfrohe Neu-Nichtraucher sind gut beraten, für den Fall der Fälle vorzusorgen. Sie könnten sich fragen: Wie möchte ich reagieren, wenn vor meinem geistigen Auge eine gigantische Zigarette auftaucht, die unbedingt geraucht werden will? Nun: Attacken dieser Art dauern, so Profis, maximal drei Minuten, sind also durch kurzfristige Interventionen durchaus bekämpfbar. Wie diese aussehen, hängt ganz von der jeweiligen Gestimmtheit ab. Während der eine zu Spaziergängen durch einen Orchideengarten neigt, hilft es dem anderen, eine kleine Runde auf seinem Nintendo DS zu spielen oder ein Wurstbrot mit Erdbeermarmelade zu essen (warum es gerade Erdbeermarmelade sein muß, entzieht sich leider meiner Kenntnis, helfen soll es aber).

den Sinn des Lebens machen oder, während ich versonnen dem Rauch nachblicke, geistvoll geistlos sein kann? Auch dürften viele Raucher die Befürchtung haben, sich ohne die gewohnte Zigarette leer und unsicher zu fühlen. Eine Befürchtung, die durchaus begründet scheint, haben wir uns doch über Jahre daran gewöhnt, die Zigarette als Allzweckhilfe einzusetzen: bei einer Fahrt im Cabrio übers sommerlich flirrende Land, nach einem sehr guten Essen, nach einem schlechten Essen, vor dem Sex, nach dem Sex, morgens nach dem Aufstehen oder nach einer öden Power-Point-Präsentation usf. – jeder Raucher weiß, daß die Welt voller idealer Gelegenheiten ist, sich eine anzustecken, ja, es gibt eigentlich keinen Moment, der durch eine Zigarette nicht gewinnen würde. Wie, so fragt er sich bange vor dem Aufhören, soll er all diese Situationen von nun an bewältigen?

Wer diesen Hinweis auf den hohen emotionalen Wert des Rauchens abtut und meint, er sei bloß das Resultat findiger Werbestrategen und des jahrzehntelangen ungehemmten Gequalmes in unzähligen Hollywoodfilmen (allen voran Humphrey Bogart in «Casablanca»), der hat vielleicht sogar recht, aber er übersieht das Wichtigste: Wir können uns auch in solchen Parallelwelten heimisch fühlen.

Versuchen Sie trotz aller Verlustängste, Ihr Leben neu zu ordnen – zumindest in den wesentlichsten Punkten. Diese Empfehlung ist zweifellos am schwersten zu verwirklichen: Wer gibt schon gerne geliebte Gewohnheiten auf? Es hilft aber nichts: Wer nicht zynisch werden will, der sollte es wenigstens versuchen! Nur gut, daß zwei Möglichkeiten existieren, ernst zu machen. Die eine besteht darin, brutal zu werden und sich die angenehmen Erinnerungen ans Rauchen zum Beispiel schlicht zu untersagen. Die andere darin, die Verbindungen zwischen jenen Dingen aufzudröseln, die unheilvoll aneinanderkleben: Wer also das stilvolle Ende eines großen Essens mit dem genüßlichen Rauchen einer Zigarette verbindet, der kommt nicht umhin, sich eine andere Kombination zu suchen – zum Beispiel nach dem Essen regelmäßig eine Runde im Park zu drehen und dabei seine Lieblingsmusik auf dem iPod zu hören. Sie haben genialere Tricks und raffiniertere Strategien erwartet? Tja, ich habe danach gesucht, aber es gibt sie leider nicht.

Zum Schluß noch ein Spezialhinweis für Raucher – alle anderen können zum nächsten Kapitel weiterblättern. Wer den Weg ins Nichtrauchen nicht in Eigenregie betreten möchte, sollte vielleicht einen millionenfach verkauften Ratgeber lesen. Geschrieben hat ihn der mittlerweile verstorbene Allen Carr, und er heißt «Endlich Nichtraucher!». Mir hat er beim Aufhören tatsächlich geholfen. Von dem ganzen Buch, das sich wie ein riesiges Marshmallow liest (so fluffig-flauschig-unbestimmt), blieb mir genau eine Passage in Erinnerung, die dafür umso stärker wirkte. Darin ging es um das Phänomen, daß Raucher sich – weil mit einer kniffligen Aufgabe beschäftigt und um Beistand flehend – mit fahriger Geste eine Zigarette anzünden, um dann festzustellen, daß sie schon eine rauchen. Mir ist das zigfach passiert, und angestiftet von Herrn Carr übersetzte ich mir den Umstand mit einer weitreichenden Erkenntnis. Sie lautete: «Das Rauchen hilft dir offensichtlich gar nicht, knifflige Situationen zu meistern. Wie hättest du sonst vergessen können, daß du bereits rauchst?!» Dieser Gedanke wirkte wie der berühmte Riß in der Oberfläche: durch ihn drang Wasser in den Felsen, das ihn dann, im Winter zu Eis gefrierend, zum Bersten brachte.

Dinge wegwerfen

Wie Sie es hinbekommen, sich von Ihren Habseligkeiten nicht erdrücken zu lassen, indem Sie sie sichten, ordnen und manche sogar weggeben – und wie es Ihnen gelingt, den schmerzvollen Prozeß des Ausmistens zu planen, seelisch zu verkraften und gegebenenfalls so lange aufzuschieben, bis sich die ganze Angelegenheit von selbst erledigt.

Von unseren Problemen nehmen wir an, daß sie groß, eindrucksvoll und respektgebietend sein müßten wie Godzilla. Warum sonst sollten sie uns so hartnäckig beschäftigen? Oft jedoch schlüpfen sie irritierenderweise in die Gestalt kleiner, knuffiger Wesen, die lieb dreinschauen und es faustdick hinter den Puschelohren haben. Vor vielen Jahren erzählte mir ein Hamburger Therapeut eine entsprechende Geschichte. Eines Tages sei eine jüngere Frau zu ihm gekommen und habe über ihr diffuses Unglück geklagt. Nichts freue sie richtig, alles plätschere dahin, die Treffen mit ihren Freunden seien lau und das Studium mit einem Popsong vergleichbar, dem nach einem furiosen Opening die Puste ausgegangen sei.

Der Therapeut fragte nach und erfuhr schließlich, daß sich die junge Frau vor über einem Jahr von ihrem Lebensgefährten getrennt hatte. Ja, sie trauere ihm immer noch ein bißchen nach, aber die Sache sei gelaufen, man sehe einander auch nicht mehr. Dennoch begann der

Therapeut, das Thema Trennung und Abschied ein wenig intensiver zu umkreisen. Ob denn die Beziehung wirklich vorbei sei, wollte er wissen. «Ja», sagte die Frau, «definitiv.» – «Ganz sicher? Besitzen Sie nicht noch etwas von ihm?» – «Nein, nichts.» – «Gar nichts?» – «Nichts!» Womit die Sache abgeschlossen schien.

Eine Woche später kam die junge Frau darauf zurück; die Frage des Therapeuten habe sie an etwas erinnert, das sie schon völlig vergessen hatte: «Da gibt es noch einen Schuhkarton von ihm; er steht ganz hinten in meinem Kleiderschrank, bei meinen alten Klamotten, die ich schon seit längerer Zeit wegwerfen will.» Was denn da drin sei, wollte der Therapeut wissen. «Ach, lauter wertloses Zeug», meinte die junge Frau: ein abgerissener Hemdknopf, ein Wegwerffeuerzeug, eine alte Visitenkarte, eine ausländische Münze, ein abgegriffenes Papiertaschentuch.

«Aha», sagte der Therapeut. Sie solle doch den Schuhkarton nehmen und wegwerfen. Das entsetzte und panische Gesicht der jungen Frau ließ ihn zurückzucken und gleichzeitig befriedigt feststellen, daß er das Thema langsam zu fassen bekam. Der Therapeut dachte kurz nach und meinte dann: «Ich habe eine noch bessere Idee: Nehmen Sie den Karton und schicken Sie ihn an Ihren ehemaligen Freund zurück. Die Sachen gehören ihm ja.» Sagte es und entließ seine Klientin in einen (höchstwahrscheinlich regnerischen) Hamburger Nachmittag.

Das nächste Mal sollte die junge Frau berichten, ob und wie sie den Karton zurückgeschickt hatte. Sie hatte ihn aber nicht zurückgeschickt, sondern nur kurz gemustert und bei dem Versuch, ihn herauszunehmen, beklemmende Zustände bekommen: «Ich mußte plötzlich weinen, ich weiß auch nicht wieso.» Der Karton blieb also im Schrank. Und die junge Frau beim Therapeuten. Es sollte exakt ein halbes Jahr dauern, bis sie mit vereinten Kräften den unscheinbaren Schuhkarton aus dem Kleiderschrank manövriert, auf den Schreibtisch gepackt, eingewickelt, adressiert, auf die Post gebracht und weggeschickt hatten. Ein halbes Jahr! Durchsetzt mit Stunden voller Verzagtheit, Wut, Trauer und Wehmut. Und wofür? Um sich von fünf kleinen Gegenständen im Gegenwert von (großzügig gerechnet) siebzig Cent zu trennen.

Wer ein wenig in seinem Freundes- und Bekanntenkreis herumfragt, wird ähnliche Geschichten zu hören bekommen. Sie mögen nicht ganz so komplex sein, wie die eben geschilderte, aber ihnen haftet ebenfalls eine gewisse Dramatik an. So erzählte mir ein deutlich über siebzig Jahre alter Herr, seine Eltern hätten sein gesamtes Blechspielzeug weggeworfen, was ihm heute noch gelegentlich leid tue; meine Bekannte B. wiederum schilderte mir schon mehrfach, wie sie ihre Mutter dabei überrascht habe, als diese eben ihren Teddy in den Ofen warf – die Mutter glaubte, er könne weg, weil B. doch eben einen neuen, schöneren bekommen hatte; meine Brüder und ich schwelgen immer noch in den Erinnerungen an unsere gelbe «Matchbox Superfast»-Bahn mit dem Turbobeschleuniger, die unsere Eltern hinter unserem Rücken entsorgt haben; Freund Robin wiederum berichtet davon, seine Mutter habe stets gesagt, man dürfe nichts wegwerfen, um dann ausgerechnet seine Zeugnisse verschwinden zu lassen; und die Frau eines guten Bekannten klagt seit Jahren darüber, daß ihr Mann sich beharrlich weigere, jene unzähligen Hemden wegzugeben, die ihm unter Garantie nie mehr passen würden, runder und stattlicher wie er mittlerweile geworden sei; ganz zu schweigen von all den Menschen, die bedauern, in einem Anfall von Ordnungswut ihre Zeitschriften- oder Plattensammlungen weggeworfen zu haben.

Was ist da bloß los? Warum machen wir wegen all des Plunders einen solchen Wirbel? Warum beklagen erwachsene Männer noch sechzig Jahre später den Verlust einiger verrosteter Spielzeugautos? Warum muß eine junge Frau einen teuren Therapeuten bezahlen, um nach monatelangem Ringen endlich einen Schuhkarton voller Müll wegschicken zu können? So erstaunlich das Phänomen ist, so einfach ist der Grund: Wir haben die Eigenart, nicht bloß zu anderen Menschen oder zu Haustieren eine innige Beziehung zu entwickeln, sondern auch zu Gegenständen. Wir können Autos lieben, Kuscheltiere, Jacken und Spielzeugautos, wir können auch getrocknete Rosenblätter hüten wie einen Schatz, abgegriffene Zettelchen, vergilbte Fotografien und trockene Holzstöckchen, denn wir sprechen diesen leblosen Dingen eine bestimmte Bedeutung zu, wir bringen sie mit Wichtigem in Verbindung. Wir klammern uns an einen abgerissenen Hemdknopf, weil er das einzige ist, das uns von einem geliebten Menschen geblieben ist (und hoffen damit, diesen anderen wiederzubekommen, halten wir den Knopf nur fest genug); wir tragen ständig einen altmodischen Ring bei uns, weil er uns an einen lieben Menschen erinnert; wir sammeln Bücher, weil sie uns das beruhigende Gefühl geben, belesen zu sein; oder wir kaufen uns ein Haus, ein Auto und ein Boot, weil wir uns damit beweisen, es geschafft und die ärmliche Jugendzeit überwunden zu haben.

Oft spielt es keine Rolle, ob diese Dinge materiell wertvoll sind, also auch ohne unser Zutun einen Wert besitzen (wie beispielsweise der Ring unserer Mutter, der mit einem hochkarätigen Diamanten *und* ebensolchen Erinnerungen besetzt ist). Es genügt, daß *wir* einen Gegenstand für wichtig halten. In dem Film «Citizen Kane» von Orson Welles dreht sich alles um eine geheimnisvolle «Rosebud». Am Ende des Films stellt sich jedoch heraus, daß es sich bei der gesuchten «Rosenknospe» nicht, wie von manchen vermutet, um eine Frau, sondern um einen einfachen Kinderschlitten handelt – für den Helden des Films von unschätzbarem Wert, symbolisiert er doch dessen verlorene Kindheit.

Kinder stopfen sich ihre Hosentaschen mit scheinbar wertlosen Dingen voll. Sie tun das nicht wahllos, sondern aus einem guten Grund: Sie halten die Dinge für Schätze; bei ihrem Sammeln lernen sie, zu differenzieren, den Wert der Gegenstände zu beurteilen, sie voneinander zu unterscheiden. Sie entwickeln Stolz, weil sie dazu in der Lage sind, sich Dinge anzueignen, sie zu ordnen und zu verwahren. Es ist daher ratsam, pfleglich mit dem Inhalt der Hosentaschen umzugehen und in der verrosteten Schraube oder der Samenkapsel der Akazie viel mehr zu sehen als bloß eine verrostete Schraube und eine wertlose Samenkapsel.

Auch wir Erwachsenen richten uns eine eigene Welt ein und stellen sie mit unseren Dingen voll. Und haben anschließend den Eindruck, daß diese uns halten, schützen, erfreuen, verteidigen, Individualität verleihen, etwas lehren – und auf die Nerven fallen. Denn wie jeder weiß, der schon einmal umgezogen ist, können uns Gegenstände auch belasten, im gegenständlichen wie im übertragenen Sinne. Die vielen Memorabilia zum Beispiel, die wir gesammelt und auf den Regalen verteilt haben: Sie erinnern uns nicht nur an ausgedehnte Reisen, intensive Momente und außergewöhnliche Begegnungen, sondern stören auch, wenn wir ein Buch herausziehen wollen; außerdem machen sie uns ständig bewußt, wie schnell die Zeit vergeht.

Ich vertrete ja mit einer gewissen Unbelehrbarkeit die These, das Leben sei *kein* langer ruhiger Fluß beziehungsweise *kein* erfolgreich abzuarbeitender Zwölfpunkteplan, sondern ein ständiges Hin und Her und Vielleicht und Dochnicht und Jetztabermalwirklich. Es gibt keinen Grund, damit aufzuhören, denn beim Zusammenleben mit den Gegenständen, die wir gesammelt haben, verhält es sich ebenso: Kaum glauben wir, daß es am besten wäre, ohne jedes Zeug zu sein, legen wir uns ein paar wunderbare Dinge zu, die uns das Gefühl vermitteln, eine Welt ganz nach unseren Bedürfnissen geschaffen zu haben – um im nächsten Moment doch wieder zu denken, wir würden in einem spießigen Museum unser selbst hausen und daß es viel angemessener wäre, in einer coolen Designerwohnung zu leben.

Wer nun meint, er könne mit der Beschreibung eines solchen Schlingerkurses nichts anfangen, weil er einen stabilen Mittelweg verfolge, der hat wahrscheinlich recht. Oder sich schon länger nicht mehr auf jene Ebene seines Hauses herabbegeben, die den Umzugsunternehmern dieser Welt die Schweißperlen auf die Stirn treibt: den Keller. Bei unserem letzten Umzug habe ich versucht, aus dem Chef der Firma mit dem klingenden Namen «Transatlantis» entsprechende Anekdoten herauszupressen, allein: Angesichts des Grauens, das er gesehen hatte, verschlug es ihm immer wieder die Sprache. «Sie können sich nicht vorstellen, was die Leute alles aufheben ... und was sie mitnehmen wollen ... Nein, ich kann es Ihnen nicht erzählen ... schauerlich ... Da war einer, der hatte, der hatte ...» Was genau, werden wir nie erfahren. Die Kraft meines Gewährsmannes reichte nur noch dazu, mir seine tiefe Überzeugung auseinanderzusetzen, bei den Kellern der Republik handle es sich um eine Art Unbewußtes; dort hinein hätten die meisten von uns ihr unbeständiges Verhältnis zu den Dingen verdrängt, dort stapelten sich die ungelösten Konflikte von Haben und Sein, von Behalten und Wegwerfen, von Wollen und Nichtkönnen.

Es gibt mehrere Möglichkeiten, mit dieser Gemengelage umzugehen. Es wird Sie nicht überraschen, wenn ich auf meine Standardstrategie verweise: das moderate Durchwursteln. Damit könnten Sie, so meine Hoffnung, an den Ort gelangen, an dem Sie sich dauerhaft wohl fühlen. Wie der aussieht? Für die einen besteht er aus gekalkten Wänden, geschliffenen Parkettböden, Sechzigerjahremöbeln und *überhaupt keinem* Zeug, für die anderen aus britischen Lümmelsofas, Glasschränkchen, Fußbänkchen und *sehr viel* Zeug. Wie dem auch sei, mir ist das – im besten Sinne des Wortes – gleichgültig. Und dennoch will ich mich kurz in Ihre inneren Angelegenheiten einmischen, denn wie ich bei einer privaten, nichtrepräsentativen Umfrage herausgefunden habe, gibt es doch Probleme. Sie stellen sich weniger beim Sammeln von Dingen ein – denn wie Sie als Liebhaber britischer Inneneinrichtung zu Ihren dackelbeinigen Möbelstücken kommen, wissen Sie in der

Regel; und sollten Sie Sideboards aus den Sechzigern bevorzugen, brauchen Sie auch keine guten Tips. Probleme, so die übereinstimmende Aussage, tauchen erst auf, wenn es darum geht, der angehäuften Dinge Herr zu werden: Sie zu sichten, zu verstauen, zu einem sinnvollen Ganzen zusammenzufügen und schließlich sie wieder loszuwerden. Es gibt viele Anlässe, über all das nachzudenken: Weil der Platz nicht mehr reicht; weil sich unser Geschmack geändert hat; weil etwas kaputtgegangen ist; weil wir etwas anderes haben wollen; weil wir Kinder bekommen haben; weil die Kinder wieder ausgezogen sind. Zudem kursieren eine Menge einschlägiger Ratgeber, die allesamt behaupten, wir häuften prinzipiell zu viele Sachen an und sollten uns mit weniger bescheiden. Allein der Akt des Entsorgens, so das Versprechen, erfülle uns mit dem Gefühl der Befreiung: Endlich weg, das alte Zeug! Keine belastenden Erinnerungen mehr, kein Staub, keine Platzprobleme. Und lebten wir erst einmal in ordentlichen, strukturierten, spärlich eingerichteten Räumen, würden wir uns, so der Tenor der Ratgeberliteratur, zweifellos wohl fühlen.

Wer zum Durchwursteln neigt, dem werden Radikalismen dieser Art ein wenig suspekt sein. Doch andererseits ist einiges dran an der Idee des Downsizing und des Verdichtens. Nicht nur klassische fernöstliche Lehren wie Feng Shui, die die Konzentration aufs Wesentliche zum Ideal erklärt haben, auch aktuelle Untersuchungen deuten in eine ähnliche Richtung. So haben die amerikanischen Psychologen L.E. Williams und J.A. Bargh herausgefunden, daß wir uns deutlich besser und autonomer fühlen, wenn wir genügend Platz haben, während kleine, vollgestellte Räume das genaue Gegenteil bewirken. Es gibt also gute Gründe, über die eigene Wohnung nachzudenken. Ein wenig an den Möbeln zu rütteln, sie umzustellen oder selbstbewußt zu sagen: Alles bleibt, wie es ist. So manch einer könnte nach einem Rundgang auch feststellen, daß sich zu viel Zeug angesammelt hat und er etwas dagegen unternehmen will – es aber nicht schafft. Deshalb möchte ich Ihnen ein wenig über das Wegwerfen erzählen.

Alles hat zwei Seiten – auch das Wegwerfen. Das ist ein Gemeinplatz. Ich will ihn aber dennoch anführen, denn die allermeisten Ratgeber übersehen die Doppelgesichtigkeit des Wegwerfens und nehmen nur die positiven Seiten wahr, das Gefühl der Befreiung etwa. Von unserem Trennungsschmerz schweigen sie lieber. Oder davon, daß «Wegwerfen» mitnichten ein Wert an sich ist. Es hängt vom Kontext ab, wie wir zu der Sache stehen. So sagte ein Freund kürzlich: «Wegwerfen kann Verrat sein, aber man muß auch loslassen können!» Wenn wir uns also mit der Wegwerf-Option ernsthaft befassen wollen, werden wir nicht drumherumkommen, auch den damit verbundenen Schmerz zu erwähnen – und zu würdigen.

Wenn Sie übers Wegwerfen nachzudenken beginnen, lösen Sie eine Kaskade unangenehmer Assoziationen aus – ob Ihnen das bewußt sein mag oder nicht. Wer etwas, das er besitzt, weggibt, trennt sich davon. Womit wir schon mitten im Assoziationsspiel wären. Was paßt zu «trennen»? Weggehen, verschwinden, vermissen, sterben. Lauter Wörter, die uns an Unangenehmes denken lassen. Und die wir daher zu meiden versuchen. Ich weiß, dieser Punkt trifft nur sensible Menschen, aber wer sagt, daß wir nicht – schwups! – auch zu ihnen gehören?

Wenn wir ausmisten, müssen wir entscheiden, was wir wegwerfen. Wenn wir uns an das Projekt «Sichten – Bewerten – Ausmisten» machen, werden wir schnell mit komplizierten, ja grundsätzlichen Fragen konfrontiert. Sind persönliche Dinge wie Briefe oder Zeichnungen der Kinder prinzipiell tabu, dürfen wir Teile unserer Geschichte wegwerfen wie unnützes Zeug? Werde ich in einem Jahr wieder in die teuren Hemden passen, die jetzt den Platz im Schrank wegnehmen, oder sollte ich mich besser von dem Wahn verabschieden, die Zeit ließe sich zurückdrehen? Das bedeutet also: Wir müssen uns nicht nur aufraffen, aktiv zu werden und jedes Ding einzeln zu bewerten, sondern wir setzen uns auch noch der Gefahr aus, uns mit sehr großen Themen anzulegen. Das ist mühselig. Und ein wenig respekteinflößend.

Wir empfinden grundsätzlich Widerwillen, wenn wir etwas weggeben; und sprechen einem Ding einen höheren Wert zu, sobald wir es besitzen. Mit der Frage, warum wir mitunter wenig vernünftig und zu unserem Nachteil agieren, haben sich kürzlich sogar Wirtschaftswissenschaftler beschäftigt. Dabei haben sie zwei Phänomene entdeckt, die vollkommen plausibel machen, warum wir solche Probleme mit dem Wegwerfen haben:

1. Das erste Phänomen besteht darin, daß wir Verluste prinzipiell intensiver erleben als Gewinne – und zwar doppelt so stark. Die Fachleute für Verhaltensökonomik haben diese Psychodynamik vor allem bei Aktienspekulanten beobachtet, die etwa den Verlust von hundert Euro ungleich stärker empfinden als den Gewinn derselben Summe. Das hat damit zu tun, daß wir Rückschläge als Zeichen unserer Inkompetenz interpretieren, uns durch Erfolge hingegen

nicht weiter beeindrucken lassen. So kommt es, daß nicht wenige Menschen eine starke «Verlustaversion» entwickeln, die sie ziemlich unvernünftig handeln läßt: Anstatt fallende Aktien abzustoßen und damit Verluste zu minimieren (sich gleichzeitig aber einzugestehen, beim Kauf der Papiere danebengelegen zu haben), halten viele ihre einmal gekauften Aktien über Gebühr lange (und versuchen also, die Erfahrung eigener Inkompetenz zu vermeiden, indem sie auf steigende Kurse hoffen, die meist spät oder nie kommen). Kein Wunder also, daß wir uns mit dem Wegwerfen so schwertun: Wir erleben den Verlust auch nur ansatzweise kostbarer Dinge ungleich stärker als den Nutzen, den wir durch das Ausmisten haben (mehr Platz, größere Ordnung, coolere Wohnung). Es braucht einige emotionale Kraft, sich dazu durchzuringen.

2. Sobald wir ein Ding besitzen, steigt dessen Wert in unseren Augen stark an. Der Grund für dieses «Besitztumseffekt» genannte Phänomen: Wir rechnen in den Wert eines Gegenstandes unsere spezielle Beziehung und Geschichte mit ein, was dessen Preis markant nach oben schnellen läßt. Neurobiologen konnten diesen Effekt sogar einer konkreten Gehirnregion zuordnen; das bedeutet, daß wir gar nicht anders können, als so zu empfinden (was freilich nicht heißt, daß wir nichts dagegen tun könnten, es ist nur nicht ganz so leicht, wie uns viele Ratgeber glauben machen möchten). Eine bekannte Szene aus Quentin Tarantinos Film «Pulp Fiction» kann hier als Beispiel dienen. Eine Uhr wird durch ihre bizarre Geschichte zum Schatz. Da taucht eines Tages ein gewisser Captain Koons auf und erzählt einem kleinen Jungen namens Butch folgende Geschichte: «Nachdem der Krieg

vorbei war, stattete er [der Kriegskamerad des Großvaters] deiner Großmutter einen Besuch ab und gab deinem kleinen Vater die goldene Uhr seines Dads. *Diese* Uhr. Und diese Uhr war am Handgelenk deines Daddys, als er über Hanoi abgeschossen wurde. Er wurde gefangengenommen, in ein vietnamesisches Gefangenenlager gesteckt. Er wußte, wenn die Reisfresser die Uhr entdecken würden, würden sie sie konfiszieren, sie ihm wegnehmen. So, wie dein Dad es sah, war diese Uhr dein Erbe. Er wollte verdammt sein, wenn irgendwelche Schlitzaugen nach dem Erbe seines Sohnes grabschen würden, also steckte er sie an den einzigen sicheren Ort, den er kannte, seinen Arsch. Fünf ganze Jahre lang trug er diese Uhr in seinem Arsch. Und dann, als er an der Ruhr erkrankte, gab er mir die Uhr, und ich versteckte diesen Metallhaufen zwei Jahre lang in meinem Arsch. Dann, nach sieben Jahren, wurde ich zu meiner Familie nach Hause geschickt. Und jetzt, kleiner Mann, gebe ich die Uhr *dir*.» Es ist leicht vorstellbar, daß Butch alias Bruce Willis viele Jahre später sein Leben riskieren wird, um die Uhr, die dieser von seinem Vater und der wiederum von seinem Vater geerbt hatte, zu retten. Und er rettet sie – wobei er übrigens den auf dem WC sitzenden, Modesty Blaise lesenden Vincent Vega alias John Travolta erschießt.

Da es also sogar eine eigene Region in unserem Gehirn gibt, die für das Festhalten an unserem Besitz zuständig ist, müssen wir uns – wenn wir wirklich etwas weggeben wollen – schon etwas einfallen lassen, um unserem Gehirn und unserer Seele die Sache zu erleichtern. Genau darum soll es jetzt gehen:

Warten Sie ganz einfach so lange ab, bis sich die Dinge selbst zu erledigen beginnen: Bei dieser Empfehlung handelt es sich meines Erachtens um die höchste Kunst des Managements. Man läßt den Lauf der Ereignisse so lange schleifen, bis es keine andere Wahl mehr gibt.

Variante eins: Packen Sie alles Überflüssige in den Keller und warten Sie den natürlichen Prozeß der Auslese ab. Wie das klappen kann, ist mir am Beispiel meiner geliebten Skischuhe bewußt geworden. Sie waren außen gelb, innen blau und die ersten einer Generation besonders augenfälliger Skistiefel namens Dachstein-Concorde. Nachdem ich sie lange stolz getragen hatte, paßten sie irgendwann nicht mehr mit der avancierten Skibindungstechnik zusammen, und so war ich gezwungen, mir neue anzuschaffen. Die alten hob ich auf. Viele, viele Jahre lang. Bei gelegentlichen Suchaktionen wog ich sie in der Hand, betrachtete sie liebevoll, um sie rasch wieder zu verstauen, bevor sich die Frage nach dem Sinn ihrer Aufbewahrung würde stellen können. Bis ich sie erneut hervorkramen mußte, weil sie mir den Weg in die tiefsten Tiefen des Kellers versperrten – und sie in dem Moment, da ich sie sanft aneinanderstieß, wie ein besonders empfindliches Glas in zahllose Teile zersprangen; der gelbe Kunststoff war über die Jahre derart hart geworden, daß schon die kleinste Erschütterung gereicht hatte. Die geliebten Skischuhe waren also nachweislich unbrauchbar, die Hoffnung, sie eines Tages wieder benutzen zu können, gegenstandslos. Damit hatte ich von ihnen die Erlaubnis erhalten, sie wegzuwerfen. Und ich warf sie weg, schweren Herzens, aber ich schaffte es.

Das Wegpacken in den Keller beziehungsweise in Rumpel- und Abstellkammern hat einen großen Vorteil: Wir verstauen intuitiv genau die richtigen Dinge darin, nämlich jene, auf die wir irgendwie verzichten können und die wir, wären wir anders gestrickt, unter Umständen gleich wegwerfen würden. Da wir aber eine Scheu davor haben, kommen sie eben in eine Art Schleuse des Vergessens, aus der wir sie (theoretisch) jederzeit wieder hervorholen können.

Variante zwei: Warten Sie äußere Ereignisse ab, die Sie dazu zwingen, Ihren Besitz zu sichten. Selbst wenn wir uns sehr um Kontinuität und Stabilität bemühen, kommt für die meisten von uns der Tag, an dem wir umziehen müssen beziehungsweise wollen oder an dem wir uns trennen beziehungsweise verlassen werden. Einer der wenigen Vorteile einer solchen belastenden Ausnahmesituation besteht darin, daß wir ungeahnte Fähigkeiten entwickeln – wenn es ernst wird, hört unsere Psyche auf, empfindlich zu sein, und schaltet auf Notbetrieb um. Der ist von Effektivität und Pragmatismus geprägt. Und schon sehen wir uns erstaunt dabei zu, wie wir binnen kürzester Zeit erledigen, wofür wir sonst Ewigkeiten brauchen. Etwa die Hälfte unserer Klamotten zu entsorgen oder endlich eine Entscheidung in Sachen Familiensofa zu treffen.

Variante drei: Warten Sie so lange, bis schiere Platznot sie dazu zwingt, etwas zu unternehmen. Dabei handelt es sich genau genommen um einen Unterpunkt von Variante zwei. Dennoch sei diese Möglichkeit eigens erwähnt, weil wir dabei etwas mehr Handlungsspielraum haben. So können wir durch geschickte (oder auch bewusst ungeschickte) Stauraumkonzepte den Zeitpunkt des Ausmistens einigermaßen festlegen, ohne die Verantwortung für das Großprojekt übernehmen zu müssen – war ja kein Platz mehr! Doch Obacht: In solchen Momenten werden gerne die schon erwähnten Zeitschriften- und Plattensammlungen entsorgt. Bleiben Sie also auch in Ihrem Aufräumfuror moderat und weitsichtig. Vielleicht doch noch aufheben?

Die ohnehin schon schwierige Aufgabe, Ihren Besitz zu sichten, gestaltet sich noch schwieriger, wenn Ihnen die dazu nötigen Kategorien fehlen. Sie sind daher gut beraten, einige grobe Parameter zu entwickeln, anhand deren Sie sich entscheiden können. Ein interessantes Kriterium dafür, ob wir etwas behalten sollen oder nicht, stammt von Terence Conran, dem britischen Designer und Fachmann fürs Ordnungmachen. Er regte an, den Zeitfaktor ins Spiel zu bringen und sich zu überlegen, was wir in den vergangenen ein bis eineinhalb Jahren nicht mehr angefaßt und verwendet haben; auch Dinge, die wir nur sporadisch nutzen, fallen für ihn in diese Gruppe. All dies könne weg, sagt Conran. Ein interessanter Ansatz, wie mir scheint. Zumal er sich dehnen läßt, ist die Anderthalb-Jahresfrist doch nicht in Stein gemeißelt. Es lassen sich mühelos drei Jahre daraus machen oder fünf oder neun. Niemand wird es merken. Und vielleicht findet sich damit jener Kompromiß, den wir schon so lange suchen.

Wir können unser Hab und Gut aber auch unter dem Wichtig-Unwichtig-Blickwinkel zu ordnen versuchen. Hier die grobe Skizze eines entsprechenden Rasters:

Unbedingt aufbewahrenswert erscheinen mir:

- sehr persönliche Erinnerungsstücke
- vereinzelte Klamotten aus der eigenen Jugend

- Bücher, LPs, CDs mit Widmungen und all jene, an die besondere Erinnerungen geknüpft sind
- überaus gelungene Kunstwerke (auch eigene, von den Kindern oder dem Lebensgefährten)
- Lieblingsspielzeug (eigenes, der Kinder, oder des Lebensgefährten)

Zwischen allen Kategorien schweben herum:
- irgendwie Persönliches
- durchschnittlich gelungene Kunstwerke (auch eigene, von den Kindern oder dem Lebensgefährten)
- gelegentlich verwendetes Spielzeug (eigenes, der Kinder oder des Lebensgefährten)
- drei Meter «Kursbuch» oder zweieinhalb Meter «Der Rabe»

Unter Umständen verzichtbar erscheinen mir:
- Zeug
- häßliche Klamotten, an denen keine persönlichen Erinnerungen hängen
- schlechte Bücher, LPs, CDs ohne Widmungen und ohne persönliche Bedeutung
- alte Laufschuhe
- Altglas
- alte Zeitungen, die nachweislich auf archivierenswerte Artikel durchgeforstet wurden

Machen Sie sich das Weggeben von Dingen einfacher, indem Sie sich vom Bild des Mülleimers lösen und durch das freundlicherer Anlaufstationen ersetzen. Das Entsetzliche am Wegwerfen ist ja die Vorstellung, daß wir unsere jahrelang getragene, innig geliebte, mittlerweile aber völlig zerschlissene Hose in den Mülleimer werfen sollen zu den verschimmelten Zitronen, den Kippen und den Kaffeefiltern. Aua! Aaaaaua! Wie kann man nur solch grausame Dinge von uns verlangen? Deutlich leichter fällt uns eine Trennung hingegen, wenn wir das Gefühl haben, mit unserer Aktion jemandem zu helfen, dem es nicht so gut geht wie uns. Solcherart wandelt sich der Grundcharakter unseres Tuns, und aus dem schmerzvollen Ausmisten wird eine karitative Tätigkeit. Sollten Sie also Dinge loswerden wollen, die noch brauchbar und gut in Schuß sind, können Sie sie zu einer sozialen Einrichtung bringen oder zu einem gemeinnützigen Laden wie Oxfam. Wenn Sie sich einen interessanten Nachmittag machen wollen und den Abschiedsschmerz ertragen können, setzen Sie sich mit Ihren Sachen auf einen Flohmarkt oder bieten Sie sie bei einem Internet-Auktionshaus an. In einigen Wohnhäusern hat sich auch eingebürgert, Bücher und CDs, die man nicht mehr braucht, auf ein Fensterbrett im Flur zu legen – achten Sie aber darauf, mehr loszuwerden als mitzunehmen.

Heben Sie ein wenig von den Dingen auf, von denen Sie sich trennen wollen. Es ist die Aussicht, die geliebten Dinge nie mehr wiederzusehen, die uns das Herz zuschnürt. Dem kann abgeholfen werden. Wozu wurde die Digitalkamera erfunden? Der Scanner? Die Videokamera? Eben. Also gehen Sie hin, fotografieren, scannen oder filmen Sie, was Sie weggeben möchten. Und speichern Sie die entsprechenden Daten an einem sicheren Ort. Sie werden die Ergebnisse höchstwahrscheinlich nie mehr ansehen, aber das Gefühl, es jederzeit tun zu können, wenn Sie nur wollten, ist Gold wert. Dieses Vorgehen empfiehlt sich vor allem bei ideell sehr wertvollen Dingen wie Kinderzeichnungen oder -basteleien. Sie sind rührend anzusehen, meist persönliche Geschenke, sie dokumentieren die intellektuelle und künstlerische Entfaltung Ihrer Liebsten, und sie sind später Gegenstand gemeinsamer Erinnerungen. Und doch paßt irgendwann in die Schubladen mit den Kinderzeichnungen nichts mehr rein.

Einer der ersten, die gezeigt haben, wie wunderbar sich das eigene Leben platzsparend digitalisieren läßt, ist der Schriftsteller Joseph von Westphalen. Er hat im Jahr 1996 eine (mittlerweile leider vergriffene) CD-ROM namens «Mein Kosmos» herausgebracht, auf die er Unmengen von Dokumenten, Soundfiles und Bildmaterial gespeichert hat, die man interaktiv durchwandern kann. Wer Dinge wie Theatertickets, beschriebene Bierdeckel oder Papiertüten amerikanischer Supermärkte aufhebt, um sein Leben zu dokumentieren, aber wegen Platzproblemen damit aufhören will, für den könnte ein solches digitales Tagebuch das Richtige sein.

Verabschieden Sie sich von den Dingen, an denen Ihr Herz hängt und die Sie dennoch wegwerfen wollen, müssen, sollen, ganz bewußt. Machen Sie mit dem Ausmisten Ernst, kommt unweigerlich der Moment, in dem Sie sich den damit verbundenen unangenehmen Gefühlen stellen müssen. Sie schmerzen. Da helfen leider weder Tips noch Tricks, noch kalte Wickel. Die einzige Möglichkeit, die Ihnen bleibt, besteht darin, die ganze Sache *bewußt* durchzuziehen, anstatt sie zu leugnen, zu unterdrücken oder kleinzureden. Wie das klappen kann? Dazu gibt es eine auf den ersten Blick etwas eigentümlich erscheinende

Empfehlung. Das Gute an ihr: Sie läßt sich schnell umsetzen, und sie wirkt (bei vielen Menschen). Dazu müssen Sie nichts anderes tun, als sich vor jenen Dingen aufzustellen, an denen Ihr Herz hängt, sich kurz vor ihnen zu verbeugen (oder worin Sie eben sonst einen angemessenen Abschiedsgruß sehen) und irgend etwas in der Art zu sagen wie: «Tschüs, ihr habt mir einiges gegeben, ich behalte es gerne und denke immer wieder dran. Und jetzt lasse ich euch los.» (Dieser Vorschlag ist eine Adaption eines der vielen hilfreichen Sätze, die sich in der Systemischen Familienaufstellung finden). Da es mir persönlich schwerfällt, mich zu trennen, habe ich es mir zur Angewohnheit gemacht, mich nicht nur von Dingen, sondern auch von Orten oder Wohnungen zu verabschieden. So gehe ich, bevor ich die Tür zu einer Wohnung zum letzten Mal schließe, noch einmal durch alle Räume, stelle mich dann im wichtigsten auf, verbeuge mich kurz und sage etwas, das so ähnlich klingt wie das oben Vorgeschlagene.

Versuchen Sie, sich die Wiederholung des ganzen Theaters zu ersparen. Nachdem Sie nun das Titanenwerk des Ausmistens und Wegwerfens hinter sich gebracht haben, sind Sie emotional ziemlich mitgenommen – auch wenn der Anblick Ihrer aufgeräumten Wohnung Sie für manches entschädigen mag. Doch Wegwerfen ist das eine. Den erreichten Zustand zu verteidigen, das andere. Um zu vermeiden, daß die eben gewonnene Freiheit von Zeug rasch wieder verlorengeht, empfiehlt es sich, die Nullsummen-Idee des Kolumnisten und Autors Harald Martenstein in Betracht zu ziehen. Er findet, daß wir eher Platz denn Zeug bräuchten, und empfiehlt daher einen einfachen Trick: Wer sich ein neues Buch, einen neuen

Toaster oder einen neuen Stuhl kaufen wolle, müsse dafür ein Buch, ein Elektrogerät oder einen Einrichtungsgegenstand hergeben. Auge um Auge sozusagen. Klingt gut. Und durchaus praktikabel. Ich habe freilich keine Ahnung, ob das nur so eine Idee von Martenstein ist oder die Essenz jahrelanger Erfahrung.

Manche Probleme entstehen bekanntlich dadurch, daß wir zu viel Zeit verstreichen lassen. Ja, ich weiß, es gibt gute Gründe für diese Strategie, aber hier könnten Sie eine Ausnahme machen. Am besten, Sie entscheiden immer gleich, ob Sie etwas aufbewahren oder wegwerfen wollen. Also nicht die Magazine in der Ecke stapeln, um später darin zu lesen oder was rauszureißen. Besser gleich blättern und wegwerfen. Wenn die Socken löchrig sind und klar ist, daß niemand sie stopfen wird, schmeißen Sie sie weg. Nicht sammeln. Sonst entsteht eine veritable Sammlung nicht gestopfter, traurig dreinschauender Strümpfe, die mieses Karma machen. Wer das nicht glaubt, kann sich gern meine Schublade entsprechender Fußbekleidung ansehen. Aber nur gegen Voranmeldung.

Den Sinn des Lebens finden

Wie Sie sich dieser Riesenfrage nähern können, ohne sich allzusehr einschüchtern zu lassen, warum wir uns überhaupt mit ihr beschäftigen sollten – und wie eine Antwort darauf lauten könnte, die selbstverständlich ebenso anfechtbar ist wie die 752 anderen in Umlauf befindlichen.

Wer einen Text schreibt, in dem es um den Sinn des Lebens geht, muß sich völlig zu Recht fragen lassen, ob er es nicht etwas billiger hat. Daher ist es wohl am besten, so schnell wie möglich ins Anekdotische auszuweichen. Dort geht es zwar mitunter auch ums Große und Ganze, aber wir dürfen zumindest mit einer Pointe rechnen, wie die folgende Geschichte zeigt. Sie stammt von dem Skispringer und Goldmedaillengewinner Toni Innauer; er war Mitglied jenes österreichischen Wunderteams, das in den siebziger und frühen achtziger Jahren das Skispringen neu erfand und sich dabei einer Reihe außergewöhnlicher Methoden bediente. Man entwickelte neue Skibeläge, neue Anzüge, stellte die Ernährung und das körperliche Training um und versuchte, die Sportler auch auf mentaler Ebene zu trainieren. Angestoßen und vorangetrieben wurde diese Revolution von dem legendären Trainer des Österreichischen Skiverbandes Baldur Preiml. Er war selbst ein recht erfolgreicher Skispringer gewesen und ist bis heute bekannt für seine humanistisch-schamanistische Weltsicht.

Preiml und Innauer saßen irgendwann gemeinsam in

einem Flugzeug, das sie von Helsinki nach Stockholm bringen sollte. Beide sind Vielflieger, und wer sie einmal erlebt hat, weiß, daß sie in sich ruhen und nicht zu unüberlegten Gefühlsäußerungen neigen. Dazu gab es zunächst auch nicht den geringsten Anlaß, der Flug verlief ruhig. Plötzlich aber kippte die Nase der Maschine schlagartig nach unten. Es ging mit einemmal derart senkrecht abwärts, daß Preiml und Innauer in ihren Gurten baumelten wie zwei zum Trocknen aufgehängte Handtücher. Helle Aufregung unter den Passagieren, alles schrie und kreischte, Tassen, Gläser und Zeitungen flogen herum. Auch Innauer brüllte aus Leibeskräften, denn er war überzeugt, die Maschine sei in ein Luftloch gefallen. Und wenn Menschen mit seinem Hintergrund etwas fürchten, dann *das*: «Strömungsabrisse lieben wir Skiflieger überhaupt nicht, weil das totalen Kontrollverlust bedeutet.»

Während also im Flugzeug ein heilloses Durcheinander herrscht und Innauer deshalb heute nicht mehr zu sagen weiß, ob es irgendwelche erklärenden Durchsagen der Piloten gegeben hat, hängt nur ein einziger Mensch vollkommen ruhig in seinem Gurt und läßt das Chaos mit stoischer Ruhe über sich ergehen: Baldur Preiml. Als Innauer sich trostsuchend an ihn wendet, hört er freilich Niederschmetterndes von seinem väterlichen Freund und Trainer: «Du, Toni, ich glaub, das war's jetzt!» Doch lange läßt er den verzweifelten Innauer nicht mit diesen Worten allein, im Gegenteil, er schaut ihn erneut an und fügt mit froher Miene hinzu: «Aber *auch* interessant!»*

* Genau genommen hat Preiml gesagt: «Du, Toni, i glaub, des woars jetzt», um dann zu ergänzen: «Oba a interessant!»

Da Innauer diese Geschichte später erzählen konnte, ist sie gut ausgegangen. Warum es zu dem Sturzflug kam, darüber klärte die beiden am nächsten Tag Gerhard Thaler auf, der Rennchef der Skifirma Fischer, der Schwedisch lesen kann. In einer lokalen Zeitung fand er die Notiz, daß «eine Maschine, aus Helsinki kommend, einen Triebwerkausfall hatte und der Pilot nur mit viel Geschick eine Bruchlandung verhindern konnte».

Seit ich diese Anekdote kenne, habe ich sie zigmal weitererzählt. Zum einen hat sie eine fabelhafte Pointe. Und zum anderen dient sie mir immer wieder als kleiner Trost: Offensichtlich gibt es Menschen, die den Blick für das Wesentliche selbst dann nicht verlieren, wenn es ans Eingemachte geht; und die dem Neuen in einer wunderbaren Mischung aus Neugierde und Ergebenheit begegnen, selbst dann, wenn ihnen bloß noch ein bis zwei Minuten bleiben, das Neue zu erfahren. Ich schließe daraus, daß Baldur Preiml auch eine Antwort auf die Frage geben könnte, die viele von uns beschäftigt: Worin liegt der Sinn des Lebens?

Nun werden manche Leser einwenden, schon die Frage nach dem Sinn des Lebens sei sinnlos, denn sie setze irrigerweise voraus, daß der Welt ein solcher innewohne und daß wir diesen entdecken könnten wie einen Schatz oder die Frage lösen wie ein vertracktes Sudoku. Die Annahme sei Quatsch, werden die Zweifler sagen – «frag mal einen Stein, welchen Sinn er hat». Schwerer als dieses Argument wiegt meines Erachtens der Einwand, daß allzuviel Nachdenken mitunter das Gemüt trübt. Während das Beharren auf einer sinnlosen Frage im schlimmsten Fall ebenso sinnlose wie harmlose Antworten produziert, kann uns die wiederholte und intensive Beschäftigung mit Grundfragen des Lebens gehörig ins Grübeln bringen – und Grübeln ist alles andere als harmlos: Wie neuere psychologische Studien ergeben haben, spielt es bei der Entstehung von Depressionen eine entscheidende Rolle. Im Mittelpunkt steht dabei eine schädliche «Grübelschleife», die dazu führt, daß die Betroffenen abstrakte Inhalte wälzen, sich stark auf die eigene Person konzentrieren und dasselbe Szenario immer wieder ergebnislos durchkauen, um es schließlich unerledigt hinunterzuschlucken. Mit dem klassischen Sich-Sorgen-Machen hat das nach Auffassung der Psychologen nicht viel zu tun; über konkrete, in der Zukunft liegende Probleme nachzudenken, sei zwar durchaus selbstquälerisch, aber letztlich normal.

Das Vertrackte am Grübeln ist, daß man auch gesunde Menschen leicht dazu verleiten kann; wie das gelingt, hat die Psychologin Annette van Randenborgh im Rahmen eines Versuchs gezeigt: «Dafür stellten wir die ganz großen Fragen: Denken Sie über Ihren Charakter nach. Vergleichen Sie sich mit Ihren Freunden. Warum sind Sie der Mensch geworden, der Sie sind?» Auch die Suche nach dem Sinn des Lebens hätte sich für das Experiment van Randenborghs ausgezeichnet geeignet, und wir können den Schluß ziehen: Denken wir beständig und überwiegend abstrakt über die «ganz großen Fragen» nach, laufen wir Gefahr, in Richtung Depression zu treiben. Vor diesem Hintergrund erscheint der Impuls, sich vor der grundsätzlichen Erörterung des Lebenssinns zu drücken und statt dessen ins Anekdotische zu flüchten, als nützliche Strategie, um einigermaßen bei Laune zu bleiben.

Ich umschreibe unsere Sinnfrage daher vorsichtshalber und nenne sie, in Anlehnung an das Synonym, das die Bewohner der Zauberwelt Harry Potters für den panisch gefürchteten Lord Voldemort gefunden haben, «Die Frage, die nicht genannt werden darf» (DFDNGWD) – und das Sinnprojekt «Das Projekt, das auch nicht genannt werden darf» (DPDANGWD).

Mit dem letzteren sind zwei Gruppen besonders intensiv befaßt: eine kleine geschlossene und eine große offene. Zur kleinen zähle ich die Grundlagenforscher, also die Philosophen, die Theologen, aber auch die Neurobiologen und die Astronomen. Sie erörtern DFDNGWD auf einem hohen, eher theoretischen Niveau, und von ihren Erkenntnissen dringt nur manchmal das eine oder andere Detail zu uns durch – wobei die Nachrichten meist wenig ermutigend sind. Oder habe ich die Schlagzeile «Endlich: Sinn des Lebens gefunden!» überlesen? Zur großen Gruppe zähle ich all jene Menschen, die gerade in irgendeiner Krise stecken, denn die stellen DFDNGWD besonders gern. Während wir, wenn wir glücklich sind, in unserem Tun aufgehen und wenig Anlaß sehen, nach Tiefgründigem zu forschen, animieren uns Probleme, ein paar Schritte zurückzutreten und DFDNGWD nachzugehen; Auslöser von Sinnkrisen sind klassischerweise schmerzliche Trennungen, der Verlust des Jobs, schwere Krankheiten oder die Entdeckung, daß wir eines Tages sterben werden.

Wer nun versucht, sich einen Überblick über den Diskussionsstand des PDANGWD zu verschaffen, wird schnell feststellen, daß die Angelegenheit einen professionellen Projektleiter gut gebrauchen könnte. Es herrscht nämlich ein großer, eindrucksvoller Wirrwarr, von dem sich erst mal nicht viel mehr sagen läßt, als daß er groß und eindrucksvoll ist. Statt allgemeinverbindlicher Aussagen bekommen wir ständig die widersprüchlichsten Status- und Zwischenberichte serviert, die von offensichtlichem Nonsens über esoterische Schwurbeleien bis hin zu ersten, noch unausgegorenen Arbeitshypothesen reichen.

Ein kurzer Blick zurück, in die Geschichte, verrät, daß die Frage nach dem Sinn uns Menschen erst seit relativ kurzer Zeit beschäftigt – was auch erklärt, warum das Projekt in einem derart chaotischen Zustand ist. Bis vor etwas mehr als zweihundert Jahren lebte die Menschheit mehr oder weniger in der (fraglosen) Überzeugung, alles habe seine Ordnung: Mit Gott beginne alles, mit Gott ende alles. Unsere Vorfahren sahen sich als sein Ebenbild, die Welt als sein Werk, und sie nahmen sich vor, ein gottgefälliges Leben zu führen; auch wenn sie sich nicht immer daran hielten, wußten sie doch genau, woran sie waren, wogegen sie gerade verstießen und wie viele Jahre Fegefeuer sie sich einhandelten (wer konnte, rechnete das gleich in Ablaßzahlungen um). Es war Aufgabe und Geschäft der Kirchen, die Geheimnisse des Glaubens allgemeinverständlich zu übersetzen, dessen innere Widersprüche auszubügeln, den Menschen klare Regeln an die Hand zu geben und sie an der kurzen Leine ihrer Dogmen zu halten. Mit einem Wort: Die Kirchen waren globalisierte Konzerne, lange bevor wir das Wort Globalisierung buchstabieren konnten, und sie stellten ein erfolgreiches Produkt her, das fast jeder dankend erwarb: den Sinn des Lebens. Gott mochte rätselhaft und unergründlich sein, aber daß es ihn gab, daran bestand kein Zweifel. Und damit erübrigte sich auch die explizite Frage nach dem Sinn der ganzen Veranstaltung hier auf Erden.

Seine einzigartige Stellung hat Gott bekanntlich eingebüßt. Vor allem im Westen, im alten Europa. Sein Abstieg begann mit der Aufklärung, und in der Folge war es eine Boygroup aus Philosophen, Naturforschern und Ärzten, die ihn entmachtete und damit DPDANGWD erst notwendig werden ließ. Während die Naturforscher nachwiesen, daß der Mensch nicht von Gott geschaffen wurde, sondern im Verlauf der Evolution entstand, versicherten andere, Gott sei wahlweise ein psychisches, ideologisches oder sprachliches Konstrukt, um die Sinnlosigkeit unserer Existenz erträglicher beziehungsweise die Menschen beherrschbar zu machen; und wieder andere, wie etwa der Neurobiologe Vilayanur Ramachandran, stellten gar fest, sie hätten Gott hinter unserem linken Ohr gefunden, er sei nichts weiter als das Resultat überbordender Gehirnaktivitäten – an besagter Stelle befinde sich nämlich ein Hirnareal, das uns, wenn es denn stark genug erregt sei, mit religiösen Gefühlen und Gottesvisionen überflute. Es gelang sogar, in ungläubigen Menschen religiöse Empfindungen auszulösen; dazu setzte man ihnen einen umgebauten Motorradhelm auf und feuerte elektromagnetische Signale auf die «Gottesregion» hinter dem linken Ohr.

Wie existentiell die Entmachtung Gottes und die intellektuelle Durchdringung der Welt die Zeitgenossen mitunter erschüttert haben, veranschaulichen einige Sätze des Malers Wassily Kandinsky. Angesichts der Thesen der Relativitätstheorie schrieb er Anfang des 20. Jahrhunderts: «Das Zerfallen des Atoms war in meiner Seele dem Zerfall der ganzen Welt gleich. Plötzlich fielen die dicksten Mauern. Alles wurde unsicher, wackelig und weich. Ich hätte mich nicht gewundert, wenn ein Stein vor mir in der Luft geschmolzen und unsichtbar geworden wäre.» Kandinsky bringt unsere Grundbefindlichkeit auf den Punkt. Seit der Aufklärung hat man den Menschen eine ganze Menge harscher Wahrheiten zugemutet, und kaum eine von ihnen mündete in dem Satz: «Alles in Ordnung, Kinder. Entspannt euch!» Vielmehr bombardierte man uns mit einer revolutionären Botschaft nach der anderen, die allesamt eines bedeuteten: «Ihr seid nicht das Salz der Erde, Leute, sondern Sandkörner im Getriebe des Universums!»

Seit diesem Generalangriff ist Gott erledigt, und mit ihm schwand auch die Gewißheit, der Welt und dem menschlichen Leben wohne ein höherer Zweck inne, den es bloß zu entdecken gelte. Aber noch eine zweite, mindestens ebenso weitreichende Überzeugung ist dahin: daß das irdische Leben nicht alles ist; daß es vielmehr im Jenseits weitergeht bis in alle Ewigkeit – idealerweise im Himmelreich, das nach früheren Vorstellungen sogar jene betreten durften, die zuerst im Fegefeuer gelandet waren; denn wie grimmig Er auch sein mochte, auf Seine Güte war letztlich immer Verlaß. Heute gehen die meisten von uns davon aus, daß das Leben mit der Geburt beginnt und mit dem Tod endet, wir also auf Erden ein kurzes, rund achtzig Jahre währendes Gastspiel geben. Unsere Vorfahren hingen da noch einer ganz anderen Vorstellung an: Als Gottes Kinder waren sie davon überzeugt, daß auf ihr irdisches Leben am Jüngsten Tag die Wiederauferstehung folge und sie schließlich ins ewige Himmelreich eingingen. Während wir Heutigen beim Gedanken an das Ende in ein schwarzes Loch starren, hatten unsere Vorfahren einen höchst verlockenden Ort vor Augen, sollten sie doch im Jenseits ihre Lieben wiedertreffen (und sich sogar mit jenen vertragen, mit denen sie sich im Diesseits gestritten hatten). Aus dieser Perspektive stellte das irdische Dasein bloß eine kurze Etappe des ewigen Lebens dar (viele glaubten gar, das Beste komme erst nach dem Tod).

Für uns hat sich die Erde inzwischen in einen Planeten unter vielen verwandelt, der manchmal schön sein kann, manchmal furchterregend, der aber vor allem eines ist: ohne jeden Sinn. Ein Zufallsprodukt vielleicht, aber sicher nicht das Erzeugnis eines freundlichen älteren Herrn, der uns seinen Sohn gesandt hat und ein paar Propheten. Unser Leben hat eine überschaubare Dimension angenommen, seine äußeren Eckpunkte wissen wir heute sehr genau zu bestimmen (unsicher bleibt einzig der Zeitpunkt unseres Todes, aber das wird sich wahrscheinlich noch ändern).

Nun können (und müssen) wir einwenden: Ja und? Wen stört das schon? Ist die neue Situation nicht ungleich erfreulicher als die alte? Keine vagen Versprechungen mehr, das jenseitige Himmelreich betreffend, das noch nie jemand gesehen hat, von dem noch nie jemand zurückgekehrt ist und von dem sich nicht sagen läßt, wie lange man noch darauf warten muß. Kein Gott mehr, der uns reinreden könnte, der uns eigenartige Vorschriften macht, der uns beobachtet, maßregelt und dazu zwingt, seinen kleinkarierten Ortsgruppen beizutreten! (Wobei wir gerechterweise sagen müssen, daß es vielmehr Gottes weltliche

Bezirksobleute und irdische Kirchenbegründer waren, die uns solcherart in die Pflicht genommen haben.)

An alledem ist zweifellos etwas dran: In einer Welt, die frei von unverrückbaren religiösen Bestimmungen ist (ich spreche, wie gesagt, vom Westen, vom alten Europa), die ihre eigenen Regeln besitzt, die kein inneres Sinnzentrum hat und die es uns daher offenläßt, sie zu interpretieren – in so einer Welt läßt es sich doch ganz wunderbar leben! Wir können sie nach *unseren* Vorstellungen einrichten, gebrauchen und verändern! Zumal uns die Entwicklungen der vergangenen zweihundert Jahre auf einigen Umwegen eine Freiheit beschert haben, die die meisten von uns zu schätzen wissen.

Eine entzauberte, aufs Funktionieren reduzierte, allen übergeordneten Sinnes beraubte Welt ruft zwangsläufig einige Fragen auf den Plan: Woher kommen wir? Wohin gehen wir? Und vor allem: Wozu das alles? Daß DFDNGWD in den gottlosen Gesellschaften auftaucht wie das Amen in der Kirche, läßt sich unterschiedlich begründen. Es gehört zu unseren angeborenen Überlebensstrategien, der Welt einen Sinn unterzuschieben und selbst dort Zusammenhänge zu konstruieren, wo keine bestehen; unser Gehirn kann gar nicht anders. So wie es die Aufgabe unseres Herzens ist, unbeirrbar zu schlagen, schreibt unser Gehirn allem und jedem einen Sinn zu oder versucht zumindest, einen solchen zutage zu fördern.

An einem rund fünfzig Jahre zurückliegenden Ereignis läßt sich das anschaulich demonstrieren. Damals war es ganz normal, mittels Elektroden am offenen Gehirn von Epilepsie-Kranken nach jenem Areal zu suchen, das für die Störung verantwortlich sein sollte. So hielt es auch der Neurochirurg Wilder Penfield. Als er bei einer seiner Untersuchungen am Patienten mit den Elektroden zufällig das Hirnareal stimulierte, das für die Steuerung eines Armes zuständig ist, bewegte der unwillkürlich seinen Arm. Auf die Frage des Chirurgen, warum er das getan habe, antwortete der Patient (der nicht wußte, was der Arzt in seinem Gehirn gerade angestellt hatte), er habe es so gewollt. Das heißt: Wir geben ganz offensichtlich auch jenen Ereignissen einen plausiblen Sinn, die wir für vollkommen rätselhaft halten müßten.

Eine andere, von Wissenschaftlern vertretene These lautet, die Kategorie des Sinns sei der menschlichen Fähigkeit zur Sprache und Kommunikation geschuldet. Wer sich mit anderen unterhalten könne, produziere zwangsläufig Sinn. Kein Wunder also, daß wir Menschen der Suche auch im säkularen Zeitalter nicht entkommen können. Während die einen den Weltreligionen treu bleiben, basteln sich andere – in der Überzeugung, unsere Existenz sei vollkommen sinnlos – einen neuen Sinn zusammen. Wieder andere schließen sich esoterischen Gruppen an. Fast hat man den Eindruck, daß es mittlerweile für jede Überzeugung eine passende «Religion» gibt – wie sonst ist es zu erklären, daß rund zwölftausend Deutsche einer Gruppe angehören, die allen Ernstes glaubt, in uns stecke ein unsterbliches Wesen namens Thetan? Diese Supertypen seien vor 75 Millionen Jahren von einem bösen Diktator namens Xenu aus dessen galaktischer Föderation verschleppt, dann traumatisiert und schließlich auf der Erde ausgesetzt worden, um hier als körperlose Cluster den Menschen an den Hacken zu kleben. Es kann freilich sein, daß ich die Lehre nicht genau verstanden habe, denn ich habe keine einzige der acht Operating-Thetan-Stufen durchlaufen, nach deren Abschluß man, so die Anhänger dieser «Religion», an nichts Irdisches mehr gebunden sei und alles wisse. Dieses verstörende Science-fiction-Märchen ist übrigens unter dem Namen «Scientology» bekannt geworden und kann einige wichtige Hollywoodschauspieler zu seinen Thetan-Dingenskirchen-Xenussen zählen, unter anderen Tom Cruise und John Travolta.

Doch selbst seriöse Religionsgemeinschaften, die humanistisch, plausibel und karitativ agieren, vermögen es nicht, jenen Zustand der Fraglosigkeit wiederherzustellen, aus dem wir gefallen sind; ganz zu schweigen von der Rückeroberung jener (spirituellen) Macht, die die Kirche früher einmal innehatte. Damit ist es für immer vorbei. Wie weit wir auch reisen, in welche Höhen oder Tiefen göttlicher Weisheit wir auch vorstoßen – wir werden immer wieder bei uns selbst landen, denn die Welt ist verstummt. Im Rauschen der Bäume hören wir nur mehr den Wind (und nicht mehr das Flüstern Gottes), und in den springenden Quellen erkennen wir bloß eine kostbare weltliche Ressource (und nicht das Symbol ewigen Lebens). Es ist unser Wunsch, einen Sinn zu entdecken, und angesichts der entzauberten Welt bleiben wir die einzige Instanz, ihn zu definieren und zu beglaubigen. So angenehm dieser Zustand selbstbestimmten Handelns auch sein mag, in unserer Autonomie schauen wir bisweilen ein wenig ärmlich und traurig aus der Wäsche.

Während das Verschwinden Gottes DFDNGWD aufwirft, führt der Verlust des Jenseits zu Streß. Uns Heutigen bleiben gerade mal achtzig Jahre; gemessen an unseren weitreichenden Plänen, Phantasien und Erwartungen ist das ziemlich wenig. Deshalb müssen wir uns auch beeilen, diese Wirklichkeit werden zu lassen: Was wir bis zu unserem Tod nicht hinbekommen haben, wird unerledigt liegenbleiben (ob das nun unseren Job, unser Vergnügen, unsere Mitmenschen oder das PDANGWD betrifft). Doch bevor ich allzusehr ins Grübeln gerate (und damit auch Ihre Gesundheit gefährde), möchte ich mich einer ebenso erwartbaren wie pragmatischen Frage zuwenden: «Was nun?» – nicht ohne einen kurzen Brief vorauszuschicken:

Liebe Leserin, lieber Leser!

Sollten Sie (trotz meines Vorspanns) erwartet haben, in diesem Kapitel ein paar zwingende Antworten auf die Sinn- und Lebensfrage serviert zu bekommen, muß ich Sie enttäuschen. Das klappt nicht, leider! Sie können versichert sein, daß ich das ebenso bedauere wie Sie. Es dennoch zu versuchen, indem ich Ihnen Merksätze wie «Achten Sie auf den Augenblick!» oder «Betrachten Sie das Licht am Ende des Meditationstunnels!» zuraune, wäre ebenso trivial wie peinlich, und Sie würden mir zu Recht spitzlippige E-Mails an die Adresse ca@ankowitsch.de schicken und darin anmerken, die Passage auf Seite sowieso in Zeile xy sei Quark und ich hätte mir das ruhig sparen können, weil so etwas in jedem Esoterikratgeber zu finden sei.

Der Grund für das Fehlen einer zwingenden Formel ist schnell genannt: Wir können uns die Frage nach dem Sinn im wesentlichen nur selbst beantworten; auf welche

Einschränkung dieses «im wesentlichen» verweist, davon gleich mehr unter «Option zwei».

In diesem Sinne beste Grüße,
Ihr Dr. Ankowitsch

Option eins: Nähern Sie sich der großen Frage, die nicht genannt werden darf, mit einer angemessenen Portion Humor. Wie bereits im Kapitel über das Coolsein gezeigt, kann es hilfreich sein, zu existentiellen, emotionsbesetzten Themen Distanz zu wahren; so behalten Sie einen gewissen Überblick und vermeiden, in die «Grübelschleife» zu geraten. Damit wir uns richtig verstehen: Sich einer Frage wie der nach dem Sinn des Lebens mittels Pointen und Anekdoten zu nähern, bedeutet keineswegs, sie nicht ernst zu nehmen. Vielmehr ermöglicht uns der Humor, wie Sigmund Freud meinte, schwierigen Themen auf Augenhöhe zu begegnen und uns nicht von ihnen unterkriegen zu lassen. Für nichts anderes will ich plädieren. Die Sinnfrage hat genügend Substanz, um humoristische Anfechtungen zu überstehen. Und wenn nicht, dann handelt es sich tatsächlich um eine sinnlose Frage! Unter diesem Aspekt könnten wir im Grunde alle großen Fragen dem Humortest unterziehen, wie Automobile dem als «Elch-Test» berühmt gewordenen Schleuderversuch unterzogen werden. Hält die Frage dem nicht stand, können wir sie beruhigt ad acta legen.

Wie die vorgeschlagene Strategie aussehen könnte, läßt sich an einem Beispiel aus dem sozialen Netzwerk Facebook zeigen. Dort notierte Freund Walter G. am 19. März 2009 um 1:25 Uhr MEZ in seiner Statuszeile, er habe «den

Sinn des Lebens gefunden. Er hatte sich in einer halbleeren Senftube hinten im Kühlschrank versteckt.» Nun muß man wissen, daß die Statuszeile von Facebook dem Zweck dient, den eigenen Freunden zu sagen, was man gerade so macht oder denkt. Und auf diese Nachricht hatten offensichtlich viele gewartet, denn in der Folge entwickelte sich eine angeregte Unterhaltung darüber, wie mit der sensationellen Entdeckung umzugehen sei. Einer riet Walter G., den Rest der Tube auszudrücken, eine andere wollte wissen, ob dieser Rest süß oder scharf gewesen sei, wieder andere reklamierten die Tube aufgeregt für sich, sie hätten sie da hingelegt, während die eher analytischen Köpfe einwandten, es müsse ein pessimistischer Sinn sein, denn sonst wäre die Senftube halb voll gewesen (und nicht halb leer).

Der Schriftsteller Douglas Adams siedelte die Sinnfragen etwas höher an, indem er sie zum Gegenstand seines legendären Romans «Per Anhalter durch die Galaxis» machte. Darin erzählt er folgende Geschichte: Außerirdische wollen wissen, wie die Antwort auf die Frage nach dem Leben, dem Universum und dem ganzen Rest lautet. Zu diesem Zweck füttern sie einen Computer namens «Deep Thought» mit allen erdenklichen Informationen, der sich umgehend an die Arbeit macht. Exakt 7,5 Millionen Jahre später spuckt er die Antwort aus. Sie lautet «42». Der Computer verbindet seine etwas zu präzise Antwort mit der Empfehlung, man möge sich umgehend auf die Suche nach der Frage machen, die zu seiner Antwort passe, damit all das einen Sinn ergebe. Eine Anregung, der die Außerirdischen umgehend folgen. Sie bauen also einen noch größeren Computer – und zwar die Erde, die von uns Menschen in Unkenntnis ihrer wahren Bestimmung bevölkert wird. Als diesem Supercomputer nach fast genau zehn Millionen Jahren Rechenzeit noch exakt fünf Minuten für die Antwort (also die richtige Frage zur bereits existierenden Antwort) fehlen, wird er in die Luft gesprengt. Und zwar von einem außerirdischen Bautrupp der Vogonen, dessen Aufgabe es ist, Platz zu schaffen für eine Hyperraum-Umgehungsstraße; leider stand ihr die gute, alte Erde im Weg.

Die radikalste Variante von Option eins besteht darin, sich einer nicht ganz ernst gemeinten Religionsgemeinschaft anzuschließen – nur geistig selbstverständlich und auch das nur für kurze Zeit. Hintergrund meiner Anregung ist die Vermutung, daß wir durch den Umgang mit so einer Gemeinschaft zweierlei auf einen Schlag erledigen: Zum einen können wir uns für den Nonsens, der den zeitgenössischen Sekten anhaftet, sensibilisieren; zum anderen Gelegenheit finden, ein paar ganz große Fragen schon mal in sicherem Abstand zu umkreisen. Recht gut geeignet für diesen Versuch erscheint mir der Tarvuismus. Diese Spaßreligion wurde von den beiden erfolgreich im Comedy-Gewerbe arbeitenden Briten Robert Popper und Peter Serafinowicz gegründet. Auf ihrer Homepage www.tarvu.com kann man Filmchen sehen, in denen Anhänger des Tarvuismus davon schwärmen, wie einfach es sei, dieser Religion beizutreten. Sobald sie erklären sollen, worin der Tarvuismus denn eigentlich bestehe, reproduzieren sie jene vielsagend-unsinnigen Glaubenssätze, die wir von zeitgenössischen Sekten kennen: «Tarvuismus ist alles und nichts. Er ist, und er ist nicht!» Es gibt bloß einen einzigen Punkt, den die Gläubigen konkret ausführen: Wer dieser Religion beitrete, lerne, «wie man mit einem Oktopus spricht». Die Sprecher ahnen freilich, daß «das ganze Oktopus-Ding» ein wenig irritierend auf Uneingeweihte wirken kann und beteuern deshalb: «Die Sache betrifft aber nicht mal ein Prozent von einem Prozent von einem Prozent des Tarvuismus.» Womit auch das geklärt wäre.

Option zwei: Versuchen Sie, den Sinn nicht als (übergroße) philosophische Frage zu behandeln, sondern als eine, die sich während Ihres alltäglichen Tuns beantwortet. Zu diesem Schluß kommt auch Terry Eagleton in seinem überaus lesenswerten Buch «Der Sinn des Lebens» («The Meaning of Life») – ein Titel, der sicher nicht ohne Grund gewählt ist, erinnert er doch an den berühmten Film der britischen Komikergruppe Monty Python. Eagleton wendet sich gegen die weitverbreitete These, der Sinn des Lebens sei ausschließlich von uns und unseren subjektiven Interpretationen abhängig, und behauptet vielmehr, daß die Welt sich diese Anmaßung verbitte und ein gewichtiges Wörtchen beim PDANGWD mitzureden habe. Zwar würde der Mensch die Welt unentwegt mit Fragen nach ihrem tieferen Sinn bombardieren und entsprechende Thesen formulieren, sie sei aber mehr als bloß eine Leinwand für unsere Projektionen. «Sie geht über unsere Interpretationen hinaus und ist durchaus imstande, diesen Interpretationen den Mittelfinger zu zeigen oder sie gründlich zu zerpflücken.» Eine, wie ich finde, überaus tröstliche Aussicht, denn so gesehen müssen wir den Job, den Sinn des Lebens zu finden, nicht ganz allein erledigen. Wir haben vielmehr ein Gegenüber, das uns in die Schranken weist und damit aus dem unbequemen Zustand der absoluten Autonomie erlöst. Eagleton kleidet diese positive Nachricht in die Formulierung: «Aus dieser Erkenntnis erwächst eine gewisse Demut.» Ja, zweifellos – und die Demut läßt uns auf ein menschliches Maß schrumpfen, womit ich wieder auf der Ebene des Durchwurstelns wäre.

Zur Welt, die durchaus imstande sei, unseren Interpretationen «den Mittelfinger zu zeigen», zählt Eagleton übrigens nicht nur die Natur, sondern auch unseren eigenen Körper, die anderen Menschen und den Tod – womit wir uns mit großen Schritten einer Antwort nähern. Wer den Sinn des Lebens erfassen wolle, müsse die Eigenheiten und die Dynamik dieser Welt mitdenken und sie respektieren, schreibt Eagleton, um am Ende seines Traktats zu der Erkenntnis zu gelangen: Der Sinn des Lebens sei «eine bestimmte Art zu leben. Er ist nicht metaphysisch, sondern ethisch. Er ist nichts vom Leben Losgelöstes, sondern das, was das Leben lebenswert macht – das heißt eine bestimmte Qualität, Tiefe, Fülle und Intensität des Lebens.» Damit erklärt Eagleton alle Bemühungen, auf die Frage nach dem Sinn des Lebens eine große, respekteinflößende Antwort wie «42» zu finden, für sinnlos; Sinn gehöre nicht zu den Dingen, «die eine Antwort auf eine philosophisch sinnvolle Frage sein können». Vielmehr möge man die Frage den Wissenden dieser Welt aus den Händen nehmen und sie «zurück in das Routinegeschäft des alltäglichen Lebens» stellen, um sich dort immer wieder von neuem mit ihr zu beschäftigen.

Am Ende wird Eagleton konkreter und macht verschiedene «Kandidaten für den Sinn des Lebens» aus, unter ihnen das Begehren, die Beziehung zu anderen Menschen und die Lust; seine Favoriten sind aber eindeutig das Glück und vor allem die Liebe im Sinne von Nächstenliebe, wobei er in diesem Zusammenhang den griechischen Begriff «agapé» bevorzugt, wie ihn auch die christliche Ethik verwendet. Sie ermögliche uns, zwei zentrale Elemente miteinander zu versöhnen: unsere Individualität und unser soziales Wesen. Was ja nicht weniger heißt, als daß wir einerseits beständig nach Selbstverwirklichung streben, nach persönlicher Erfüllung und danach, das schönste Auto zu fahren oder das imposanteste Haus zu bauen; und daß wir andererseits auf das Zusammenleben mit den anderen angewiesen sind, auf unsere Lebensgefährten, unsere Arbeitskollegen und Kinder, bis hin zu den Typen, die uns das imposanteste Haus der Stadt bauen. Die Liebe weise uns den Weg, wie wir das Streben nach einem erfüllten Leben mit dem Umstand in Einklang bringen, daß wir Wesen sind, die mit anderen zusammenleben müssen, die also Verantwortung für sie und die Welt tragen. Durch tätige Nächstenliebe, so Eagleton, schafften wir jenen Raum für den anderen, «in dem er sich entfalten kann, während er dasselbe für uns tut». Wer liebe, der respektiere einerseits die eigenen Wünsche und Bedürfnisse, andererseits aber auch die der anderen.

Laut Eagleton sollten wir uns «als Bild für ein gutes Leben» eine Jazzband vorstellen, in der sich einzelne verwirklichen, gleichzeitig aber aufeinander Rücksicht nehmen zum Wohl des Ganzen, das aus einem beglückenden Musikstück bestehe. Daraus ergibt sich die naheliegende Frage, ob denn der Sinn des Lebens Jazz sei: «Nicht ganz», meint Eagleton. «Ziel wäre es, diese Art von Gemeinschaft in größerem Maßstab zu schaffen, und das ist eine Aufgabe der Politik.» Auch er weiß, daß die Hoffnung, aus Deutschland, Österreich oder der Schweiz eine Art Riesenjazzband zu machen, utopisch ist, beharrt aber darauf: «Was wir brauchen, ist eine vollkommen zweckfreie Lebensweise, wie ja auch die Jazzmusik zweckfrei ist. Statt einem nützlichen praktischen oder einem ernsten metaphysischen Zweck zu dienen, ist sie an sich lustvoll. Sie bedarf keiner Rechtfertigung, die über ihr bloßes Dasein hinausginge.»

Eine Antwort, die wir noch ein wenig nachklingen lassen könnten, wie einen besonders gelungenen Popsong. Denn wenn es einen Einwand gegen Eagleton gibt, dann den, daß Jazz nicht jedermanns Sache ist.

Alles richtig machen wollen

Warum Ihre Fehler oft gar keine sind, sondern vielmehr Kompetenzen, die Sie bloß in einem ungeeigneten Moment anwenden; warum Sie auf echten Fehlern nicht herumharfen sollten – und wie Sie zu dieser Sicht der Dinge kommen können, ohne jeden Quatsch als Erfolg zu feiern.

Im Laufe unseres Lebens häufen wir Erfahrungen an, die zu Alltagswissen werden. Wir tun etwas, unsere Psyche bewertet den Erfolg und zieht ihre Lehren daraus. Auf diesem Wege will sie sich ersparen, jedesmal von neuem zu entscheiden, was richtig ist und was falsch. Es vergeht kaum eine Minute, in der wir nicht dazulernen. Als Kleinkind beginnen wir mit dem Erwerb von Erfahrungen, und im Laufe unseres Lebens vergessen wir fast nichts davon. Dabei macht es keinen Unterschied, ob wir uns gewisse Erkenntnisse nur eingebildet haben oder ob sie den Tatsachen entsprechen: Erfahrung ist Erfahrung.

Mit der einen oder anderen kleinen Einschränkung müssen wir freilich leben. So verfügen wir Menschen leider nur über beschränkte Ressourcen. Unser Gehirn zum Beispiel mag zwar groß sein, aber es ist nicht grenzenlos belastbar; unsere Nerven mögen zwar stark sein, aber sie sind keine Drahtseile; unsere Psyche ist zwar flexibel, aber nur in bestimmten Grenzen. Daher versucht unsere Psyche, den Betriebsaufwand möglichst geringzuhalten: Sie neigt dazu, aus einzelnen Erfahrungen eherne Gesetze abzuleiten, anstatt mühevolle, langjährige Feldstudien zu betreiben. Das ist einerseits sinnvoll, denn wir müssen nicht zwanzigmal ins offene Feuer fassen, um zu verstehen, daß wir uns daran die Finger verbrennen. Doch dieser Hang zur Effizienz hat auch seine negativen Seiten. So ist es durchaus denkbar, daß wir uns immer, wenn wir ernstgenommen werden wollen, auf den Kopf stellen und die Landeshymne Transsylvaniens intonieren – und zwar nur, weil diese Strategie ein einziges Mal erfolgreich gewesen ist und unsere Psyche daraus geschlossen hat, das sei der Königsweg zur Kommunikation.

Unsere Psyche beharrt mitunter so nachdrücklich darauf, den erworbenen Erfahrungen treu zu bleiben, daß sie uns dazu bringt, die Realität dementsprechend zurechtzubiegen – und Situationen zu schaffen, die zu unseren Erfahrungen passen. Wer also ohne jede Liebe aufgewachsen ist, der wird in seinem späteren Leben mitunter die Nähe zu Menschen suchen, die ähnlich lieblos zu ihm sind wie seine Eltern (und sie heiß und innig lieben, weil sie ihm die Möglichkeit geben, seine Kompetenzen auszuspielen) – oder er wird so lange an den liebevollsten Menschen herumkritteln, bis sie sich in lieblose Monster verwandeln, mit denen er umzugehen weiß.

Für die Angewohnheit, unseren (bisweilen unpassenden) Kompetenzen treu zu bleiben, statt sie zu verändern, gibt es mehrere Gründe. Es ist einfacher, ein bewährtes Programm abzuspulen, als neue Verhaltensweisen einzuüben; dazu müßte man das Erlernte in den Wind schlagen, nach Anhaltspunkten für neue Strategien suchen und diese anzuwenden lernen – all das ist anstrengend. Ein anderer Grund fürs Weitermachen, der freilich mit dem erstgenannten zusammenhängt, lautet: Standardsituationen kennen wir und unsere Reaktionen auf sie ebenfalls. Also: «Da ist wer lieblos? Kein Problem! Zeig ihm die kalte Schulter, und schon ist die Sache vorbei.» Weniger gut als auf solch schroffe Abfuhren verstehen sich die meisten Menschen auf Liebe, Respekt und die Kunst des Engtanzens. Was unbekannt ist, das macht uns – Angst! Und dieser Angst gehen wir gerne aus dem Weg. So kommt es zu der eigenartigen Situation, daß uns das vertraute Jammertal lebenswerter erscheint als das Paradies. Es ist kein verkappter Masochismus, der uns so handeln läßt, sondern unsere Psyche, die es gut mit uns meint: Sie versucht beharrlich, uns vor dem Schlimmsten zu bewahren, indem sie uns über ausgetretene Pfade lenkt, selbst wenn gleich nebenan Milch, Honig und sechzehn Jahre alter Whisky fließen.

Weil unser Gehirn nach denselben Grundprinzipien agiert, tut es zwar alles, um uns gut durchs Leben zu bringen, achtet aber zugleich penibel darauf, sich nur wenig anzustrengen – was unter energetischen Gesichtspunkten gesehen sinnvoll ist, verbraucht es doch rund 20 Prozent unserer Energie, obwohl es bloß 2 Prozent des Körpergewichts ausmacht. Überspitzt formuliert könnten wir sagen: Wahre Intelligenz zeigt sich in möglichst geringer Gehirnaktivität. Wer wenig denkt, ist doppelt klug. Dieser permanente Energiesparmodus führt dazu, daß sich unser Gehirn Methoden der Weltaneignung bedient, die – angesichts der Komplexität der Welt – als minimalistisch, wenn nicht grob vereinfachend gelten müssen.

Um die Behauptung zu überprüfen, brauchen Sie sich nicht einmal zu bewegen. Heben Sie bloß Ihren Blick ein wenig von diesem Buch und betrachten Sie Ihre nächste Umgebung. Und, was sehen Sie? So Sie nicht in einer weißen, leeren Schachtel sitzen, werden Sie feststellen, daß Ihre Umgebung reich an Gegenständen und Geschehnissen ist. Dazu kommen die Geräusche draußen auf der Straße, die Gedanken, die Ihnen durch den Kopf gehen, und die restlichen 167 parallel stattfindenden Dinge in Ihrem Leben. Wer also genauer hinschaut, wird feststellen, daß die Welt voller Details ist – Details, die etwas bedeuten, die eine Geschichte haben und die jederzeit mit anderen Details in Verbindung treten können. «Wahnsinn! Aufhören!» schreit unser Gehirn – und schaltet ab. Es versucht erst gar nicht, alles zu würdigen, sondern beschränkt seine Arbeit auf das gerade Wesentliche. Zum Beispiel darauf, diesen meinen Gedanken nachzuvollziehen und gegebenenfalls zu verwerfen – während es den überwiegenden Teil der Welt ganz einfach ausblendet. Das heißt: Wir sind nur dann in der Lage, gut durchs Leben zu kommen, wenn wir radikal vereinfachen: uns ein falsches, zumindest aber unzulängliches Bild machen, diesen Fehler für die Wirklichkeit halten und uns mit ihm beschäftigen.

Wie radikal unser Gehirn mitunter vorgeht, veranschaulicht ein Experiment aus dem Jahr 1999: Damals zeigten die Psychologen Daniel Simons und Christopher Chabris einer Reihe von Versuchspersonen ein kleines Video, in dem zwei Teams (à drei Personen, die einen in weißen T-Shirts, die anderen in schwarzen) zu sehen sind, die einander zwei Basketbälle zuwerfen. Die Forscher verlangten von ihren Probanden nichts anderes, als mitzuzählen, wie oft die Mitglieder des weißen Teams erfolgreich den Ball abspielten. Brav, wie sie waren, taten die

Testpersonen das. Eins, zwei, drei ... stop! Wer den Versuch nachvollziehen will, sollte an dieser Stelle die Lektüre unterbrechen und sich den Film im Internet ansehen: http://viscog.beckman.illinois.edu/flashmovie/15.php. Anschließend lesen wir uns wieder. Viel Spaß!

Am Ende fragten die Forscher die Probanden nach der Anzahl der Ballkontakte und ob ihnen darüber hinaus noch etwas aufgefallen sei. Weit über die Hälfte der Befragten nannte das Zählergebnis und gab zu Protokoll, weiter nichts Nennenswertes beobachtet zu haben. Als man ihnen den Film jedoch erneut vorspielte, diesmal ganz ohne ablenkenden Zählauftrag, mußten sie zu ihrer Überraschung feststellen, daß ein als Gorilla verkleideter Schauspieler durchs Bild gegangen war; er war sogar stehengeblieben und hatte sich kurz auf die Brust getrommelt. So macht sich unser Gehirn mitunter zum Affen, weil es seine Aufgabe ernstnimmt und darüber den Rest der Welt vergißt.

Ähnlich radikal verfährt unser Gehirn auch im gegenteiligen Fall: Fehlen ihm Informationen, ergänzt es diese einfach. Erweist sich beispielsweise unsere Erinnerung an ein Ereignis als lückenhaft, baut das Gehirn Versatzstücke aus anderen Zusammenhängen ein – und geht dabei nicht selten so weit, die Erzählungen anderer Menschen zu plündern (was dazu führt, daß wir uns an fremde Erlebnisse erinnern, als wären sie unsere eigenen; Richter und Anwälte wissen ein Lied davon zu singen). Wann immer sich die Vergangenheit als Kette zusammenhangloser Ereignisse darstellt, konstruiert das Gehirn einen Sinn, um eine logische Ordnung, ein System in die regellose Abfolge zu bringen. Und noch eine folgenschwere Eigenart pflegt unser Gehirn: Glaubt es, über genügend Basisdaten zu verfügen, reimt es sich den Rest einer Handlungskette auf der Grundlage von Erfahrungswissen selbst zusammen. Nimmt also jemand einen Ball in die Hand und holt zum Wurf aus, schließt unser Gehirn daraus, der Ball werde gleich wegfliegen. Und in den allermeisten Fällen wird das auch geschehen. Außer, wenn Zauberkünstler auftreten, die sich diese Eigenart unseres Gehirns zunutze machen, um uns auszutricksen: Lassen sie nämlich beim Ausholen unauffällig den Ball fallen und tun nur so, als würden sie ihn werfen, werden wir ihn fliegen sehen. Warum? Weil unser Gehirn sich nicht vom Logischen abbringen lassen will, es muß um jeden Preis das geschehen, womit es gerechnet hat.

Unser Gehirn biegt sich also die Realität zurecht, um sie besser bewältigen zu können – mit allen Vor- und Nachteilen, die so ein selbstherrlicher Umgang, solch manipulative Kreativität mit sich bringt. Einige Beispiele:

- Um vor komplexen Problemen nicht kapitulieren zu müssen und zügig zu einem Ergebnis zu kommen, entscheidet unser Gehirn gern anhand dominanter Signale und weniger Gründe und verkauft uns das anschließend als «Bauchgefühl».
- Um unsere Geldangelegenheiten überschaubarer zu machen, legt unser Gehirn mentale Konten an. Das bedeutet: Es verwaltet etwa die Ausgaben und Einnahmen für den täglichen Kleinkram streng getrennt von den Rücklagen fürs Alter – und bewertet die Bewegungen auf diesen Konten unterschiedlich. Diese «mental accounting» genannte Eigenart führt dazu, daß wir hohe

Überziehungszinsen für das Girokonto bezahlen, die niedriger verzinsten Rücklagen fürs Alter aber unberührt lassen, weil das ja «für später» ist (anstatt das niedrig verzinste Kapital zur Tilgung der teuren Schulden zu verwenden).

- Um den Preis für eine Ware festzulegen, orientiert sich unser Gehirn an Zahlen, genauer gesagt: an der *ersten* Zahl, die auftaucht. Die dient in der Folge als sogenannter Anker. Gehen wir beispielsweise auf den Flohmarkt und fragen nach dem poppigen Siebziger-Jahre-Hemd und der Verkäufer sagt «Fünfzig Euro», werden wir den schließlich herausgehandelten Preis von fünfzehn Euro als niedrig einstufen (wir haben ja fünfunddreißig Euro «gespart»). Auf die Idee, daß das Hemd vielleicht bloß fünf Euro wert ist, kommen wir in der Regel nicht. Auf dem Flohmarkt bestimmt derjenige den Rahmen der Verhandlungen, der als erster eine Summe nennt. Und nicht nur dort.
  Wie wirkungsvoll diese «Anker» sein können, veranschaulicht der Umstand, daß Versuchspersonen in einem Restaurant namens «Studio 97» deutlich mehr Geld ausgeben würden als in einem, das «Studio 17» heißt – obwohl beide identisch eingerichtet sind und das gleiche servieren. Das jedenfalls fanden Clayton Critcher und Thomas Gilovich in ihrer Studie «Incidental Environmental Anchors» heraus. Es genügt, daß wir die Zahl 97 hören, und schon verwandeln wir uns in großzügigere Menschen.
- Und schließlich ist da noch ein folgenschwerer Mechanismus, dessen sich unsere Psyche und unser Gehirn bedienen: Weil die bewußte Verarbeitung von Sinnes-

> eindrücken, Gefühlen, Gedanken, Erfahrungen langsam und fehleranfällig ist, versuchen sie möglichst viele dieser Prozesse ins Unbewußte zu verlagern, wo die entsprechenden Hirnareale schneller, energieeffizienter und korrekter arbeiten. Bisweilen hält unsere Psyche es aber auch aus anderen Gründen für sinnvoll, uns vor der Realität abzuschirmen, sei es, weil sie uns Unangenehmes ersparen oder uns mit simplen Routineaufgaben nicht unnötig belasten will. So stellen wir meist erst bei näherem Hinsehen fest, daß wir nicht unserem freien Willen folgen, wenn wir ein bestimmtes Produkt bevorzugen, sondern einer Gewohnheit, die uns im Alltag von einer neuerlichen Entscheidungsfindung entlastet.

All diese Beispiele zeigen, daß wir offensichtlich zu Fehlern neigen: beim Denken, beim Fühlen – und beim Handeln. Was tun? Hier einige Empfehlungen.

Ziehen Sie in Betracht, daß Fehler nicht die (negative) Ausnahme sind, sondern die (positive) Regel. Unsere Psyche und unser Gehirn pflegen einen eigenwilligen Umgang mit der Realität. Sie nehmen bloß wahr, was ihnen in den Kram paßt; sie konstruieren Sinn, wo es keinen gibt; schließen Erinnerungslücken, wo schwarze Löcher klaffen; wenden Strategien an, die zu kurz greifen oder noch gar nicht erfahrungsgesättigt sind; und sie ziehen jede Menge voreilige Schlüsse. Psyche und Gehirn täuschen uns also Bilder und Lösungen vor, die, gemessen an der Komplexität der Welt, schlicht unzulänglich sind! Kurz gesagt: Sie produzieren Fehler am laufenden Band.

Von vergleichbarer Qualität sind auch viele unserer Handlungen. Weil es für diese These zahllose Belege gibt, will ich die Gelegenheit nutzen, zwei, drei Beispiele anzuführen und zugleich meiner Urgroßmutter ein Denkmal zu setzen. Die von allen Familienmitgliedern als «heilige Oma» verehrte Wienerin war eine liebenswerte, resolute, aber auch unkonventionelle Person, die unter anderem in die Annalen der Familie einging, weil sie im hohen Alter auf einen Schrank kletterte, um dort ein paar Spinnweben zu entfernen, und – nachdem die Trittleiter umgefallen war – stundenlang auf dem Möbel ausharrte, bis jemand in die Wohnung kam. Ein andermal buk sie für sich und eine Freundin den obligaten Sonntagskuchen; anschließend wollten die beiden wie gewohnt in die Nachmittagsvorstellung des nahegelegenen «Flieger-Kinos» (heute «Studio Molière») gehen. Unbekümmert, wie die Urgroßmutter war, griff sie in die Schublade und erwischte statt des Mehls ein anderes weißes Pulver, nämlich Gips. Über ihren Fehler sah sie ebenso generös hinweg wie die Freundin, bei der das Backwerk später lobende Anerkennung fand. Wieder ein andermal machte Oma von sich reden, weil sie eine Szene aus einem Tanzfilm nachspielte und bei dem Versuch, die Cancan-Tänzerinnen zu imitieren, stürzte und sich den Arm brach.

Wie das Leben meiner Urgroßmutter zeigt, sollten wir Fehler nicht als Störung des Normalbetriebs, eines lang anhaltenden Idealzustandes, betrachten, sondern als deren integralen Bestandteil. Etwas provozierend zugespitzt könnte man sagen: Fehler sind die beruhigende Normalität, die durch gelegentliche Phasen der Regelhaftigkeit empfindlich gestört wird – eine These, die beispielsweise auch von den Autoren Dan Ariely («Denken hilft zwar, nützt aber nichts») und Hanno Beck («Die Logik des Irrtums. Wie uns das Gehirn täglich ein Schnippchen schlägt») vertreten wird. Das bedeutet freilich nicht, daß fortan die Devise «Alles Falsche ist gut!» gilt. Das wäre eine Art Dogmatismus, die uns Durchwurstlern prinzipiell verdächtig ist. Spätestens bei der Behauptung «Drei plus drei ist sechsunddreißig» müssen wir uns eingestehen, daß es nicht immer zielführend ist, Fehler grundsätzlich gutzuheißen; vor allem dann nicht, wenn der Kellner eben versucht, uns für zwei Latte macchiato den Gegenwert eines ordentlichen Abendessens abzuknöpfen.

Schließen Sie Frieden mit Ihren Fehlern – und sei es nur, weil Sie ohnehin keine andere Wahl haben. Fehler sind vor allem für jene Menschen eine Bedrohung, die sie als Beleg mangelnder Kompetenz und charakterlicher Schwäche sehen. Für sie wird jede Abweichung von der Norm, jeder Mißgriff zum existentiellen Problem: «Du hast einen Fehler gemacht? Ja? Also bist du ganz offensichtlich weniger wert als andere! Warte nur, sobald das rauskommt, wird man dich mit Hohn und Spott überziehen!» Wer glaubt, solche Ängste seien die Ausnahme, der muß sich bloß mit der Beraterin eines großen Technikunternehmens unterhalten.

Auf meine Frage, wie Firmen in der Regel mit Fehlern umgehen, hat sie zuerst verschmitzt gelächelt und dann wunderbar haarsträubende Geschichten erzählt, die allesamt einen Fluchtpunkt hatten: die Unfähigkeit der (fast immer männlichen) Manager, einen Fehler zuzugeben, und die daraus folgenden Verrenkungen, diesen zu vertuschen.

Eine Geschichte handelte vom Leiter einer Entwicklungsabteilung, der bei der Produktion eines neuen, großen Antriebsaggregats anordnete, ein Bauteil eines kleineren, bereits erprobten Aggregats zu verwenden. So könne man bei der Entwicklung schneller vorankommen und zudem Geld sparen. Die Warnung der Techniker, das Bauteil werde den Belastungen des größeren Aggregats nicht standhalten können, überhörte der Manager hartnäckig. Eineinhalb Jahre und viele verballerte Millionen später wurde aus der Warnung eine Tatsache, die selbst der Leiter der Entwicklungsabteilung nicht mehr habe ignorieren können. Dessen Reaktion habe in einem umfangreichen Ablenkungsmanöver bestanden: Erst habe er andere Mitarbeiter bei den Vorgesetzten schlechtgemacht und E-Mails verschwinden lassen, dann Übereinkünfte sinnentstellt wiedergegeben – während die verzweifelten Techniker weiter dabei zusehen mußten, wie ihnen ein Prototyp des Antriebsaggregats nach dem anderen um die Ohren flog. Aus dieser Hängepartie habe sie nur ein unglaublicher Zufall befreien können. Die Techniker hätten nämlich nebenbei ein mittelgroßes Aggregat entwickelt, das zwar weniger prestigeträchtig gewesen sei als das große, aber alles daran habe glänzend funktioniert; es sei blendend gelaufen und habe kurz vor der Marktreife gestanden. Dann habe die Konzernzentrale, in Unkenntnis der Lage, die Entwicklung des mittelgroßen Aggregats gestoppt. Unfaßbar, aber auch die Rettung für den um Selbstachtung ringenden Manager. Denn nun bot sich eine einmalige Gelegenheit, in einer gemeinsamen Nacht- und Nebelaktion das erfolglose Großaggregat verschwinden zu lassen, das mittelgroße zum großen zu erklären und es als Superknaller zu präsentieren. Damit war allen gedient: dem Manager, den Technikern, der Firma.

Es gibt natürlich eine Menge andere Beispiele, die zeigen, wie Unternehmen mit Fehlern umgehen. Zum Beispiel in der Luftfahrt, wo die Fehler von Piloten bekanntlich ernstere Folgen haben als der beherzte Griff meiner Uroma zum Gipspaket. Bei der Lufthansa hat man deshalb untersucht, wie lange Menschen eigentlich fehlerfrei arbeiten können. Das Ergebnis der Untersuchung war niederschmetternd: eine halbe Stunde! Noch schneller lasse die Konzentration in Streßsituationen nach, wie sie ja auch Piloten zur Genüge kennen. Für die Lufthansa bestand also dringender Handlungsbedarf. Um ernste Zwischenfälle zu verhindern, ließ man sich etwas Originelles einfallen: Piloten, die Fehler melden, können darauf vertrauen, daß ihre Chefs nie davon erfahren werden; zudem animiert die Fluglinie ihre Mitarbeiter, Fehler und Probleme unmittelbar anzusprechen, und schult sie fortlaufend.

Mißgeschicke nehmen sich weniger bedrohlich aus, wenn wir sie in unser Selbstbild integrieren und wir keine Angst haben müssen, unseren Job oder die Zuneigung anderer Menschen zu verlieren. So gesehen hätte die heilige Oma die Geschichte mit der Gipstorte nicht unter den Teppich zu kehren brauchen. Aber daß sie nicht fehlerfrei war, hatten wir schon geahnt.

Sehen Sie sich Ihre Fehler so lange an, bis diese Ihnen sympathisch erscheinen und Ihnen klar wird, worum es wirklich geht. Das Gefährliche an gelungenen Projekten ist, daß sie uns selbstgefällig machen. Wenn alles klappt, schließen wir allzuoft daraus, es habe an uns gelegen und wir seien die größten Könner. Erfolg bietet uns keinen triftigen Anlaß, unsere Strategien zu überdenken oder gar zu ändern. Seine zentrale Lehre lautet vielmehr: weiter so!

Dagegen ist meist nichts einzuwenden. Was aber, wenn der Zufall unserem Erfolg in die Hände gespielt hat oder wir nur unbewußt das Richtige getan haben?

Eine Vorstellung von der Komplexität unserer Lebenszusammenhänge und unserer Entscheidungen gewinnen wir eigentlich nur in Situationen, in denen etwas *nicht* funktioniert oder anders als geplant; mit anderen Worten: wenn das System stottert und Krisen produziert. Der Philosoph Georg Wilhelm Friedrich Hegel hat für die mit Fehlern verbundene Erkenntniskraft ein markantes Bild gefunden: «Besser als eine neue Socke ist eine geflickte», schrieb er; erst der Defekt einer Sache versetze uns Menschen in die Lage, uns ihrer Funktion bewußt zu werden – gut sitzende, wärmende Strümpfe hingegen ließen uns vergessen, daß sie existierten.

Fehler sorgen dafür, daß wir weniger selbstzufrieden sind – und das ist gut so (solange sich unsere Unzufriedenheit in Grenzen hält). Denn wer mit sich selbst rundum zufrieden ist, hört auf, sich die Welt anzueignen oder – um im Bild zu bleiben – seine Socken zu stopfen. Wozu auch, es ist ja alles bestens! Erst ein Fehler läßt uns nach anderen, mitunter besseren Lösungen suchen, denn aus dem Ärger, den wir uns einhandeln, oder den entstehenden Komplikationen erwächst der Wille, sich zu beweisen. Haben wir die Krise gemeistert, speichern wir diese als Erfahrung ab. Das heißt: Ein Gutteil unserer Fertigkeiten und unseres Wissens verdankt sich dem Scheitern und der nachfolgenden Kurskorrektur.

Auf eines muß ich an dieser Stelle unbedingt hinweisen: Ich spreche von verkraftbaren Fehlern, also von menschlichen Mißgeschicken in akzeptablen Dimensionen – im

Gegensatz zu schwerwiegenden Fehlern und dadurch verursachten Katastrophen. Letztere richten großen Schaden an, traumatisieren uns vielleicht sogar und zeigen erst nach vielen Wendungen einen positiven Effekt, wenn überhaupt. Wir sollten daher jenen Menschen und Ratgebern mißtrauen, die uns einreden wollen, *alle* Fehler wirkten sich zu unserem Vorteil aus, *jede* Krise sei eine Chance. Das stimmt ganz einfach nicht. Welcher Fehler uns hilft und welcher uns zu Boden streckt – darüber entscheidet allein die Härte beziehungsweise die Sensibilität unseres Kinns. Was den einen umhaut, kitzelt den anderen bloß. Wer will das generalisierend beantworten? Ich lieber nicht. Relativ klar hingegen liegen die Verhältnisse, wenn unsere Fehler andere in Mitleidenschaft ziehen. Hier sollte gelten: vermeiden, wann immer es geht; wiedergutmachen beziehungsweise entschuldigen, wo nötig und machbar.

Bedenken Sie, daß Fehler oft eine Frage zwischenmenschlicher Abmachungen oder kultureller Konventionen sind, bei denen Sie ein Wörtchen mitzureden haben. Am einfachsten läßt sich die Relativität von Fehlern anhand unterschiedlicher Sitten und Gebräuche erkennen. In dem einen Land gehört zum guten Ton, was in dem anderen als schwerer Fauxpas gilt. Bei uns rülpst man nicht, in China hingegen wird man uns pikiert ansehen, wenn wir es *nicht* machen. Hat es nicht geschmeckt? Bei uns darf man durchaus in ein Taschentuch schneuzen, in Japan hingegen wird man sich wegen mangelnder Beherrschung scheele Blicke einfangen.

Doch während die Frage, wann schneuzen und wann nicht rülpsen, letztlich nicht existentiell ist, wird es in anderen Zusammenhängen schnell ernst. Zum Beispiel, wenn es um die Beurteilung des Verhaltens von Kindern geht. Ich denke da an den unbändigen Bewegungsdrang von Jungen. Lange Zeit galt deren hibbeliges Verhalten vor allem Lehrern als Fehler; sie ermahnten sie: «Sitz endlich ruhig, sonst gibt es eine Strafe!» Mittlerweile ist bekannt, daß Jungs sich einfach bewegen *müssen*, weil es ihren körperlichen Bedürfnissen entspricht. Sie verfügen über mehr Muskelmasse als Mädchen und trainieren auf diesem Wege ihre Grobmotorik. Da wäre es sinnvoll, das Rumgehampel einfach in den Unterricht zu integrieren und die Kritik an der Bewegungsfreude zum Fehler zu erklären. Doch das funktioniert an den meisten Schulen nicht, weshalb den armen Jungs weiterhin ihr «falsches» Verhalten angekreidet wird. Ähnlich sieht es bei den Schlafgewohnheiten (und -bedürfnissen) von Heranwachsenden aus: Es ist mittlerweile erwiesen, daß vor allem Jugendliche in der Postpubertät einen spezifischen Biorhythmus haben, an dem sie sich im Interesse ihrer Entwicklung auch unbedingt orientieren sollten. Würde dem Rechnung getragen, dürfte der Unterricht für sie nicht vor neun Uhr beginnen. Weil aber die Eltern in der Regel zur Arbeit müssen und viele Lehrer nicht zu spät nach Hause gehen wollen, gilt langes Schlafen bis heute als Fehler, der zu korrigieren sei: «Steh auf, du Schlafmütze!» heißt es.

Was wir als Fehler oder Makel empfinden, hängt stark von unserer Wahrnehmung ab. Von Roger A. Golde, unserem Fachmann fürs Durchwursteln, stammt der bedenkenswerte Satz: «Die Vorgehensweise bei der Problemsuche beeinflußt die Art der Probleme, die wir entdecken.» Das kann nur soviel bedeuten wie: Wir registrieren genau jene Fehler, die zu uns und unserer Sichtweise passen.

Wer also mit dem Schraubenzieher in der Hand losgeht, der wird bloß Fehler finden, bei denen es um Festziehen, Reindrehen oder Lockern geht, nicht aber um Abschleifen oder Festbinden.

Das mag auch folgende Anekdote verdeutlichen. Weil mir die Fingergelenke der linken Hand schmerzten, suchte ich vor einiger Zeit einen Allgemeinmediziner auf. Ich hatte Angst vor seiner Diagnose, denn ich befürchtete, die Schmerzen könnten Vorbote einer Arthrose sein, einer Erkrankung, die bei uns in der Familie liegt. Nach einigen unspezifischen Fragen («Wie fühlen Sie sich allgemein? Machen Sie ein bißchen Sport? Ihr Körpergewicht?») beruhigte er mich: «Vollkommen harmlos, Sie haben sich überanstrengt. In einer Woche ist alles wieder vorbei. Nur immer schön die Finger bewegen.» Damit war die Sache für ihn erledigt, nicht aber für mich. Angesichts meiner Befürchtungen hatte ich etwas mehr Engagement erwartet und fragte ihn daher: «Wollen Sie mir nicht wenigstens Blut abnehmen?», was er mit einem «Eigentlich nicht!» beschied. Als er jedoch meine Enttäuschung bemerkte, hielt er kurz inne und fügte dann hinzu: «Wenn Sie unbedingt möchten … kann ich es natürlich machen.» Daraufhin schwang er sich seufzend auf seinem Drehstuhl herum, um das nötige Besteck hervorzuholen, und murmelte halblaut: «Na, dann finden wir halt was!» Und tatsächlich: Das Labor entdeckte zwar keinen Hinweis auf Arthrose, aber feinste Spuren einer Entzündung, die sich nicht lokalisieren ließ und auch schnell wieder weg war. So besorgen wir uns Fehler, wenn wir unbedingt welche brauchen.

Bleiben Sie manchen Ihrer Fehler treu und suchen Sie sich eine passende Umgebung für deren Anwendung.

Wenn Sie einige Ihrer Fehler behalten wollen (und es gibt welche, bei denen sich das lohnt), sollten Sie sich ein Umfeld suchen, in dem sich Ihre Mängel als Kompetenzen erweisen. Schlafen Sie zum Beispiel gern lange, arbeiten dafür aber bis spät in die Nacht, sind Sie bestens im Milieu der Taxifahrer, Nachtwächter oder Autoren aufgehoben; unter Bäckern hingegen würden Sie bald an die Grenze Ihrer Leidensfähigkeit stoßen. Zählt Hartnäckigkeit zu Ihren Charaktereigenschaften, können Sie allerdings auch versuchen, es mit Ihrer aktuellen Umgebung aufzunehmen: Sie brauchen nur so lange auf Ihren «Fehlern» zu beharren, bis die anderen entnervt aufgeben beziehungsweise die Fehler sich als neuer Standard durchgesetzt haben (ich komme auf diese Empfehlung etwas später noch einmal zu sprechen, wenn es um die bewußte Fehlerproduktion geht, zum Beispiel bei Künstlern).

Betrachten Sie Ihre Fehler als Ausweis von Kompetenz – zumindest solange nicht das Gegenteil bewiesen ist. Nehmen wir einmal an, Sie verstehen sich meisterlich darauf, Konflikten aus dem Weg zu gehen. Sosehr andere auch versuchen, Sie aus der Reserve zu locken, Sie bleiben ruhig und verbindlich. Und zwar so unbeirrbar, daß Ihre Mitmenschen mitunter aggressiv werden oder Ihnen vorwerfen, Sie seien sensibel wie ein Stück Holz. Bevor Sie Ihrem Gegenüber zustimmen und sich selbst zum Problem erklären (ja, Sie hätten tatsächlich einen tiefen Widerwillen gegen Streit, und selbst wenn Sie schrecklich wütend seien, gelinge es Ihnen nicht, aus sich herauszugehen), sollten Sie sich zunächst für Ihren «Fehler» loben. Sie besitzen nämlich eine recht seltene Fähigkeit: Wem gelingt es schon, sich niemals provozieren zu lassen? Wer außer Ihnen bleibt angesichts unflätigster Beschimpfungen ein Stoiker und läßt selbst die Häme, er sei ein Schlappschwanz, derart bravourös an sich abperlen? Sie sind ganz offensichtlich ein Großmeister der Ungerührtheit, ein Guru der Gelassenheit, ein Apostel der Duldsamkeit. Unterstützen Sie Ihre Bemühungen, Ihren Fehler positiv zu sehen, indem Sie daran denken, wie viele gute Dienste er Ihnen schon geleistet hat und daß Sie viele gute Gründe haben, so zu sein, wie Sie sind: wegen der Gene, Ihrer harten Kindheit, Ihres Talents, Ihres Aszendenten.

Erst nachdem Sie Ihren «Fehler» nach allen Regeln der Kunst gewürdigt haben (und *nur* dann), sollten Sie den zweiten Schritt wagen und sich in die Rolle Ihres Gegenübers versetzen: Versuchen Sie sich vorzustellen, wie Ihr Verhalten auf andere wirkt und wie diese wohl auf die Idee kommen, darin einen Fehler zu sehen. Fragen Sie sich auch, ob Ihre Eigenart Sie bisweilen selbst erstaunt oder irritiert. Ich bin mir sicher, daß Sie irgendwann ebenfalls bei dem Aspekt landen werden, den die anderen ausschließlich in den Vordergrund stellen: daß Ihre Strategie des Rückzugs den Eindruck vermittele, Ihr Gegenüber sei Ihnen egal; und daß Ihre Ruhe dazu führe, Konflikte zu verschleppen, anstatt diese auszutragen. Im dritten und letzten Schritt könnten Sie sich der Doppelgesichtigkeit Ihres «Fehlers» bewußt werden.

Vertrauen Sie den Fehlern, die Sie ganz automatisch machen; die bringen Sie nämlich voran – na gut, nicht immer, aber doch hin und wieder. Wenn man die einschlägige Literatur über die Wahrnehmungsverzerrungen unseres Gehirns liest, beschleicht einen das Gefühl, eine einzige wandelnde Fehlerquelle zu sein. Ein Irrläufer, den es radikal zu korrigieren gilt. Dieser Gedanke ist nicht nur unerfreulich, sondern auch unangebracht. Denn einige unserer Wahrnehmungsfehler haben deutlich mehr Vor- als Nachteile. Es wäre daher Unsinn, sie zu beseitigen.

Guter Fehler Nummer 1: unrealistischer Optimismus. Nehmen wir eine weitverbreitete Eigenart, die nicht wenigen immer wieder vorgeworfen wird: «Du planst viel zu optimistisch!» heißt es da. Und die Empfehlung lautet: «Sei doch realistisch!», was augenscheinlich vernünftig klingt. Überzogener Optimismus führt tatsächlich oft dazu, daß Projekte später als geplant zu Ende gebracht werden und die Ergebnisse bescheidener ausfallen als vorgesehen. Man sollte den Ratschlag zu mehr Nüchternheit freilich nur in Grenzen beherzigen. So hat sich gezeigt, daß depressive Menschen nicht unter einer pessimistischen Weltsicht leiden, sondern vielmehr unter einem überzogenen Realismus, also dem Zwang, alles genau so zu sehen, wie es wirklich ist. Seelisch gesund bleibt hingegen nur, wer die Fähigkeit zum Selbstbetrug besitzt und mit der sprichwörtlichen rosaroten Brille durchs Leben geht. So gesehen, bekommt die Empfehlung, wir mögen realistisch bleiben, etwas Bedrohliches, gegen das wir uns unbedingt zur Wehr setzen sollten. Auch Eltern, die ihre Kinder grundsätzlich für klüger halten, als sie realiter sind, machen genau das Richtige! Sie animieren ihre Kinder nämlich, über sich hinauszuwachsen, um die in sie gesetzten Erwartungen zu erfüllen. All das natürlich mit Maß und Ziel und Liebe.

Guter Fehler Nummer 2: getrennte Konten. Das bereits erwähnte «mental accounting» hat zwar eindeutig negative Auswirkungen, hilft aber nachweislich, den

Überblick zu bewahren. Es spaltet unsere Geldangelegenheiten in Teilbereiche auf und macht sie dadurch übersichtlicher. Auch der Umstand, daß wir ein und denselben Betrag unterschiedlich bewerten, ist eher ein Ausweis unserer Kompetenz als unserer Dummheit. So verballern wir zwar mehr Geld, wenn wir unser Girokonto überziehen, die gering verzinste Altersversorgung hingegen nicht antasten, doch der Vorteil dieses «Rechenfehlers» liegt auf der Hand: die Tabuisierung unserer eisernen Reserve; ein Verhalten, das die Menschen schon in archaischen Zeiten gelernt haben, als es noch kein Geld gab und darum ging, nicht alle Mammutsteaks auf einmal zu essen, sondern ein paar davon für den Winter aufzuheben. Diese Denkweise ist angreifbar, ich weiß, denn rein monetär betrachtet bleibt das «mental accounting» unvernünftig. Aber wer sagt, daß die Kategorie «rein monetär» die einzig wahre ist?

Guter Fehler Nummer 3: auf vieles reinfallen. Leichtgläubigkeit ist ein Fehler, für den man viel Prügel bezieht. Sofern wir windigen Finanzberatern unser Vermögen anvertrauen und dann mit leeren Händen dastehen, mag die Kritik durchaus berechtigt sein. Es gibt aber Situationen, in denen wir für unsere Naivität dankbar sein sollten. Zum Beispiel, wenn man uns sündhaft teure kleine, weiße Pillen in die Hand drückt und als neues Medikament gegen Schmerzen anpreist. Obwohl sie bloß aus harmlosem Milchzucker und Stärke bestehen, hüpfen wir eine Stunde später gesund durchs Leben, weil wir meinen, deren durchgreifende Wirkung zu spüren. Schuld an diesem Wunder ist die menschliche Bereitschaft, sich etwas vormachen zu lassen: an etwas zu glauben, was es gar nicht gibt, gepaart mit der Unfähigkeit, zwischen echten und unechten Medikamenten zu unterscheiden.

Über den sogenannten Placebo-Effekt lächeln heute nur mehr unverbesserliche Besserwisser. Zahlreiche klinische Studien belegen, daß Pillen aus Zucker, die wir für Wundermittel halten, unseren Körper dazu animieren, sich selbst zu heilen: Er produziert zum Beispiel körpereigene Opiate, die denselben Zweck erfüllen wie synthetische Schmerzmittel. Dabei hat sich gezeigt, daß die Wirksamkeit eines Placebos mit dem Ausmaß unseres Vertrauens (also unseres Irrtums) steigt. Mit anderen Worten: Je seriöser und teurer uns ein (gefälschtes) Medikament erscheint, um so stärker wirkt es. Wie überaus produktiv unsere Fehleinschätzungen sein können, beweist der Umstand, daß Placebos nicht nur den gewünschten Effekt haben, sondern auch Nebenwirkungen produzieren, wie wir sie von klassischen Pillen kennen: Appetitlosigkeit, Schwindelanfälle oder Übelkeit.

Lassen Sie bewußt Fehler zu – oder planen Sie sogar, welche zu machen. Die Geschichte steckt voller Anekdoten, die davon erzählen, welch existentielle Rolle Fehler spielen können, sei es in der Kunst, in Forschung und Wissenschaft oder im Showbusiness. Ein besonders unterhaltsames Beispiel sind Dean Martin und Jerry Lewis. Solange die beiden noch alles richtig machten und taten, was sie am besten konnten, waren sie nicht sonderlich erfolgreich: Dean Martin sang gefühlvolle Lieder, und Jerry Lewis trat als Pantomime auf. So hätte es ewig weitergehen können, wären die beiden einander nicht zufällig in einem spanisch-amerikanischen Restaurant auf dem Broadway begegnet, das die Künstler, wie sich Jerry Lewis erinnerte, für ihre Auftritte mit Tacos und Bohnen bezahlte. Wir schreiben das Jahr 1946, als die beiden sich entschließen, fortan alles falsch zu machen – und zwar gemeinsam. Von diesem Zeitpunkt an bestand die Show von Martin und Lewis darin, daß der eine versuchte, ernsthaft zu singen, der andere aber alles unternahm, ihn daran zu hindern. Während der cool-elegante Dean Martin italienisch-amerikanische Chansons vortrug, turnte im Hintergrund ein völlig enthemmter Jerry Lewis herum, entriß dem Orchesterdirigenten den Taktstock, klaute Dean Martin das Mikrophon, schnitt irre Grimassen und krähte immer wieder falsche Töne dazwischen. Die Show war eine einzige Aneinanderreihung von «Fehlern», den Kriterien eines perfekten Konzerts oder einer professionellen Pantomime genügte sie nicht. Dennoch kamen immer mehr Menschen, um sich diese Orgie der Mißgeschicke anzusehen. In den zehn Jahren ihrer Zusammenarbeit auf der Bühne und in sechzehn gemeinsamen Filmen haben sie nichts an diesem Konzept geändert und feierten damit einen Erfolg nach dem anderen.

Die Avantgarde des 20. Jahrhunderts verdankt ihren hohen Stellenwert demselben Grundprinzip: Pablo Picassos Porträt der «Demoiselles d'Avignon» aus dem Jahre 1907 etwa ist, gemessen an den Standards der Malerei der Jahrhundertwende, ein Riesenfehler: Nicht ein einziges Gesicht ist richtig gemalt – lauter häßliche Fratzen! Und doch, ja gerade deshalb markiert dieses Bild den Beginn einer neuen Epoche, der Abstraktion. Es waren sichtbare und wohlkalkulierte Fehler, die die Revolution der Malerei einleiteten – ganz so, wie es die Abweichungen von den idealen Harmonien sind, die den Kompositionen

Wolfgang Amadeus Mozarts ihre überirdische Schönheit verleihen.

Auch eine Vielzahl von Erfindungen und Entdeckungen gehen auf Fehler zurück: Die Entdeckung des Penicillins durch Alexander Fleming zum Beispiel verdankt sich einer vergessenen Bakterienkultur, die Entwicklung des Post-it einer falsch zusammengerührten, schlecht haftenden Klebstoffmischung, und die Entdeckung Amerikas im Jahr 1492 war bekanntlich der Planlosigkeit ihres Protagonisten geschuldet: Christoph Kolumbus wollte eigentlich nach Indien, weshalb er die Ureinwohner Amerikas folgerichtig «Indianer» nannte.

Fehler also, wohin man schaut – und einer schöner als der andere! Wir sollten uns daher vor allem in kreativen Prozessen darum bemühen, produktive Fehler zu begehen. Wie das aussehen könnte, davon war bereits in Zusammenhang mit dem Durchwursteln die Rede; ein Weg besteht etwa darin, keine umfassenden Pläne zu machen, sondern sich vielmehr Stück für Stück vorzuarbeiten und selbstbewußt Irrwege einzuschlagen. Nur so können wir herausfinden, ob sich abseits der Trampelpfade ein Paralleluniversum befindet oder ob wir gut beraten sind, reumütig auf den Highway der Durchschnittlichkeit zurückzukehren.

Versuchen Sie trotz aller Sympathien für Fehler, offensichtlichen Blödsinn zu vermeiden – besonders wenn dieser den Ablauf eines ohnehin schon komplexen Projekts stört. Da uns Durchwurstlern Ideologien zuwider sind, muß ich an dieser Stelle noch einmal ein wenig zurückrudern, um festzuhalten: Nicht alle Fehler sind hilfreich! Drei mal vier ist zwölf, da helfen keine Pillen, auch keine

Placebos. Wer an der Tankstelle Benzin tankt, obwohl er ein Auto mit Dieselmotor fährt, wird umgehend liegenbleiben. Und wer zur richtigen Stunde, aber am falschen Tag in der Musikschule antanzt, um sein Kind anzumelden, wird keinen Erfolg haben.

Keine Angst, es soll hier kein Plädoyer für Genauigkeit folgen – denn die ist ohnehin selbstverständlich, eine unverhandelbare Grundlage unseres Lebens. So raten uns Zen-Meister, unsere Aufmerksamkeit stets ganz auf die Sache zu lenken, mit der wir eben befaßt sind: sei es Comics lesen, joggen oder arbeiten (und nicht nebenbei mit dem Handy zu spielen, Musik zu hören oder Wurstbrote zu essen). Doch darum geht es nicht, sondern um einen ebenso klassischen wie vermeidbaren Fehler, den viele bei dem Versuch begehen, einen anderen Fehler zu verhindern oder zu korrigieren. Besonders schön läßt sich das, worauf ich hinauswill, am Beispiel einer fröhlichen Party in Berlin demonstrieren, die ich vor nicht allzu langer Zeit besucht habe. Es war ein wunderbarer Abend: Ein allseits beliebtes Geburtstagskind hatte eingeladen, die Gäste hatten verschiedene Speisen mitgebracht, die Getränke waren gut gekühlt, und der DJ heizte den Leuten richtig ein, ohne einen einzigen unerträglichen Gassenhauer abzunudeln. Die Tanzfläche befand sich im Wohnzimmer der weitläufigen Altbauwohnung, und sie war brechend voll. Der mitreißende Rhythmus der Songs veranlaßte viele der Tanzenden, gleichzeitig hochzuspringen. Das sah lustig aus, hatte aber den unangenehmen Effekt, daß der Dielenboden spürbar zu schwingen begann. Mich befiel die panische Furcht, der Boden könnte unter der Last der gleichzeitig springenden Menschen einbrechen und wir in die daruntergelegene Wohnung stürzen. Irgendwo in meinem Hinterkopf geisterten Bilder eines Unglücks herum, das sich erst kürzlich ereignet hatte; in der Türkei war, so glaubte ich mich zu erinnern, eine ganze Hochzeitsgesellschaft auf diese Weise verschüttgegangen.

Ich suchte fieberhaft nach dem Gastgeber, fand ihn schließlich in der Küche, malte ihm das bevorstehende Unglück aus, übertrieb dabei mächtig, berief mich auf meine nicht vorhandenen Statikkenntnisse, bis ich ihn endlich so weit hatte, sich auch Sorgen zu machen. Der Gastgeber eilte zum DJ, bat ihn, die Musik abzudrehen, und wandte sich schließlich den enttäuscht dreinsehenden Leuten auf der Tanzfläche zu: «Mich haben eben mehrere anwesende Architekten darauf aufmerksam gemacht, daß wir auf eine Katastrophe zusteuern», rief er. Als Grund für das drohende Desaster nannte er vor allem das Gewicht der vielen Tanzenden und die rhythmischen Schwingungen, in die sie den Fußboden versetzten. Dann schloß er mit dem dringenden Appell: «Bitte *nicht* springen! *Nicht* springen!» Und? Was geschah? Kaum hatte er geendet, begannen *alle*, wirklich *alle* Tänzer gleichzeitig zu hüpfen, auch jene, die es bislang nicht getan hatten.

Anschaulicher läßt sich ein wichtiger, leider viel zu selten berücksichtigter Grundsatz nicht verdeutlichen: Wenn man möchte, daß andere von bestimmten Fehlern Abstand nehmen, sollte man ihnen *nicht* sagen, was sie unterlassen sollen, sondern was sie *statt dessen* tun können. Betont man hingegen, was man *nicht* will, verstärkt man das unerwünschte Verhalten, anstatt es abzuschwächen. Das hat damit zu tun, daß unser Gehirn große Probleme mit der Verarbeitung negativ formulierter Botschaften hat. Es hört gleichsam nicht richtig hin, konzentriert sich ganz auf den Kern der Aussage und behält genau den im Gedächtnis. Wer das nicht glaubt, muß nur einen Moment lang versuchen, folgender Anweisung nachzukommen: «Bitte denken Sie *nicht* an einen weißen Elefanten!» Und? Sehen Sie ihn vor sich, den Elefanten, an den Sie nicht denken sollen? Ja? Genau so hat der Appell des Gastgebers funktioniert. Die Leute hörten «nicht springen!», und weil sie nicht wußten, was statt dessen tun, sprangen sie. Hätte er gesagt «Bitte bleibt auf dem Boden stehen und schlurft nur ein wenig mit den Füßen hin und her!» – es hätte ein großes Schlurf-in begonnen, wohl das erste Berlins, aber das nur nebenbei.

Eltern, die diesen einfachen Grundsatz nicht verinnerlicht haben, dienen ihren Kindern oft als unfreiwillige Ideengeber. So haben nicht wenige die Angewohnheit, kurz bevor sie aus dem Haus gehen und dem Babysitter das Regime überlassen, noch jede Menge Ermahnungen auszusprechen: «Bitte reißt *nicht* das Fenster auf, und schmeißt *keine* Wasserbomben runter!» sagen sie. «Finger weg von meinem Computer!» oder «Klettert *nicht* aufs Hochbett, und macht *keine* wilden Sprünge in den Sitzsack!». Jede Wette, daß genau das Gegenteil passiert: Wenn sie nach Hause kommen, werden sie einen zerstörten Sitzsack vorfinden, dessen Innenleben, Millionen von Styroporkügelchen, über die ganze Wohnung verteilt. Sagen Sie also besser, was Sie sich von den lieben Kleinen wünschen.

Ach ja, bevor ich es vergesse: Bitte denken Sie *nicht mehr* an die Empfehlungen dieses Kapitels! Und empfehlen Sie dieses Büchlein bitte *keinesfalls* weiter!

Einen Partner finden

Warum Sie es gar nicht verhindern können, irgendwann den richtigen Partner zu treffen, wie es kommt, daß strahlende Schönheit mehr schadet als nützt, und weshalb Sie jedem Anspruch auf Ewigkeit entgegentreten sollten – und schließlich: Warum die Liebe zwar wunderbar ist, Sie aber dennoch alles unternehmen sollten, sie auf ein handhabbares Maß schrumpfen zu lassen.

Es ist nicht gut, daß der Mensch allein ist, heißt es schon im Buch Mose. Ich will also keine langen Geschichten erzählen, sondern direkt zum praktischen Teil übergehen:

Sie können optimistisch sein, daß Sie einen Partner finden – dafür gibt es objektive Gründe.

Wenn Sie nur oft genug unterwegs sind, wird es sich gar nicht vermeiden lassen, daß Sie den Richtigen beziehungsweise die Richtige treffen. Hinter dieser vollmundigen Behauptung steckt nichts als ein bißchen Wahrscheinlichkeitsrechnung. Die Sache verhält sich folgendermaßen: Mit der Anzahl der Menschen, denen Sie begegnen, steigt die Wahrscheinlichkeit, daß sich jemand darunter befindet, der Ihnen gefällt – und dem Sie gefallen. So einfach ist das – und gar nicht zu vermeiden. Wer einen Partner finden will, muß dem Zufall eine Chance geben und sollte sich möglichst vielen Situationen aussetzen, in denen etwas Unvorhergesehenes geschehen kann. Wer hingegen morgens mit gesenktem Blick aus dem Haus eilt, an seinem Arbeitsplatz sitzt und diesen kaum verläßt, allein zu Mittag ißt und abends mit tief ins Gesicht gezogener Baseballkappe im einsamen Wald joggt, der reduziert seine Chancen, Glück und Partner zu finden, auf ein absolutes Minimum. Um Ihnen offen ins Gesicht zu blicken, müßte man in die Knie gehen und versuchen, Sie von unten anzusprechen. Wie viele Menschen kennen Sie, die so etwas machen würden?

Sie benötigen ein weiteres Beispiel, das meine These illustriert? Gut, eines habe ich noch. Stellen Sie bitte neun Kegel nebeneinander auf und nehmen Sie sich vor, die Kegel aus einiger Entfernung mit Hilfe eines oder mehrere Bälle umzustoßen. Wie werden Sie vorgehen? Einen *einzigen* Ball werfen? Also bloß einen einzigen Versuch unternehmen, Ihre Aufgabe zu lösen? Und wenn es nicht klappt, über die Ungerechtigkeit der Welt klagen? Oder werden Sie sich einen Riesensack voller Bälle besorgen und so lange auf die Kegel werfen, bis Sie Ihren Job erledigt haben?

Übersetzt für Beziehungssuchende bedeutet das: Wer einem liebenswerten Menschen begegnen möchte, der zu ihm paßt, sollte einfach losziehen. Auf Diskussionsveranstaltungen gehen, zu Sit-ins, ins Kino, auf Vernissagen, Finissagen und sogar zu Firmenjubiläen, ins Fitneßstudio, zum magischen Zirkel, ins Tanzpalais, zu Hochzeiten, zu Begräbnissen und auf Klassentreffen. Jeder Besuch, jedes Gespräch, jeder Blickkontakt, jedes schüchterne Lächeln, jede spontane Debatte, jede blöde Bemerkung, jeder strenge Einwurf und jedes umgekippte Bierglas bringt Sie Ihrem möglichen Partner ein wenig näher. Das wird nicht gleich heute klappen, aber vielleicht beim nächsten oder übernächsten Mal. Es geht gar nicht anders.

Haben Sie keine Scheu davor, auf dem Geburtstagskränzchen der Großtante vorbeizuschauen. Manche Experten empfehlen, keine Zeit zu verschwenden und überwiegend Veranstaltungen zu besuchen, bei denen wir andere Singles vermuten dürfen. Davon rate ich entschieden ab. Es besteht zwar tatsächlich nur eine geringe Chance, beim Geburtstagskränzchen der Großtante dem Menschen fürs Leben zu begegnen, aber wer sagt denn, daß sich nicht ausgerechnet dort der Enkel oder die Großnichte einer liebenswürdigen alten Dame herumtreibt, der oder die sich genauso fehl am Platz fühlt wie Sie? So jemand ist ungleich leichter anzusprechen als irgendein Singlebörsenbesucher im Speeddatingfieber und gewiß froh über Ihre Gesellschaft. Es kann natürlich nicht schaden, wenn Sie sich bevorzugt in Ihrem kulturellen Umfeld bewegen, denn ähnliche Interessen und Einstellungen sind für die Anbahnung einer Beziehung nur förderlich. Aber das kann noch nicht alles gewesen sein. Nehmen Sie also auch «unergiebige» Gelegenheiten wahr. Sie können einfach nicht absehen, wer Ihnen dort über den Weg läuft.

Rechnen Sie damit, daß Sie genau dann einen besonders interessanten Menschen treffen, wenn Sie Ihre ältesten Jeans tragen. Ich spreche aus eigener, überaus positiver Erfahrung, denn bei so einer Nicht-Gelegenheit haben meine Frau B. und ich einander kennengelernt. Ein gemeinsamer Freund hatte uns spontan zu einem kleinen Geburtstagsumtrunk mitten in der Woche eingeladen.

Ich war den ganzen Tag unterwegs und hatte eigentlich keine Lust, noch hinzugehen, ungeduscht, wie ich war, mit meinem ungewaschenen Haar und den ausgebeulten Jeans. Doch ich gab mir schließlich einen Ruck, was konnte Freund John für all das? Ich kam als letzter und setzte mich nur deshalb neben B., weil kein anderer Platz mehr frei war. Nicht genug damit, daß ich mich fühlte wie ein schmuddeliges Entchen, ich präsentierte mich auch als außerordentlich origineller Gesprächspartner, denn ich sprach B. mit dem Satz an: «Kennen wir uns nicht irgendwoher?» Die Vermutung war übrigens korrekt, hatte ich B. doch schon vor Wochen aus der Ferne beobachtet, und zwar auf einem Grillnachmittag. Kaum hatte ich sie angesprochen, wandte sich B. mir zu und antwortete ebenso originell und charismatisch: «Daran kann ich mich nicht erinnern!» Ein Musterbeispiel erfolgreicher Gesprächsanbahnung. Der Abend wurde dennoch recht bemerkenswert: Wir sprachen sehr lange und intensiv miteinander, ich kann mich aber leider an keinen einzigen Satz mehr erinnern; um so besser hingegen daran, wie hinreißend ich B. vom ersten Moment an fand, einmal abgesehen von ihren an den Oberschenkeln mit Lederflicken versehenen Jeans, ihrer ausgeleierten Jeansjacke und dem notdürftig hochgesteckten blonden Haar. Auch wunderte ich mich, daß sie, rechts von mir sitzend, unter Verrenkungen ständig versuchte, mir ihr rechtes Ohr zuzuwenden; heute, da wir zwei Kinder miteinander haben, kenne ich natürlich den Grund. Ich saß auf ihrer «falschen» Seite, sprach also in ihr linkes Ohr, auf dem sie wegen ausgedehnter Discobesuche in ihrer Jugend nicht mehr ganz so gut hört.

Wer sich mit Freunden und Bekannten unterhält, wird viele ähnliche Geschichten zu hören bekommen, die alle davon handeln, daß zu Beginn der Beziehung etwas schiefging. Ich habe daher die Vermutung, daß weniger passende Situationen deutlich besser dazu geeignet sind, jemanden kennenzulernen, als speziell für diesen Zweck eingerichtete «Fisch-sucht-Fahrrad»-Verkuppelungsevents. Der Grund liegt wohl darin, daß wir offensichtlich liebenswerter auf andere wirken, wenn wir mit einer gewissen Absichtslosigkeit unterwegs sind, also unbelastet von dem Wunsch, unbedingt jemanden erobern zu wollen. In jenen Fällen versuchen wir meist, uns zu produzieren, die eigene Intelligenz leuchten zu lassen und einen Hemd- oder Blusenknopf zuviel zu öffnen. Was mich zur nächsten Empfehlung bringt.

Stapeln Sie lieber erst mal ein wenig tief, und denken Sie als Frau daran, daß Männer mitunter eigenartige Wesen sind. Daß wir oft ausgerechnet dann zueinanderfinden, wenn wir es am wenigsten planen und das ausgeleierte T-Shirt mit der Anti-Erotik-Garantie tragen, sollte uns zu denken geben. Und dazu ermutigen, öfter genau so zu sein, wie wir sind. Ein wenig zurückhaltend zum Beispiel oder reserviert oder versteckt sexy. Solange wir uns dabei einigermaßen treu bleiben, wird der andere uns dafür schätzen (ja, vielleicht sogar lieben). Denn wenn es von einer Sorte Mensch mehr als genug gibt, dann von jener, die ihre (verständliche) Unsicherheit hinter aufgedrehter Fröhlichkeit, Coolness und Sonnenbrille zu verbergen sucht.

Daß sich vor allem Frauen mit einer offensiven Beziehungsanbahnungsstrategie mehr schaden als nutzen können, zeigt eine US-amerikanische Untersuchung, die im Jahr 2008 publiziert wurde: So fühlen sich Männer zwar einerseits von besonders gutaussehenden Frauen stark angezogen – gleichzeitig jedoch unter Druck gesetzt. Der Grund: Die Männer gehen (berechtigterweise, würde ich sagen) davon aus, daß gutaussehende Frauen einen ebenbürtigen Partner erwarten, also einen ebenso schönen, schlanken und begehrenswerten Kerl. Betrachten sich Männer im Spiegel, stellen sie oft fest, daß sie zwar ganz nett aussehen, aber mit den tollen Frauen nicht mithalten können – und halten sich daher an jene, vor denen sie keine Angst haben. Sollten Sie eine selbstbewußte und moderne Frau sein, werden Sie dieses männliche Verhalten zu Recht lächerlich finden; Sie können es bedauern, sich darüber ärgern oder über die Scheu der Jungs fluchen, jede einzelne Reaktion verstehe ich. Doch wenn Sie das Faktum einfach beiseite wischen, werden Sie eventuell noch etwas länger nach einem geeigneten Partner suchen müssen. Leichter machen Sie sich die Sache, indem Sie zunächst ein wenig tiefer stapeln, um dann nach dem ersten Kennenlernen zu jener Höchstform aufzulaufen, die dem Mann den Atem nimmt. Er wird Sie deshalb sicher *nicht* verlassen. Ganz im Gegenteil.

Vertrauen Sie Ihren Instinkten, denn die wissen recht genau, was und wer gut für Sie ist – zumindest, wenn es um die Sache mit dem Nachwuchs geht. Ob Sie jemanden sympathisch finden oder sich sogar in ihn verlieben, hängt weniger von Ihrem Willen ab als vielmehr von einigen geheimnisvollen Botenstoffen. Die werden von unserem Körper produziert, über die Haut abgegeben und anschließend in unserer Umgebung verbreitet. Ihr Zweck ist es, den anderen Menschen Nachrichten zukommen zu lassen, und zwar über unsere genetische Ausstattung. Passen die Erbanlagen einer Frau und eines Mannes zusammen, so können sich die beiden im wahrsten Sinne des Wortes gut riechen, denn die Botenstoffe werden über die Nase aufgenommen und im Gehirn analysiert. Das Vertrackte an der ganzen Hin- und Her-Informiererei: Sie läuft unbewußt ab. Wir bekommen nichts davon mit, wenn unsere Körper Informationen austauschen. Das einzige, was wir spüren, sind jene angenehmen Gefühle, die die genetische Eignung des anderen in uns auslöst; sie können von einem leichten Kribbeln bis zur Besinnungslosigkeit reichen. Es hängt in der Folge natürlich von einer ganzen Reihe weiterer Faktoren ab, ob wir einander umwerben, respektieren und lieben, aber am Anfang unserer Beziehungen steht ein Feuerwerk positiver Informationen, die uns signalisieren, daß es – biologisch gesehen – sehr vernünftig wäre, mit der Person neben uns sofort ein paar Kinder zu zeugen. Es liegt in der Natur unbewußter Vorgänge, daß wir sie schwer steuern können; sie laufen einfach ab, ohne daß wir etwas dafür oder dagegen tun können. Das ist aber auch gut so, denn: Müssen wir tatsächlich alles selber machen?

Welche Haltung bei der Suche nach einem Partner hilfreich sein könnte

Tragen Sie Ihren Wunsch nach einer Partnerschaft wie ein Schmuckstück. Um bei der Suche nach einem Partner voranzukommen, ist es nicht nur wichtig, dem

Glück die Chance zu geben, Sie zu finden, sondern auch, die Sache mit einer bestimmten inneren Haltung zu betreiben. Die färbt nämlich ab, und zwar auf Ihre Körpersprache, Ihre Stimmlage und all die anderen Äußerlichkeiten, die beim Kennenlernen von Belang sind. Sollten Sie zum Beispiel den Wunsch nach Geborgenheit und einer Familie empfinden, ihn aber als Zeichen der Schwäche interpretieren, weil Sie von sich fordern, Ihr Leben ganz allein und unabhängig zu leben, dann werden Sie natürlich diesem Dilemma entsprechend dreinschauen und durch die Welt schlurfen: mit hängenden Schultern, trauriger Miene, mutlos. Besser, Sie gehen mit einer anderen Haltung auf die Suche nach einem Lebensgefährten: «Bald wird ein glücklicher Mensch die einmalige Chance haben, jemanden wie mich kennenzulernen.»

Ein solches Selbstbild hat nichts mit Überheblichkeit zu tun (ein wenig vielleicht), sondern entspricht vielmehr der Wahrheit. Oder kennen Sie einen zweiten, der so ist wie Sie? Ebenso sinnvoll ist es, mit den Momenten der Ablehnung, die sich bei jeder Partnersuche zwangsläufig ergeben, anders umzugehen als bisher. So könnten Sie jedesmal, wenn es nicht klappt, denken: «Es geschieht dir vollkommen recht, wenn du mich nicht bekommst!» Einfach ausprobieren und dann entscheiden, ob es funktioniert. Ich bilde mir ein, es könnte.

Lächeln Sie gelegentlich, auch wenn Ihnen gerade nicht danach zumute ist. Keine Angst, ich will Ihnen kein Lächelseminar oder ähnliches empfehlen, sondern auf den Umstand hinweisen, daß der oben beschriebene Mechanismus auch umgekehrt funktioniert: daß Ihr Gesicht nicht bloß ein Spiegel Ihrer Stimmung ist, sondern Sie durch die Veränderung Ihres Ausdrucks Ihre Stimmung beeinflussen können. Eine gute Miene zum bösen Spiel vermag unter Umständen Ihr Wohlbefinden zu steigern (so gesehen befinden wir uns doch in einem Lächelseminar, wenn auch nur in einem ganz winzigen). Das bedeutet: Lächeln Sie einfach vor sich hin, wenn Sie ein wenig Optimismus brauchen.

Wie Sie Ihre Suche strategisch organisieren können

Klicken Sie in der Suchmaske Ihrer Internet-Singlebörse an, ob Sie Alphornkonzerte lieber mögen als Abenteuerreisen, und lassen Sie sich von den Ergebnissen der Datenbank überraschen. Für die Online-Partnersuche brauchen Sie keine Empfehlungen. Allein im deutschsprachigen Netz gibt es knapp fünfzig größere Homepages, deren Betreiber sich auf die Vermittlung von Partnern spezialisiert haben. Die Datenbanken dort können Sie mit allen erdenklichen Details füttern: ob Sie Haustiere mögen und wenn ja, ob diese langhaarig oder besser kurzfedrig sein sollten, ob Sie italienisches Essen mehr schätzen als mitternächtliche Alphornkonzerte. Umgekehrt können Sie nach Menschen suchen, die Spitzbärte tragen, einen akademischen Abschluß in Komparatistik und ein Diplom in Makramee besitzen oder bereits auf eine gescheiterte Ehe mit drei Kindern zurückblicken, die die Wochenenden blockieren. An welche der vielen Internetadressen Sie sich wenden könnten, ist schwer zu sagen; am besten, Sie beginnen mit der Lektüre eines etwas älteren, gleichwohl immer noch lesenswerten Berichts der Stiftung Warentest* – und schon werden Sie wissen, welche großen Anbieter es gibt, was von ihnen zu halten ist und worauf Sie beim Beziehungsanbahnen achten sollten. Wer hingegen die einfache, analoge Form der Partnersuche bevorzugt, ist mit einem Printmedium wie der «Zeit» gut beraten, wenngleich Sie bedenken sollten, daß Sie dort mit einem relativ hohen Studienrat- und Ärztinnen-Aufkommen zu rechnen haben, wogegen nur dann etwas einzuwenden ist, wenn Sie eine Studienrat- oder Ärztinnen-Allergie haben.

Sprechen Sie von sich selber. Wenn es denn eine wichtige Frage gibt, die im Zusammenhang mit Singlebörsen oder Kontaktanzeigen auftaucht, dann die, wie Sie sich am besten darstellen sollen. Die wichtigste Empfehlung dazu hat der Journalist Christian Nürnberger gegeben, der seine heutige Frau, die Fernsehmoderatorin Petra Gerster, über eine klassische Kontaktanzeige in der «Zeit» kennen- und liebengelernt hat. Nürnberger hat darüber einen Erfahrungsbericht geschrieben: «Zum Glück gibt's Anzeigen – Wie ich die Frau fürs Leben fand». Worauf es seiner Ansicht nach bei einer Anzeige besonders ankommt: Wir sollten nicht darüber schwadronieren, wie wir uns den idealen Partner vorstellen, sondern vielmehr uns selbst beschreiben, und zwar durchaus ironisch und überraschend:

* Er stammt aus dem Jahr 2005 und ist zu finden unter: www.test.de/themen/freizeit-reise/test/-partnersuche/1294897/1294897/1299916/

«Der Engländer Patrick Moore hatte es satt, sich jeden Morgen an- und abends wieder auszuziehen. Darum nahm er einen Strick und erhängte sich. Mir geht's ähnlich, aber meine Konsequenz daraus ist noch radikaler: Ich werde heiraten. Und zwar eine Frau, die mir morgens die Klamotten so auf den Tisch legt, daß ich nur hineinzuschlüpfen brauche. Bügeln und waschen tu ich sie selber. Die Frage ist nur: Wer will mich? Bin ein geborener Bauernbub, gelernter Physiklaborant, ausgebildeter Bundeswehroffizier, erfahrener Kellner, Barkeeper und Lastwagenfahrer, studierter Philosoph und Theologe, jetzt 31, Redakteur bei überregionaler Tageszeitung und auch sonst ein ziemlich hoffnungsloser Fall. Ich lese zuviel, bewege mich zuwenig, bin harmoniesüchtig und neige zur Eigenbrötlerei. Früh übte ich den Umgang mit der Mistgabel, später kam die Bohrmaschine hinzu, gegenwärtig ist's der Kochlöffel, alles mit bescheidenen Erfolgen. Bescheiden sind auch die Hoffnungen, die ich noch aus meiner APO-Vergangenheit mit herumschleppe. Ich bin nicht mehr links, deswegen noch lange nicht rechts und erwarte mir auch von den Grünen keine Wunder. Die erhoffe ich mir eher von einem gefühlvollen, sanftmütigen Weib, das recht hübsch und ruhig ein bißchen mollig sein und im übrigen jede Weltanschauung vertreten darf, wenn sie ihr nur kritisch und verständig genug gegenübersteht und wahrhaftig ist. In dem Abenteuer Ehe sollte sie nicht ein Mittel zur Selbstverwirklichung, sondern einen Dienst sehen, den man einander erweist. Der Diener ist 1,76/75, schwarzhaarig, vorzeigbar und wohnt in Frankfurt, Bildzuschriften erreichen mich unter ZV 2763 DIE ZEIT, Postfach 106820, 2000 Hamburg 1.»

Daß wir mit solchen Anzeigen eher auf Anklang stoßen, scheint mir nur plausibel, denn wer interessiert sich schon für die abstrakten Phantasien eines anderen (zumindest in dieser Phase der Anbahnung)? Wie der potentielle Partner so ist, *das* wollen wir wissen – und je farbiger und spannender er von sich erzählt, umso schneller und detailreicher werden wir ihm antworten.

Treiben Sie sich auch in Bereichen des Internets herum, in denen es nicht vorrangig um die Suche nach einem Partner geht. Dabei denke ich vor allem an die großen sozialen Netzwerke wie Facebook und StudiVZ; auch von Mitgliedern professioneller Plattformen wie LinkedIn habe ich schon gehört, daß es bisweilen weniger darum geht, einen neuen Projektmanager zu finden, als vielmehr darum, die sympathische Teilnehmerin eines Meetings wiederzufinden. Es erscheint also sinnvoll, nicht bloß auf Homepages herumzusurfen, auf denen groß «Single-Börse» steht, sondern auch auf Homepages, die erst mal aussehen, als gehe es darum, ein bißchen die Welt zu retten oder zu netzwerken.

Schrecken Sie auch vor Speeddating und ähnlichen Schnellanbahnungsinitiativen nicht zurück, wenn Sie den Eindruck haben, es könnte Ihnen etwas bringen. Sie kennen die Bilder sicher aus irgendeinem Magazin oder aus dem Fernsehen. Da stehen lange Reihen von Tischchen, an denen je eine Frau und ein Mann sitzen; sie sind ins Gespräch vertieft, denn sie haben bloß sieben Minuten, um einander kennenzulernen. Wenn die vorbei sind, bimmelt es, und einer der beiden rückt einen Tisch weiter, nicht ohne auf einem Zettel notiert zu haben, ob er den anderen gerne noch mal wiedersehen möchte. Wir wissen zwar aus Untersuchungen, daß sich binnen Sekunden entscheidet – es liegt an der Macht der bereits erwähnten Botenstoffe, der Pheromone –, ob sich zwei Menschen mögen oder nicht, aber Sie müssen schon eine gewisse Vorliebe für schnelle, schnörkellose Prozesse haben, um diese Form der Kontaktaufnahme gut zu finden.*

Andere Möglichkeiten, jemanden schnell und direkt kennenzulernen, bestehen darin:

- zu einem Blinddate-Dinner zu gehen, sich also mit anderen Singles zum gediegenen Abendessen im Restaurant zu treffen.
- eine Fisch-sucht-Fahrrad-Party zu besuchen, wo Sie eine Nummer erhalten, unter der Sie denen, die Sie sympathisch finden, eine Nachricht zukommen lassen können.
- in einem Lokal mit Tischtelefonen Platz zu nehmen, dort die gutaussehende Nummer sieben anzurufen und zu sagen, Sie säßen an Tisch drei und würden gern rüberkommen.
- eine Single-Reise zu buchen und darauf zu hoffen, auf dem beschwerlichen Weg zu einer frühchristlichen Ausgrabung einen passenden Partner zu finden, dem auch so heiß ist wie Ihnen.

* Problematisch wird die Sache, wenn es auf einer Homepage (www.speeddating.de) heißt «Wer einsam bleibt, ist selber schuld», besteht doch die Dienstleistung, die die Betreiber der Homepage uns verkaufen, in der Vermittlung von Beziehungen. Genau genommen ist es also *deren* Schuld, wenn es nicht klappt. Mit ihrer Schuldzuschreibung folgen sie dem Tenor vieler Ratgeber, die ja die Grundthese vertreten: «Du kannst alles schaffen. Und wenn nicht, ist es deine Schuld!»

- sich auf eine Kreuzfahrt zu begeben, aufs Deck zu setzen und den anderen Singles dabei zuzusehen, wie sie im Swimmingpool herumdümpeln.

Ich will mich über diese Optionen nicht lustig machen (na gut, nur ein wenig). Sie erscheinen mir jedoch allesamt etwas gekünstelt und stressig zu sein. Jemanden kennen- und liebenzulernen hängt meines Erachtens wesentlich davon ab, einander in einer gewissen Absichtslosigkeit zu begegnen und den Willen, den anderen zu erobern, nur gelegentlich zu aktivieren. Andernfalls lastet auf uns der Druck der übergroßen Erwartung, in zehn Tagen idyllischen Herumschipperns im Mittelmeer den Menschen fürs Leben zu finden. Das kann zwar klappen, ist aber anstrengend. Da erscheint es mir hilfreicher (und günstiger), ein paar Menschen, von denen Sie glauben, sie könnten etwas miteinander anfangen, zum Essen einzuladen. Dann haben Sie es in der Hand, diese Treffen bloß für Ihre Freunde zu veranstalten und sich rauszuhalten – oder aber gleichzeitig die eigene Partnersuche unauffällig voranzutreiben.

Warum es sinnvoll sein könnte, die eine oder andere Erwartung herunterzuschrauben

Gestehen Sie sich ein, daß Sie allen Grund haben, konkrete Vorstellungen von Ihrem Partner zu entwickeln. Bei dieser Empfehlung komme ich zunächst auf Frauen so um die fünfunddreißig zu sprechen, anschließend auf die Jungs. Also: Wenn es ein Projekt gibt, bei dem Frauen so um die fünfunddreißig dem Hang zu detaillierten

Plänen besonders gern erliegen, dann bei der Partnersuche. Was nicht weiter verwunderlich ist, befinden sie sich doch in einer Phase, in der das Alter eine immer größere Rolle zu spielen beginnt und die wichtigsten Beziehungsexperimente hinter ihnen liegen: schweigsame DJs aus Berlin-Mitte, Dreierbeziehungen mit Brüderpaaren, Liebesgeschichten mit ehemaligen Lehrern oder langjährige Hängepartien mit Verheirateten. Genug damit! Jetzt, mit fünfunddreißig, wünschen sich viele dieser Frauen endlich eine langfristige, stabile Beziehung mit einem erwachsenen und verläßlichen Mann, vielleicht sogar das eine oder andere Kind. Wenn es damit etwas werden soll, so wissen sie, müssen sie sich allmählich beeilen. Die Zeit wird knapp. Außerdem wollen sie die Fehler der Vergangenheit vermeiden und von nun an alles richtig machen. So kommt es, daß viele Plusminusfünfunddreißigjährige einen ziemlich umfassenden Anforderungskatalog erstellen, den ihr potentieller Partner erfüllen sollte. Wie der Katalog genau aussieht, hängt davon ab, welche Erfahrungen sie mit ihren DJs und Brüderpaaren gemacht haben und wie sie sich ihr weiteres Leben als selbständige, berufstätige und kluge Frau an der Seite ihres Traummannes so vorstellen. Ah, beinah hätte ich es vergessen: ungebunden und kinderlos sollte der Auserwählte auch noch sein. Der Haken an der ganzen Sache: Männer, die diesen umfangreichen Anforderungskatalog auch nur ansatzweise erfüllen, sind spärlich gesät und oft leider vergeben. Auch wird die Zahl der in Frage kommenden Jungs durch gesellschaftliche Konventionen noch zusätzlich eingeschränkt: Während zum Beispiel Manager weder ein soziales noch privates Problem damit haben, ihre

Sekretärin zu heiraten, funktioniert das umgekehrt nur unter deutlich größerem Kraftaufwand (Managerin heiratet Bürobote?). Und obendrein sagt man den Männern eine gewisse Scheu vor autonomen, gutaussehenden und beruflich erfolgreichen Frauen nach.

Womit wir bei der Lage der Jungs angelangt wären. Die stellt sich erst mal ein wenig entspannter dar. Männer haben meist ungleich diffusere Vorstellungen von ihrer idealen Lebensgefährtin und glauben, auch mit sechzig noch ganz veritable Väter abzugeben. Dazu kommt, daß sich Männer, wird es ihnen mit einer Partnerin auf Augenhöhe zu anstrengend, gern jüngeren Frauen zuwenden; selbst wenn einschlägige People-Magazine behaupten, die Frauen würden es den Männern vermehrt nachmachen – es bleibt die Ausnahme. Seit einigen Jahren verdichten sich die Hinweise, daß die Gruppe der fünfunddreißigjährigen Männer verstärkt ernstgemeinte Beziehungen eingehen möchte, allein: Sie würden zwar immer wieder wunderbare Frauen treffen, aber so groß die Übereinstimmungen auch sein mögen – in irgendeinem Detail würde es dann doch nicht klappen. Und bevor sie sich mit einer halbidealen Situation arrangieren würden, blieben sie lieber solo. Darin sind sie mit den fünfunddreißigjährigen Frauen übrigens einer Meinung. So kommt es, daß wir auf immer mehr Singles treffen, die sich nach Beziehungen sehnen, aber wenig Lust dazu haben, auch nur den kleinsten Kompromiß einzugehen. Tja, schwierige Sache. Was tun?

Option 1: Beharren Sie kompromißlos auf Ihren Ansprüchen – und nehmen Sie in Kauf, lange suchen zu müssen. Wofür Sie sich entscheiden, hängt ganz davon ab,

was Sie mit sich vorhaben. Wenn Sie keine Lust auf halbe
Sachen haben und bekommen wollen, was Sie sich wün-
schen, dann sollten Sie sich umgehend auf die Suche nach
dem Richtigen/der Richtigen machen. Mein einziger Ein-
wand: Sie müssen damit rechnen, ihn/sie erst nach langer,
langer Zeit zu finden. Zudem besteht die Möglichkeit, daß
sich der vermeintlich Richtige/die vermeintlich Richtige,
wenn er/sie erst mal Wirklichkeit geworden ist, doch noch
als Unrichtiger/Unrichtige herausstellt. Aber was rede
ich – Sie haben genug Erfahrung.

*Option 2: Nehmen Sie sich ein Beispiel an dem Film
«Liebling, ich habe die Kinder geschrumpft»*. Darin entwik-
kelt ein etwas durchgedrehter Erfinder eine Art Laserka-
none, mit der er Dinge verkleinern kann. Wir könnten es
ihm gleichtun und unsere Ansprüche an den Lebensge-
fährten schrumpfen. Und zwar auf eine handliche Grö-
ße. Wenn Sie schon hinter der Kanone stehen, können
Sie auch gleich das Bild mitschrumpfen, das Sie sich von
der idealen Beziehung machen, denn eine Beziehung, die
immerzu und gleichermaßen harmonisch, erotisch, liebe-
voll, konfliktfrei, stabil und spannend ist, läßt sich kaum
realisieren. Wo zwei Menschen sind, da sind auch Fragen,
Probleme, Debatten, Enttäuschungen. Wie das mit dem
Schrumpfen funktionieren könnte? Zum Beispiel so:

Stellen Sie sich vor einen Spiegel, möglichst im Bad,
möglichst unbekleidet, und schauen sich etwas genauer
an. Und? Sehen Sie sich? Erkennen Sie, wie liebenswert Sie
sind? Wie begehrenswert? Wo Ihre kleineren Fehler liegen,
wo die etwas größeren? Wie Sie im großen und ganzen
doch eine ziemlich tolle Person sind? Auch charakterlich,
versteht sich. Jetzt stellen Sie sich vor, wie neben Ihnen Ihr

idealer Partner auftaucht, in seiner ganzen blendenden Schönheit und Perfektion. Und? Erst mal ganz wunderbar. Aber, was ist das? Wie er da so imposant neben Ihnen steht, beginnen Sie plötzlich immer durchschnittlicher zu wirken. Nicht nur hier, im Bad. Sobald er mit Ihnen zusammenlebt, wird er Ihnen jede Sekunde vorführen, wie fehlbar Sie sind, wie superobertoll hingegen er ist. Und so jemanden wollen Sie zu sich ins Haus holen? Damit Sie ihn anhimmeln und sich mies fühlen dürfen? Und ständig fürchten müssen, er werde Sie genauso schnell wieder verlassen, wie er gekommen ist? So gesehen ist ein idealer Partner nicht wirklich erstrebenswert. Besser, wir schlafen noch einmal über die Sache und entscheiden dann, was wir tun.

Dementieren Sie alle Ansprüche, für immer mit Ihrem Partner zusammenbleiben zu wollen (um es dann doch zu tun). In dem Buch «Zweierlei Glück» über systemische Psychotherapie findet sich die Geschichte einer Frau, die ihren Mann unbedingt halten möchte und ihn deshalb mit ihrer Eifersucht quält. Es ist ein einfacher Satz ihres Psychologen, der die kniffelige Situation löst. Er lautet: «Du wirst deinen Mann verlieren, über kurz oder lang. Genieße ihn in der Zwischenzeit!» Diese Empfehlung hat eine überraschende Wirkung auf die Frau (und folglich auch auf den bedrängten Mann): Sie lacht erleichtert auf und löst ihren Klammergriff. Ihr wird offensichtlich schlagartig klar, was uns ebenfalls seit langem dämmert: daß wir mit der Vorstellung, unsere Beziehungen seien «für ewig», also in ihren Grundfesten nicht zu erschüttern, von falschen Voraussetzungen ausgehen. Abgesehen davon, daß wir keiner Sache wirklich sicher sein können, erscheinen sie – blicken wir auf die Zahl der Trennungen und Scheidungen – alles andere als stabil; so wird jede zweite Ehe geschieden, Tendenz steigend, wie viele unverheiratete Paare sich trennen, ist unbekannt. Normal ist also das Scheitern, während die ewige Liebe die absolute Ausnahme bleibt.

Ist dieser Umstand nun beängstigend oder entlastend? Ich würde sagen: eher entlastend. Wenn wir der Einschätzung vieler Psychologen folgen, liegt ein wesentlicher Grund für die wachsende Zahl von Singles in der wachsenden Furcht vor der Liebe. Das klingt erst einmal paradox, singt doch noch die unbegabteste Band von «true love» und beschwört damit zum milliardenstenmal das höchste aller Ideale. Aber offensichtlich verbinden viele von uns mit dem großen Gefühl der Liebe nicht nur die Hoffnung auf Glück, sondern auch die Befürchtung, ihre Selbständigkeit zu verlieren. Und diese Sorge ist durchaus realistisch, denn wer einen anderen liebt, macht sich von ihm abhängig, mag diese Abhängigkeit auch nur darin bestehen, mit dem Essen auf ihn warten zu müssen – ganz zu schweigen von all den Kränkungen und Enttäuschungen, die wir riskieren, wenn wir uns auf einen anderen einlassen. Liebe macht eben nicht nur groß und stark, sondern auch angreifbar, sie macht mitunter klein, verletzlich, ängstlich und unselbständig.

Zusätzlich erschwert wird die Gemengelage durch eine – menschheitsgeschichtlich gesehen – junge Entwicklung: Während Beziehungen lange Zeit von außen zusammengehalten wurden (durch Konventionen, gemeinsamen Besitz, sozialen Druck), scheint es heute nur mehr einen einzigen Klebstoff für sie zu geben: die Liebe! Ihr verdanken wir, daß wir uns mit jemandem zusammentun. Doch es liegt auf der Hand, welch schweren Job wir der armen Liebe damit aufbürden. Verändert sie sich auch nur ein wenig (indem sie schwächer wird, anders, diffuser), scheitert die ganze Beziehung – und nicht selten das ganze Familienleben.

Sehen Sie in der Liebe weniger ein Universalheilmittel, als vielmehr eine Werbekampagne für das Zusammenleben (das dann anderen Prinzipien folgt). Es ist bisweilen hilfreich, ältere Paare zu fragen, wie sie es hinbekommen haben, knapp dreißig Jahre verheiratet zu bleiben. Die Zeitschrift «Psychologie heute» hat es im Rahmen einer Erhebung* getan und folgendes herausgefunden: Mehr als ein Drittel der Befragten nannte an erster Stelle jener Faktoren, die ihre Beziehung in ihren Augen gelingen ließen, nein, *nicht* die Liebe, sondern Toleranz, also die Fähigkeit, den anderen so zu nehmen, wie er ist. An zweiter Stelle rangierte das Duo Vertrauen und Offenheit, und erst an dritter Stelle tauchte unser Superstar auf, die Liebe – gefolgt von der Fähigkeit, Konflikte zu lösen und ein Gespräch zu führen. So gesehen müßte die gern geäußerte Beteuerung «Ich liebe dich!» korrekterweise wohl häufiger «Ich respektiere dich!» lauten. Das klingt zwar nicht ansatzweise so romantisch, paßt aber ganz ausgezeichnet zu dem in diesem Buch immer wieder nahegelegten Durchwurstelcredo.

Trübe Aussichten, meinen Sie? Keinesfalls, sage ich. Denn sobald wir es geschafft haben, die Liebe zu entthro-

* Sie wurde im Jahr 2006 unter 663 Paaren durchgeführt, die zum ersten Mal verheiratet waren.

nen, na, sagen wir besser: sie zu relativieren, und uns damit abzufinden, daß wir, ganz gleich, was wir anstellen, unseren Partner irgendwann verlieren, wird sich unsere Haltung schlagartig ändern: Wir werden unseren Partner auf tiefe Weise lieben (weil auf unserer Liebe nicht mehr die Last des absoluten Gelingens liegt), und wir werden jeden Moment genießen, den wir mit ihm zusammen sind (weil uns nur eine begrenzte Zeit gegeben ist).

Und wie nennt man das Ganze? Ich würde sagen: eine gute Beziehung. Es wäre nicht das erste Mal, daß wir nur über einen Umweg an unser Ziel kommen – was freilich nichts daran ändert, daß wir ihn gehen müssen. Immer wieder.

Eine Beziehung führen

Wie Sie es schaffen, das ganz große Gefühlskino zu inszenieren, eine verläßliche Beziehung zu haben oder sich möglichst effektvoll zu trennen – und warum Sie sich um komplizierte Partner, die Poesie der Genauigkeit, ein bißchen rauschhaften Sex und die Kunst des zynischen Kommentars bemühen sollten.

Genau eine Woche, nachdem er ihr zum ersten Mal begegnet ist, schreibt Oskar Kokoschka einen leidenschaftlichen Brief an Alma Mahler – und bittet sie darin, seine Frau zu werden. Daraus wird zwar nichts, aber die Liebesgeschichte entwickelt eine Dramatik, die anschaulich zeigt, welche Kräfte Menschen in einer Beziehung freizusetzen vermögen. Rund drei Jahre bleiben die beiden zusammen; daß kein Ehepaar aus ihnen wird, hat unter anderem damit zu tun, daß Kokoschka es kategorisch ablehnt, eine Büste des Komponisten Gustav Mahler, des verstorbenen Mannes von Alma, im gemeinsamen Haus aufzustellen.

Es ist vor allem Kokoschka, der für den Wahnsinn zuständig ist. Immer wieder bedrängt er Alma mit seiner Liebe, will er sie ganz besitzen, an sich binden – und macht sich dafür ein ums andere Mal unmöglich. So bekommt Alma einen feuerroten Schlafanzug geschenkt, den sie nicht leiden kann, worauf Kokoschka ihn trägt. Von nun an geht der Maler «nur mehr damit bekleidet in seinem Atelier herum. Er empfing darin die erschreckten Besucher und war mehr vor dem Spiegel als vor seiner Staffelei zu finden», schreibt Alma später über das Jahr 1912, den Beginn ihrer Liebe. In dieser Tonart geht es weiter zwischen den beiden: Erst verliert Alma ein Kind von Kokoschka, ein zweites läßt sie – ohne ihm davon zu erzählen – abtreiben. Das verletzt den Maler so sehr, daß er Alma wiederholt als Sünderin bezeichnet, was ihn freilich nicht davon abhält, sie zu begehren. Kokoschka malt ein Bild nach dem anderen: Alma hier, Alma und Oskar dort, Alma, Alma, Alma – und dazwischen das tote Kind. «Niemals habe ich soviel Hölle, soviel Paradies gekostet», wird die Geliebte rückblickend über diese Zeit sagen.

Weil Kokoschka Alma trotz aller Bemühungen nicht für sich gewinnen kann, kauft er ein Pferd – und zieht damit freiwillig in den Ersten Weltkrieg. Die tragische Ironie daran: Das Geld stammt aus dem Verkauf seines Bildes «Die Windsbraut» aus dem Jahr 1913, das Alma und Oskar als innig verbundenes Paar zeigt: sie mit geschlossenen Augen zärtlich an ihn geschmiegt, er wach und unruhig neben ihr. Kokoschka tritt einem Dragonerregiment bei, wird an der Front schwer verwundet, kehrt zurück, nur um, kaum gesundet, wieder an die Front zu gehen und wieder verwundet zu werden.

Doch damit ist diese schwierige Geschichte noch lange nicht ausgestanden. Im Juli 1918 schmiedet Kokoschka einen Plan, dessen Ungeheuerlichkeit ihm zweifellos bewußt ist: Er bestellt bei einer Münchner Puppenmacherin namens Hermine Moos eine lebensgroße, möglichst authentisch aussehende Alma-Puppe, die er anstelle der realen Person lieben und besitzen will. Um der Puppenmacherin zu verdeutlichen, wie er sich das Kunstwerk vorstellt, fertigt Kokoschka eine maßstabsgetreue Skizze an und schreibt zwölf Briefe, in denen er minutiös darlegt, wie die Puppe aussehen und worauf die Handwerkerin besonders achten soll. So markiert Kokoschka auf seinem Entwurf anhand weißer Flecken, wo das «volle Fleisch» von Alma sitzen soll, und beschreibt, wie es sich anfühlen muß; er stellt die rhetorische Frage, ob der Mund der Puppe zu öffnen sei, ob Zähne und Zunge vorhanden seien («Ich wäre glücklich!»), und schließlich fordert er, daß die «schändlichen Partien» mit echtem Haar besetzt sein müßten, «sonst wird es kein Weib, sondern ein Monstrum».

Als die Alma-Puppe am 22. Februar 1919 geliefert wird, reagiert Kokoschka begeistert – um sie in der Folge auch als Modell zu benutzen: Er zeichnet und malt sie zahllose Male, bis er sich schließlich an seinem Idol abgearbeitet hat. «Die Puppe hatte mir die Leidenschaft gänzlich ausgetrieben.» So entwickelt er seinen finalen Plan: «Ich machte also ein großes Champagner-Fest mit Kammermusik, während dessen Hulda die Puppe mit all ihren schönen Kleidern zum letzten Mal vorführte. Als der Morgen graute – ich war wie alle anderen sehr betrunken –, habe ich im Garten der Puppe den Kopf abgehackt und eine Flasche Rotwein darüber zerschlagen. Am nächsten Tag schauten ein paar Polizisten zufällig in das Gartentor, erblickten, wie sie meinten, den blutüberströmten Körper einer nackten Frau, und stürzten in der Verdächtigung eines Liebesmordes ins Haus hinein. Genau genommen war es das auch, denn an jenem Abend hab ich die Alma ermordet.»

Kleine Nachbemerkung in Sachen Beziehungswirrwarr: Die in dem Zitat erwähnte Hulda arbeitete bei Kokoschka als Dienstmädchen und wurde von ihm «Reserl» genannt. Ihre Aufgabe bestand unter anderem darin, die künstliche Alma anzukleiden. Während die Puppe jedoch Kokoschkas Gefühle nicht erwiderte, liebte ihn die reale Hulda/Reserl abgöttisch, nannte ihn «Rittmeister» und ritzte sich sogar mit Hilfe eines Messers Kokoschkas Initialen in die Brust. Aber der Maler nahm ihre Liebe nicht wahr. So verschwand nach der Puppe auch noch Hulda aus dem Hause Kokoschka – und ward nie wieder gesehen.

Eine gute Beziehung zu führen ist anscheinend selbst dann nicht leicht, wenn wir unseren Partner* bis ins letzte Detail entwerfen können. Und dennoch haben wir den beständigen Hang, unser Leben mit jemandem zu teilen, was darauf schließen läßt, daß es sich um ein existentielles Bedürfnis handelt. Die meisten von uns sind ausgewiesene Beziehungsspezialisten und wissen im Grunde, worauf es ankommt: daß wir offen, ehrlich, vertrauens- und respektvoll miteinander umgehen, guten Sex haben, Konflikte mittels gepflegter Gespräche lösen und keine überzogenen Erwartungen hegen. Daher will ich mich im folgenden auf speziellere Empfehlungen konzentrieren.

* Ich verwende in der Folge den Begriff «Partner» als Synonym für vieles: für Ehefrau, Freundin, Ehemann, Freund, Gespiele, Gespielin – was weiß ich; gemeint ist in jedem Falle stets Ihr Gegenüber, mit dem Sie zusammen sind und auch zusammenbleiben wollen, wie lange auch immer.

Was Sie tun können, wenn Sie sich dauerhaftes, großes Gefühls- und Erotikkino wünschen

Mir liegt es fern, mich über diese Beziehungsvariante lustig zu machen oder sie gar zynisch zu kommentieren. Es ist eine sinnvolle Option, sich komplizierte Partner zu suchen oder bewußt eine Fernbeziehung zu führen. Mir geht es hier darum, auf die Vorteile dieser Beziehungsformen hinzuweisen, die normalerweise als problematisch beschrieben werden. Die Nachteile zum Beispiel einer Fernbeziehung kennen Sie im Zweifelsfall besser als ich, da ich sie mit meiner Frau bloß anderthalb Jahre managen mußte (Hamburg–Bonn). Also: Nichts spricht gegen eine schwierige Beziehung außer dem Wunsch, keine schwierige Beziehung zu haben. Alles andere ist eine Frage persönlicher Vorlieben und geht mich nicht das geringste an.

Verlieben Sie sich in einen möglichst komplizierten Partner. Zu den unschätzbaren Vorteilen eines solchen Partners gehört, daß Ihnen nie langweilig wird und Sie sich eine hocherotische Grundstimmung erhalten. Der komplizierte Partner reagiert in alltäglichen Situationen meist ungewöhnlich, Sie dürfen also ständig gespannt sein, was jetzt wieder geschieht. Wird er zum Beispiel auf den Umstand, daß Sie eines der beiden neuen, von ihm mitgebrachten Hemden sofort anziehen, ähnlich reagieren wie in dem klassischen Witz? Der handelt davon, daß eine Mutter ihrem Sohn zwei Krawatten schenkt. Eine schöner als die andere. Auch der Sohn sieht das so und bedankt sich herzlich – um sogleich eine von ihnen zu tragen. Worauf seine Mutter die Augenbrauen hochzieht und spitz bemerkt: «Die andere gefällt dir wohl nicht?» Für Abwechslung ist also gesorgt. Alogisch oder vollkommen irrational reagierende Partner eliminieren jeden Anflug von Alltag, jede Minute kann eine neue Wendung bringen. Und weil sich so etwas wie Trott nicht einstellen kann, läuft man auch nicht Gefahr, auf Sex verzichten zu müssen (der bekanntlich ein Kind der Distanz ist, aber dazu später).

Doch schwierige Beziehungen bieten noch andere Vorteile. So wird sich unsere Partnerwahl selten als bloßer Zufall herausstellen, sondern meist als kluge Entscheidung unseres Unbewußten. Wir neigen nämlich dazu, alte, ungelöste Konflikte aus der Kindheit noch einmal zu inszenieren, um sie nun, als Erwachsene, endlich aufzudröseln. Hinter der Vorliebe für Partner, die man als unzuverlässig empfindet, kann etwa die entsprechende kindliche Erfahrung stecken, daß man sich nie auf seine Eltern verlassen konnte. Wer sich nun als Erwachsener mit einem Partner auseinandersetzt, der dieses Muster reproduziert, verschafft sich die Gelegenheit, den komplexen Sachverhalt zu verstehen – und sich womöglich von dieser Kränkung zu befreien.

Ein zweiter Grund, sich einen komplizierten Partner zu suchen, könnte in dem Wunsch bestehen, Schutzinstinkte auszuleben: indem man die brotlose Schriftstellerin, den zauseligen Wissenschaftler oder den alltagsuntauglichen Dauerstudenten an die Hand nimmt und durchs Leben leitet (und mitunter sogar finanziert). Der dritte plausible Grund, sich einen komplizierten Partner zu suchen, geht auf den Versuch zurück, eine bedrohliche Sorge zu bannen: sich von einem Partner abhängig zu machen, emotional wie materiell. Wer ständig damit beschäftigt ist, ein kompliziertes Gegenüber zu managen, beweist sich selbst, daß er autonom ist und weit davon entfernt, gegängelt zu werden.

Verlieben Sie sich in einen zwar einigermaßen klassisch gestrickten, aber in einer anderen Stadt lebenden Partner. Wem komplizierte Partner zuviel des Guten sind, wer aber dennoch verhindern will, daß es zu so etwas wie berechenbarem Alltag kommt, der sollte sich in jemanden verlieben, der in einer anderen Stadt, vielleicht sogar in einem anderen Land lebt – und womöglich noch eine Fremdsprache spricht. So stellt sich keine Routine ein (außer vielleicht die Routine des Ausnahmezustandes, aber die ist deutlich schwerer zu entdecken als die Routine des Alltags). Von nun an stehen Ihnen lange Zugfahrten oder sogar Interkontinentalflüge bevor, während deren Sie sich auf Ihren Partner freuen, Ihre erotischen Phantasien weiterspinnen und Pläne für ausgefallene Wochenendaktionen schmieden können. Die kurze Zeit Ihres Zusammenseins wird nicht selten damit ausgefüllt sein, sich wieder aneinander zu gewöhnen, Sex zu machen, die langsam schwindende Fremdheit lustvoll zu erleben, zu seufzen, wenn Sie an den nahen Abschied denken, und schließlich einander zu schwören, das könne nicht ewig so bleiben. Zugleich aber wissen Sie, daß es Ihnen *genau* um diesen schwebenden Zustand zwischen Hier und Dort, Fremdheit und Vertrautsein, Ach und Weh, Begehren und Vermissen geht.

Unter der Woche wiederum werden Sie die Autonomie des Singles genießen, gleichzeitig aber die beruhigende Gewißheit empfinden, zu jemandem zu gehören. Sie werden sich andeutungsreiche SMS schicken und lange E-Mails, Sie werden skypen, manchmal sogar einen Brief schreiben,

Bilder von Ihren Projekten senden, Soundfiles mit Ihren Liebesschwüren. Mit einem Wort: Ihre Beziehung wird von Phantasien, Sehnsüchten, Unwägbarkeiten und Ausnahmezuständen bestimmt, von lauter flüchtigen, aufregenden, anstrengenden Dingen also. Wenn Ihnen zu Ihrem Glück noch das Element des Heimlichen, Verbotenen und Abenteuerlichen fehlt, dann sollten Sie sich in einen verheirateten oder zumindest fest liierten Partner (tunlichst mit Kindern) verlieben. So jemand bietet eine zusätzliche Sicherheit: Er wird höchstwahrscheinlich bleiben, wo er ist, bei seiner Familie nämlich – und nicht eines Tages überraschend vor Ihrer Türe stehen, um zu verkünden, er habe die Fernbeziehung satt und wolle bei Ihnen einziehen.

Die Radikalvariante der Fernbeziehung besteht darin, sich in ein unerreichbares Idol zu verlieben. Eine Schauspielerin zum Beispiel, einen Fernsehmoderator, einen amerikanischen Serienstar. Damit sorgen Sie dafür, daß Ihre Beziehung ausschließlich von Phantasien und Projektionen getragen wird, die Sie niemals realiter überprüfen müssen – freilich werden Sie auch Ihrem geliebten Gegenüber niemals wirklich begegnen. Aber mit dieser Form von Wirklichkeit wollen Sie ohnehin nichts zu tun haben, oder?

Was Sie tun können, wenn Sie sich eine langfristige, gute Beziehung wünschen

Wenn wir über die Frage nachdenken, wie Beziehungen einigermaßen gelingen können, glauben die meisten von uns, die ganz große Kiste bewegen und die ganz große

Weisheit bemühen zu müssen. Diese Annahme ist verständlich und hat den Vorteil, daß wir die Frage ernstnehmen, daß wir den nötigen Respekt für sie aufbringen; aber sie hat auch eine weniger hilfreiche Kehrseite: Wir fühlen uns dabei klein und ohnmächtig. Das ist nicht nötig, denn: Um die große Kiste und die großen Weisheiten geht es oft gar nicht! Vielmehr stehen die vielen kleinen Kistchen zur Debatte, die darin stecken. Es sind nämlich die wenig beachteten Details und die alltäglichen Kleinigkeiten, die darüber entscheiden, ob wir dauerhaft zufrieden sind und eine Beziehung einigermaßen gelingt. Wir wissen nicht nur aus psychologischen Untersuchungen, daß wir von großen, einzigartigen Ereignissen wie Hochzeiten, Riesenfesten oder dem Kauf teurer Dinge zwar zu Recht erwarten, daß sie uns glücklich machen – das Glück aber ziemlich schnell wieder verpufft. Diese Mega-Events ähneln einem emotionalen Feuerwerk: eindrucksvoll, teuer und schnell vorbei. Daß wir Hochgefühle nicht dauerhaft empfinden, geht auf unseren angeborenen Hang zur Normalität zurück; unsere Psyche verhindert erfolgreich, daß wir uns allzuweit vom Mittelwert einer mäßig optimistischen Allerweltsstimmung entfernen, indem sie Supertolles schnellstmöglich herunterdimmt. Emotionale Extreme betrachtet unsere Psyche offensichtlich als gefährlich und wenig hilfreich.

Das Gute an der spaßverderbenden Haltung unserer Psyche: Sie verfährt mit Schrecklichem auf dieselbe Weise, weshalb wir es nach relativ kurzer Zeit als deutlich weniger schrecklich empfinden. Womit wir bei unserer ersten Empfehlung gelandet wären. Sie lautet:

Lassen Sie die große Kiste beiseite, und kümmern Sie

sich lieber um die vielen kleinen Kistchen. Wir sollten uns möglichst regelmäßig kleine Freuden bereiten: uns eine Stunde aufs Sofa setzen, einen Kaffee trinken und etwas Gutes lesen, Joggen gehen (wenn es uns denn entspannt), meditieren, mit den Jungs Tennis spielen, mit den Freundinnen networken, mit den Töchtern eine Kletterpartie unternehmen, twittern. Ja, ich weiß, das alles klingt ziemlich unspektakulär und wie einem Ratgeber fürs kleine Glück entnommen. Das ändert aber nichts daran, daß genau das ein wichtiger Schlüssel für eine gelingende Beziehung ist. Der Kern dieses offenen Geheimnisses: Die vielen kleinen Freuden summieren sich zu dem angenehmen Grundgefühl, ein glückliches Leben zu führen; zumindest ein deutlich glücklicheres als die Menschen, die es einmal pro Jahr richtig krachen lassen. Zu einem glücklichen Leben gehört eine ständige Abfolge von Glückskeksen; wir können sie uns selber gönnen oder unserem Partner zukommen lassen.* Und wir müssen ja nicht nur auf dem Sofa liegen, Kaffee trinken und lesen, sondern können das alltägliche Glück auch suchen, indem wir an einem Bein vom höchsten Ast eines Baums baumeln oder uns, als Küchenhilfe verkleidet, auf die Verleihungsparty eines wichtigen deutschen Filmpreises schmuggeln. Geht auch.

So, wie das Glück in wiederkehrenden Kleinigkeiten

* Diese Erkenntnis weist übrigens Ähnlichkeit mit einer Theorie von Chris Anderson auf, dem Chefredakteur des Internetmagazins «Wired». Er nannte sie «Long Tail», also «Langer Schwanz»; sie besagt im Grunde bloß, daß auch Kleinvieh Mist macht – also ein Musiklabel mehr Gewinn durch Nischenprodukte erzielt als durch einzelne Hits. Es sind weniger die großen Kisten, die zählen, als die vielen Kistchen …

steckt, steckt auch das Unglück drin: Es sind die scheinbaren Nebensächlichkeiten, die sich immerzu wiederholenden Irritationen, die das eigene oder das gemeinsame Leben mit dem Grauschleier der Unzufriedenheit überziehen. Den Erfahrungen vieler Therapeuten zufolge sind es *wirklich* die angenagten, in der ganzen Wohnung verteilten Apfelreste, die kleinen spitzen Bemerkungen oder die ständigen Verspätungen, die sich zu einer eindrucksvollen Krise summieren können.

Wunderbare Nachrichten, wie ich finde, eröffnen sie uns doch eine spannende Perspektive auf unsere aktuelle Beziehung, vor allem dann, wenn in unserem Herzen zwei Gefühle miteinander ringen: das der Zuneigung («Im Grunde liebe ich ihn») und das der Abneigung («Warum nervt er mich phasenweise so schrecklich?»). So könnten wir uns vornehmen – zumindest probehalber, um die Thesen der Therapeuten eindrucksvoll zu widerlegen –, den bislang übersehenen Kleinigkeiten mehr Beachtung zu schenken: Pünktlich sein, wenn es denn dem anderen sooo wichtig ist. Die Apfelreste wegwerfen. Hie und da etwas Freundliches sagen oder per SMS senden. Lächeln. Wer weiß, was geschieht?

Zerlegen Sie Ihre großen Probleme in handliche Stücke, und nehmen Sie sich eines nach dem anderen vor. Sie haben zweifellos bemerkt, daß es ein zentrales Thema gibt, das ich hier umkreise: das Rumfummeln an den Details. Und weil ich glaube, daß erfolgreiches Rumfummeln maßgeblich darüber entscheidet, ob uns eine dauerhafte Beziehung gelingt, will ich noch ein wenig dabei bleiben. Also: Oft hören wir in Auseinandersetzungen mit unserem Partner große Thesen wie «Ich habe das Gefühl, daß ich mich auf dich nicht verlassen kann!». Sie hören den Vorwurf mit ebenso großem Erstaunen wie Schrecken, denn Sie haben Ihren Partner weder betrogen noch hintergangen, sondern Sie haben ... ja, was haben Sie eigentlich?

Sie können nun auf der Ebene Ihres Partners bleiben und ihrerseits die Vertrauensfrage stellen: «Wenn das so ist, dann mußt du dich fragen lassen, ob es überhaupt noch so etwas wie Zukunft für uns beide geben kann.» Das erinnert stark an den Sound, den viele Leitartikler produzieren, wenn sie vom bequemen Ohrensessel aus über die russisch-chinesischen Beziehungen räsonieren, und nimmt Ihr Gegenüber auf eine Weise ernst, die niemandem nützt – außer Sie haben vor, Ihre Beziehung zu beenden (dazu später).

Besser, Sie versuchen, die großen Probleme («Ist hier noch Vertrauen, in dieser Beziehungskiste?») in handliche Stücke zu zerlegen. Das hat viele Vorteile. Unter anderem den, daß Sie es schlagartig mit konkreten Fragen zu tun bekommen, die begreif- und sogar beantwortbar sind. So ein greifbares Problemstück der Vertrauensfrage könnte beispielsweise in Ihrer Angewohnheit bestehen, zu Verabredungen regelmäßig fünfzehn Minuten zu spät zu kommen. Unter dem Aspekt eines liberalen, mondänen, modernen Großstadtlebens natürlich Pipifax, ich weiß. Wie können lächerliche fünfzehn Minuten zu Vertrauenskrisen führen?

Das funktioniert bedauerlicherweise leichter, als es uns liberalen Großstadtmenschen plausibel erscheint. Beispielsweise dann, wenn unser Gegenüber es als Respektlosigkeit versteht oder als bewußte Kränkung, weil wir doch seit langem wissen, daß ihm daran gelegen ist, punktirgendwas loszuziehen. Wenn wir außerdem durch unser Zuspätkommen bewirken, daß wir im Theater bis zur Pause hinten auf den Stehplätzen herumlungern müssen, wird langsam ein Problem draus. Selbst für Sie, oder? Und wenn wir jetzt noch bedenken, daß wir schon diverse Verabredungen zum Mittagessen in der allerletzten Minute abgesagt und das Kind mehrfach ohne Pausenbrot in die Schule gebracht haben – dann wird allmählich eine überschaubare Krise draus.

Doch keine Angst! Das Gute ist ja, daß sich das Ganze dekonstruieren läßt, zerlegen wie eine etwas zu groß geratene Legoburg. Daher ist auch relativ klar, wie wir der Krise begegnen können: Indem wir ein paar dieser Unzuverlässigkeiten abstellen (das Kind bekommt ab sofort *immer* ein Pausenbrot mit, Ehrensache), indem wir manches ankündigen («Kann sein, daß mir mittags was dazwischenkommt – laß uns spontan treffen») und anderem durch geschicktes Herumgetrickse entgehen («Geh du schon mal rein in die Vorstellung, wenn ich nicht rechtzeitig da bin, du kennst mich ja – außerdem büße ich dahinten, wenn ich mir die Beine in den Bauch stehe!»).

Entdecken Sie die Schönheit der Genauigkeit – und basteln Sie konkrete Poesie draus. Details offenbaren sich uns leichter, wenn wir genauer hinsehen, wenn wir die aktuelle Lage möglichst exakt auf den Punkt bringen. Sollten Sie sich also darüber ärgern, daß Ihr Partner wieder mal zehn Minuten zu spät gekommen ist, so entwickeln Sie den Ehrgeiz, den Sachverhalt präzise darzustellen: «Ich bin einigermaßen sauer, weil du zehn Minuten zu spät gekommen bist – und das, obwohl wir erst gestern Nachmittag um 17:07 Uhr verabredet haben, daß du es diesmal schaffst, pünktlich zu sein.» Ich weiß, das klingt ziemlich formalistisch, trocken und lahm. Aber schmirgeln Sie ein wenig an der Formulierung, und schon wird konkrete Poesie draus. Um die Schönheit der Genauigkeit schätzen zu lernen, können Sie sich in Erinnerung rufen, wie eine garantiert unpräzise Generalaussage klingt: «Nie kann man sich auf dich verlassen! Dauernd kommst du zu spät!» Ebenso exakt, wie Sie über Ihre Befindlichkeit Auskunft geben, sollten Sie übrigens eigene Fehler einräumen und auf die Fragen des anderen antworten. Das dient dem Glück und hilft der Sache.

Legen Sie gemeinsam Hunderttausend-Teile-Puzzles, bauen Sie ein Haus oder starten Sie ein Sozialprojekt. Wofür Sie sich letztlich entscheiden, ist sowohl eine Frage Ihres Temperaments als auch der gemeinsamen Interessen. Die Wirkung auf Sie und Ihren Partner (und Ihre Kinder) wird in allen Fällen ähnlich positiv sein. Ihr gemeinsames Unternehmen sorgt nämlich dafür, daß Sie sich mit einer Reihe von Details befassen, diese Details wiederum Ihre Zuwendung erfordern und die gemeinsame Zuwendung wiederum die Stabilität Ihrer Beziehung (und Familie) erhöht. So gesellt sich zur Schönheit der Genauigkeit das schwebende Gefühl der Zusammengehörigkeit. Im Gegenzug dazu können Sie ab und zu richtig zu spät kommen, weil Sie ja ausreichend Gelegenheit hatten zu beweisen, daß man auf Sie bauen kann. In *wirklich* wichtigen Momenten zumindest.

Geben Sie Ihrer Beziehung eine Verfassung. Was Staaten können, können Sie auch. Sollte es also Themen geben, bei denen es zwischen Ihnen und Ihrem Partner regelmäßig kracht, so haben Sie – wie stets – mehrere Möglichkeiten. Entweder verstehen Sie diese Streitereien als fröhliche Beziehungsfolklore, die Sie nicht mehr missen wollen (ja, das kann durchaus sinnvoll sein, denn wiederkehrende Konflikte stabilisieren mitunter eine Beziehung, sofern die Kräche nicht zu existentiell werden und etwas Spielerisches behalten: «Du und dein Zuspätkommen! Zum Glück machst du das so regelmäßig, daß ich mich mittlerweile richtiggehend auf dich verlassen kann!»).

Wenn Sie freilich keine Lust mehr auf Krach haben, weil der die Beziehung allmählich bedroht, können Sie sich mit dem Partner hinsetzen und einfach schriftlich festhalten, wer wann pünktlich sein soll und wann es eher «wurscht» ist, wie der Österreicher gerne sagt. Also festlegen, daß es keiner Spezialdebatten bedarf, rechtzeitig (also genau zehn Minuten *vor* Beginn der Vorstellung) im Theater oder Kino aufzutauchen, während es bei samstäglichen Verabredungen zum Kaffee, zum Waldausflug oder zum Skype-Telefonat durchaus genügt, sich diffus festzulegen, also «so um 3» zu sagen. Welche Punkte Ihre beziehungsinterne Verfassung konkret regelt, ist natürlich Ihnen überlassen; Sie können darin auch festlegen, daß Sie *nichts* festlegen, was zu der interessanten Situation führen würde, daß Sie verpflichtend vereinbaren, sich an nichts zu halten. Der Kniff besteht in jedem Fall darin, ein solch verbindliches Papier tatsächlich aufgesetzt und zur Kenntnis genommen zu haben. In der Folge dürfte es zumindest keine Probleme mehr damit geben, dem anderen klarzumachen, woran er sich eben *nicht* gehalten hat. Und von hier zur Pünktlichkeit ist es nur mehr ein kleiner Schritt. Heute vielleicht noch nicht, aber kommenden Dienstag um 15:05 Uhr sicher.

Akzeptieren Sie, daß der andere immer recht hat. Kein Wunder, daß sich diese Empfehlung keiner allzu großen Beliebtheit erfreut, widerspricht sie doch allen Regeln, die wir aus dem Alltag kennen. Und diese lauten: Recht hat, wer die besseren Argumente bringt, die größte Überredungsgabe besitzt oder der Chef ist. So weit, so klar. Doch alle, die in ihrem Job mit Kunden zu tun haben, werden obiger Empfehlung durchaus etwas abgewinnen können, denn hier gilt ein ähnlicher Grundsatz. Er lautet: «Der Kunde hat immer recht!» Während der Kunde immer recht hat, weil er zahlt, hat in einer Beziehung der Partner aus einem anderen Grund immer recht. Es geht nämlich um seine subjektiven Gefühle. Und über die läßt sich nicht verhandeln.

So empfindet Ihr Partner (ja, wir wissen es bereits!) Ihr ständiges Zuspätkommen als persönliche Mißachtung, obwohl es wahrscheinlich ganz triviale Gründe dafür gibt. Es bringt aber gar nichts, dem anderen seine Empfindungen ausreden zu wollen, indem wir sagen: «Das ist Quatsch, was du da zusammenfühlst!» Gefühle dürfen für sich ins Treffen führen, *immer* richtig zu sein (auch wenn sie objektiv falsch sein sollten). Also signalisieren wir unserem Partner besser erst einmal, daß wir mitbekommen haben, was er empfindet – um dann nach einer angemessenen Schamfrist vorsichtig darauf hinzuweisen, daß unser Zuspätkommen den schlichten Grund gehabt hat, daß wir erst die U-Bahn versäumt hätten und dann eine Station zu weit gefahren seien (was wir selbstverständlich bedauern); am besten, wir hängen das Versprechen dran, das nächste Mal von unterwegs anzurufen.

Das Schöne an dieser Empfehlung: Sie gilt auch umgekehrt. Sie können also in der nächsten Debatte darauf bestehen, zu fühlen, was Sie fühlen – ohne sich ausreden lassen zu müssen, all das sei blanker Unsinn. Fühlt sich auch gut an, oder?

Teilen Sie Ihre Erinnerung – und machen Sie immer wieder dasselbe. Wer mit dem Hinweis, ein gemeinsamer Musikgeschmack könne sich stabilisierend auf unsere Beziehungen auswirken, noch nicht zufrieden ist, der sei auf einige Dinge verwiesen, denen eine vergleichbare Wirkung zugeschrieben wird. So könnte folgendes helfen, Ihre Beziehung zu festigen:

- Stellen Sie sich vor, daß Sie mit Ihrem Partner in *einem* Boot sitzen. Ihn beschäftigen dieselben Konflikte und Fragen wie Sie. Was schon mal eine ziemliche Menge ist. Ihr Partner wird also ebenso schlecht schlafen wie Sie, wenn Sie abends noch das ganz große Krisenfaß öffnen. Das bedeutet, daß er das gleiche urwüchsige Interesse daran haben dürfte, mit dem Streß Schluß zu machen. Wie? Dafür einfach zurückblättern auf Seite 231, wo es heißt «Zerlegen Sie Ihre großen Probleme in handliche Stücke».
- Machen Sie sich klar, daß keiner von Ihnen den Durchblick hat. Jeder Mensch nimmt die Welt, ihre Regeln und Phänomene aus seiner subjektiven Perspektive wahr. Wer daran zweifelt, muß bloß eine beliebige Gerichtsverhandlung besuchen und den Beteiligten zuhören, wie unterschiedlich sie ein und dieselbe Situation schildern. Genauso verhält es sich in Ihrer Beziehung. Daher ist es ratsam, prinzipiell davon auszugehen, daß Sie, Ihr Partner und Ihre Kinder eine jeweils eigene Sicht der Dinge haben. Versuchen Sie daher lieber, ei-

nen Konsens zu finden, anstatt nach einer objektiven Wahrheit zu forschen, mit der keiner was anfangen kann.

- Kramen Sie in der Vergangenheit. Wenn es Ihnen darauf ankommt, möglichst schnell ein Gefühl der Zusammengehörigkeit mit Ihrem Partner herzustellen, beginnen Sie offensiv, in gemeinsamen Erinnerungen zu wühlen. Dazu können Sie sich vor den Computer setzen und die zahllosen Fotos sichten, die Sie von Ihrem Partner, den Kindern und (unter Verrenkungen) von sich selbst gemacht haben. Hie und da ein gefühlvolles «Erinnerst du dich noch?» einflechten – vor allem dann, wenn Sie wissen, daß es sich um ein rundum angenehmes Ereignis handelt und der andere sich sicher erinnern kann. Dabei gelegentlich auf die Frage zu sprechen kommen, die Sie eigentlich klären wollen.
- Seien Sie stur – und machen Sie immer wieder dasselbe. Nicht immer natürlich, sondern gelegentlich – aber verläßlich. Experten empfehlen nämlich, innerfamiliäre Rituale zu entwickeln, die die Beziehung stabilisieren. Ob Sie nun regelmäßig Boule im nahegelegenen Park spielen, Ihr verwildertes Grundstück auf einer Insel besuchen oder sechs schwarzgekleideten Musikern dabei zuhören, wie sie irgend etwas Zwölftonartiges fiedeln, ist Ihnen überlassen. Und geht niemanden etwas an. Aber *ich* würde mir das mit der Zwölftonmusik an Ihrer Stelle noch mal … aber lassen wir das.

Zwischenbemerkung in Sachen Ferne und Nähe: Bislang war vorwiegend davon die Rede, wie wir die Beziehung zu unserem Partner stabilisieren können, indem wir

Trennendes aufdröseln beziehungsweise aus dem Weg räumen – indem wir also einander näherkommen. Das ist durchaus sinnvoll, keine Frage. Machen wir mit dem Näherkommen allerdings unentwegt weiter, sind wir einander irgendwann zu nahe. Auch wieder nicht gut! Denn Aufeinanderkleben verträgt sich schlecht mit unserem berechtigten Wunsch, auch mal unser eigenes Ding zu machen, unbeobachtet zu bleiben, selbständig wie vor der Beziehung. Sie ahnen es bereits, wir sind bei einem weiteren Klassiker der Beziehungsfragen angelangt. Die Fachleute nennen sie die «Nähe-Distanz-Debatte». Dabei geht es um ein Thema, das uns im Grunde jeden Tag beschäftigt, nicht nur in unserer Beziehung, sondern auch beim Einparken und Schlangestehen. Ständig müssen wir entscheiden: Wie nahe ist nah genug? Ab wann wird es zu eng, und ab wann kracht es? Wir sind also Nähe-Distanz-Experten. Kann gar nicht anders sein, sonst wären wir nicht in der Lage, ein Auto sicher durch die Stadt zu steuern. Und dennoch ist diese Frage von meinem Schreibtisch aus nur schematisch zu beantworten. Die entsprechenden Details können nur Sie bestimmen – was dem einen zu nah erscheint, fühlt sich für den anderen gerade richtig an. Wie immer Sie sich auch entscheiden mögen – hier ein paar Hinweise, wie Sie gegebenenfalls von Ihrem Partner ein wenig abrücken können. Und er von Ihnen.

Haben Sie den Mut, gelegentlich fies zu sein. Ständig ein guter Mensch zu sein, ist zwar ein ehrenwertes Ziel, aber ebenso anstrengend wie unrealistisch. Ich plädiere im folgenden nicht dafür, alle moralischen Bedenken fahren zu lassen (was absurd wäre), sondern vielmehr dafür, bisweilen vom Hochsitz des Gutseinwollens herunterzuklettern. Und? Und fies zu sein! Indem Sie sich beispielsweise für eine Kränkung rächen und es dem anderen zurückzahlen. Unter einer entscheidenden Voraussetzung freilich: daß Ihre Rache geringer ausfällt als die Kränkung, auf die Sie reagieren (sonst geraten Sie in eine Spirale, aus der kein Entkommen mehr ist).* Das Wunderbare daran, sich etwas Fieses wie Rache zu gestatten, besteht in dem entlastenden Gefühl, das sich in Ihnen breitmachen wird: Zum einen haben Sie – wie im Fußball – den Ausgleich erzielt, und zum anderen sind Sie Ihrem Partner wieder deutlich ähnlicher geworden – und Ähnlichkeit ist einer der wichtigsten Klebstoffe für Beziehungen. Schließlich läßt Sie ein kleiner Rachefeldzug die Distanz zu Ihrem Partner zurückgewinnen, die Sie im Moment brauchen.

Schlafen und duschen Sie in getrennten Räumen. Eine zweite Möglichkeit, durch Trennendes die Intensität Ihrer Beziehung zu festigen, besteht darin, gelegentlich Ihr eigenes Ding zu machen. So verweist Loki Schmidt, die seit 1942 mit dem ehemaligen Kanzler Helmut Schmidt verheiratet ist und um die Wette raucht, gern darauf, das Geheimnis ihrer langen Ehe bestehe aus «getrennten Schlafzimmern». Nun dürfen wir davon ausgehen, daß es noch ein paar andere Gründe dafür gibt, daß die beiden schon so lange zusammenleben; andernfalls wäre eine funktionierende Ehe mit *jedem* Partner möglich, denn mit jemandem *kein* Schlafzimmer zu teilen ist leicht zu reali-

* Ich entnehme den Ratschlag zur Rache dem sehr lesenswerten, weil kontroversen Interviewbuch von Bert Hellinger und Gabriele ten Hövel: «Anerkennen, was ist. Gespräche über Verstrickung und Lösung» (1996).

sieren. Ihr Hinweis ist dennoch wertvoll, macht er doch deutlich, daß Beziehungen davon leben, uns gelegentlich aus dem Weg zu gehen.

Ganz ähnlich wie Loki Schmidt argumentiert Meryl Streep, wenn sie über ihre seit dreißig Jahren funktionierende Ehe mit einem erfolgreichen Bildhauer sagt: «Wir haben beide denselben Humor und denselben Musikgeschmack. Das sind schon mal gute Voraussetzungen. Und wir hatten stets getrennte Badezimmer. Ich glaube, das ist das wahre Geheimnis jeder glücklichen Partnerschaft: getrennte Badezimmer!» Das besonders Schöne an dem Zitat besteht meines Erachtens darin, daß Meryl Streep die drei Grundempfehlungen für eine funktionierende Beziehung so klar auf den Punkt bringt: Partner sollten etwas Verbindendes haben (Musik), etwas Eigenständiges (Badezimmer) und die Fähigkeit, sich vom Alltagskram gemeinsam zu distanzieren (Humor). Ach, diese Hollywood-Leute! Wie so oft schaffen sie es, komplexe Dinge in einem einfachen Satz zusammenzufassen. Bewunderung!

Nehmen Sie sich Ihres gemeinsamen Sexlebens an. Nun, das ist noch keine wirkliche Empfehlung, ich weiß, aber die wollte ich in diesem Falle auch vermeiden – zunächst jedenfalls. Denn man kommt schon recht weit, wenn man sich erst einmal ein wahres Bild über den Zustand des erotischen Lebens in den meisten langjährigen Beziehungen verschafft.

Das Schwierige an langfristigen Beziehungen ist, daß wir zwei Dinge miteinander in Einklang zu bringen versuchen, die sich ununterbrochen ins Gehege kommen, wenn nicht gar ausschließen: Ferne und Sex auf der einen Seite, Nähe und Vertrauen auf der anderen. Ersteres, also die

Ferne und den Sex, gibt es zu Beginn der Beziehung meist im Übermaß. Große Liebe, große Aufregung bei allen Beteiligten. Schwüre. Nächtliche Telefonate. Rosensträuße. Dramatische Kurztrennungen. Vielsagende Blicke. Hohe erotische Anziehungskraft. Leidenschaftliche SMS.

Adressat und Auslöser all dieser Gefühle ist ein Gegenüber, von dem wir eigentlich keine Ahnung haben. Meist sind wir unserem neuen Partner erst vor kurzem begegnet, kennen nicht viel mehr von ihm als seinen Namen, seinen Job und sein Bett, während wir uns die restlichen Informationen aus seinen Andeutungen, den Details auf dem Nachttisch und mittels unserer Phantasie zu erschließen versuchen. Wenn wir einen Steckbrief des Neuen verfassen, werden wir in etwa folgende kleine Liste anfertigen können und damit sämtliche Eigenschaften versammeln, die ihn so erotisch und anziehend machen:

- *Der Neue ist fremd* (er bietet uns die Möglichkeit, vieles in ihn hineinzudeuten, viele Geheimnisse zu vermuten, was wiederum Abenteuer und Thrill garantiert).
- *Der Neue ist autonom* (er ist ebenso selbständig wie wir, weshalb wir einander auf Augenhöhe begegnen, keiner ist vom anderen abhängig).
- *Der Neue ist unbekannt* (er kann uns überraschen; zudem kennt er uns noch nicht und hält das Außergewöhnliche womöglich für unsere Normalität).
- *Der Neue ist fern* (die Distanz macht ihn attraktiv, weil kostbar ist, was schwer erreichbar scheint).

Zusammengenommen ergeben diese Eigenschaften eine ziemlich explosive, erotische Mischung. Und die meisten von uns genießen sie auch nach allen Regeln der Kunst. Was wir vom Neuen hingegen nicht bekommen, sind Nähe und Vertrauen. Also diese ganzen, etwas verstaubt wirkenden Dinge wie Berechenbarkeit, Treue, Zuverlässigkeit, trauter Alltag. Was uns aber völlig egal ist, denn wer kommt in dem Getümmel der ersten Liebe schon auf die Idee, sich so etwas Fernes zu wünschen wie die Sicherheit einer alltagstauglichen Beziehung? Eben!

Irgendwann stellt sich der Wunsch danach natürlich doch ein – oder aber Vertrauen und Berechenbarkeit wachsen von selbst die Wand der gemeinsamen Beziehung hoch wie großblättriger irischer Kletterefeu. Wir lernen uns besser kennen, beginnen, einander zu vertrauen, schwören, nie mehr auseinanderzugehen, vielleicht sogar Kinder zu haben, eines Tages. Lauter wunderbare Dinge also. Nur nimmt im selben Maße, wie die Verläßlichkeit wächst, die erotische Spannung ab. Wo Nähe, da keine Erotik. Wo gemeinsame Fernsehabende, da kein Sex. Wo Kinder, da keine neuen Bondage-Spiele. So einfach ist das. Nichts zu machen. Und die Lage wird auch nicht besser, wenn wir das eine mit dem anderen zusammenzwingen wollen, unüberlegt, gewaltsam. Es wird uns damit ergehen wie mit einem dieser Kinderspielzeuge: Kaum haben wir den Kasper mit seiner Sprungfeder in die Spielkiste gestopft, klappt der Deckel wieder auf und fliegt er uns wieder um die Ohren.

Verschärft wird diese Situation noch, wenn wir in Ratgebern und Illustrierten lesen, daß wir in unserer Beziehung gefälligst für ein erfülltes Sexleben zu sorgen hätten und einmal pro Woche *viiiiiel* zu wenig sei, geradezu unnatürlich selten; wo doch Sex unsere Beziehung entscheidend stabilisiere. Welch himmelschreiender Unsinn! Einmal abgesehen von diesen Popp-Statistiken, die keinem anderen Zweck dienen, als uns zusätzlich unter Druck zu setzen, kann Sex keine Beziehung stabilisieren, wenn er doch das erste ist, das einer stabilen Beziehung zum Opfer fällt. Die *instabile* Beziehung bringt dauerhaft fröhlicheren Sex hervor.

Wenn Sie also auf Menschen treffen, die von sich behaupten, sie hätten auch nach vielen gemeinsamen Jahren noch immer den gleichen rauschhaften Sex mit ihrem Partner wie zu Beginn ihrer Beziehung, so nehmen die beiden entweder Drogen (nach denen Sie sich gelegentlich mal erkundigen sollten), oder aber sie lügen, daß sich die Schlafzimmerwände biegen. Was ja nur *zu* verständlich ist, denn wer stellt sich schon gerne hin und sagt: «Sex? Ah, Sie meinen das, was wir früher hatten? Selten, sehr selten! Leider. Aber irgendwie auch okay.»

Was tun also? Wie sich aus dieser Zwickmühle befreien? Wie den mitunter quälenden Anspruch abschütteln, eine vertrauens-, liebe- und verständnisvolle Beziehung mit der Erotik, dem Mut und dem Sex der ersten Jahre verbinden zu können und/oder zu müssen? Es gibt ein paar Möglichkeiten:

- *Verabschieden Sie sich von dem zermürbenden Versuch, Unversöhnliches miteinander versöhnen zu wollen – und konzentrieren Sie sich auf eines von beiden.* Entweder auf den Sex oder die vertrauensvolle Beziehung. Das klingt radikal – und ist es auch. Soll aber nicht für immer sein, sondern bloß dazu dienen, neuen Schwung in unsere Verhaltensweisen zu bringen, denn: Oft steht am Anfang einer interessanten Entwicklung ein kompromißloses Statement. Versuchen Sie es also mal mit der Ansage: «Ich habe genug von dieser stressigen Sexideologie! Laß uns

Abschied vom Sex nehmen und lauter andere schöne Sachen machen!» Daraus kann, ja *wird* sich einiges ergeben; so könnte der verabschiedete Sex plötzlich auf überraschende Weise wieder spannend und interessant erscheinen, wer weiß. Im gegenteiligen Fall haben Sie von heute an ein sexloses Leben. Könnte natürlich auch geschehen, ist aber jederzeit durch ein etwas pragmatischeres Statement widerrufbar: «Ich habe genug von dieser stressigen Sexideologie – laß uns aus Protest dagegen Sex machen!»

Glauben Sie nicht, daß Sie wissen, was Ihr Partner von Ihnen erwartet – sondern versuchen Sie lieber, was Ihnen gefällt. Klingt riskant und ist es auch (so wie alle Versuche, unser eingeschlummertes Sexleben wieder zu wecken, nicht kostenlos zu haben sind, leider). Und dennoch könnten Sie einen Anlauf wagen. Also nicht lange darüber nachdenken, welche sexuellen Praktiken sich in Ihrer Beziehung durchgesetzt haben, welche von beiden Partnern abgenickt und für gut befunden wurden, denn genau diese Praktiken sind es ja, die Sie langweilen, oder? Konzentrieren Sie sich statt dessen ein wenig mehr auf das, was *Sie* gut finden, also aufregend, erotisch, scharf. Das ausprobieren. Mutig sein.

Machen Sie sich bewußt, daß beim Sex meist einer vorangeht. Diese Empfehlung setzt ebenfalls Ihre Bereitschaft voraus, in die Hufe zu kommen. Also: Warten Sie bitte nicht darauf, daß Sie und Ihr Partner eines Tages wie von Geisterhand bewegt gleichzeitig vom Eßtisch aufstehen, aufeinander zugehen und wie aus einem Munde sagen: «Komm, laß uns ein bißchen wilden Sex machen, nachdem wir die Kinder zu den Eltern gebracht haben.» Das wäre vielleicht wünschenswert, wird aber *nie* geschehen. Zum Sex kommt es nur, wenn einer vorangeht (zum Lotterbett zum Beispiel) und den anderen dorthin mitnimmt; wenn einer mit etwas Neuem anfängt und den anderen dazu verführt (was natürlich auch geschehen kann: daß der andere sich befremdet abwendet; genau darin besteht das Risiko, von dem vorhin die Rede war); wenn einer die ganze eingespielte, bis ins letzte Detail bekannte Veranstaltung aus den Angeln hebt und der andere ihn zuerst skeptisch mustert, um es schließlich auch gut zu finden.

Vergegenwärtigen Sie sich zwei ungeschriebene, gleichwohl mächtige Gesetze, an die Sie sich, ohne es zu ahnen, halten – und brechen Sie sie. Das erste dieser Gesetze lautet: Sex ist nur dann gut, wenn wir von ihm gleichsam überwältigt werden und ihn haben, wo wir uns gerade befinden. Klingt schlüssig, denn so haben wir das selber erlebt und zudem in vielen Filmen gesehen. In Wirklichkeit aber verpfuscht uns dieses Gesetz nicht nur unser Sexleben, es ist auch dringend ergänzungsbedürftig, und zwar um den Zusatz: «Spontaner Sex kann gut sein, aber ebenso gut kann geplanter beziehungsweise ritualisierter Sex sein!» Klingt zwar ein wenig nach Beamtenmentalität, aber das kann nur behaupten, wer keine Lust auf Abenteuer hat, denn: Ist es nicht aufregend, sich zum Sex zu verabreden? An einem bestimmten Ort, zu einer bestimmten Stunde?

Das zweite folgenschwere Gesetz lautet: Vergleiche alle nachfolgenden Ereignisse mit dem ursprünglichen beziehungsweise alle nachfolgenden Werte mit dem, der als erster genannt wurde. Wir kennen dieses Gesetz aus der Wirtschaftspsychologie, wo es «Ankerungseffekt» heißt.

Es verleitet uns dazu, an einmal gefundenen Richtwerten festzuhalten: also beim Handeln auf dem Flohmarkt an dem Preis, der als erster genannt wurde, und an der Börse an jenem Preis, den wir für eine Aktie bezahlt haben. Auf unser Sexleben angewandt bedeutet das: Wir orientieren uns beim Sex der späteren Jahre an der Erfüllung, die wir zu Beginn unserer Beziehung erlebt haben. So nachvollziehbar unsere Neigung ist, das eine mit dem anderen zu vergleichen – wir sollten den Ballast über Bord werfen und weiterschippern, neue Geschäfte machen und neue sexuelle Ufer erreichen. Die multiplen Orgasmen des ersten Jahres waren *wirklich* umwerfend, keine Frage – aber heute? Heute sollten wir mit etwas experimentieren, das uns näher ist. Mit Sex auf Verabredung im Zwei-Sterne-Hotel drei Straßen von unserer Wohnung entfernt zum Beispiel?

- *Verreisen Sie mit Ihrem Partner in fremde Länder.* Eine recht erfolgversprechende und gut realisierbare Möglichkeit, langfristigen Beziehungen zu ihrem erotischen Recht zu verhelfen. Wer sich in einer fremden Umgebung befindet, steht meist etwas neben sich, weil alles so aufregend neu ist. Beste Voraussetzungen also für erotische Gefühle. Ihrem Partner wird wahrscheinlich ähnlich zumute sein. Wenn Sie sich noch dazu in einem heißen Land aufhalten und den ganzen Tag ungewöhnliche Dinge unternehmen, dann kommt schnell eins zum anderen. Definitiv meine bevorzugte Empfehlung – ohne Sie dadurch im geringsten beeinflussen zu wollen.

- *Suchen Sie sich für jedes Ihrer widersprüchlichen Bedürfnisse einen anderen Menschen.* Diese Option führe ich bloß der Vollständigkeit halber auf. Sie klingt zynisch, und sie ist zynisch. Also nehmen Sie besser Abstand von dem Gedanken, mit einem Menschen eine feste, so gut wie sexlose Beziehung zu leben, und mit einem anderen eine flüchtige, sexzentrierte. Einzige Ausnahme: Sie haben mit Ihrem Partner eine klare diesbezügliche Verabredung getroffen. Nur etwas für sehr robuste Charaktere. Sollte es hingegen keine Verabredung geben, ersparen Sie Ihrem Partner und sich selber diese Qual. Es wird Ihnen eine Alternative dazu einfallen, wenn nicht heute, so spätestens morgen, da bin ich mir sicher.

Und auch noch eine kleine Nachbemerkung in Sachen Distanz und Fremdheit: Es gibt natürlich eine Form von Fremdheit, die sich gegen uns wendet. Wie die aussieht, illustriert anschaulich eine Anekdote, die Friedrich Torberg in seinem Buch «Die Tante Jolesch» erzählt. Ihr Held ist Prags ehemals «potentester Mann», der wegen seines roten Haars «der rote Krasa» genannt wurde. Er hatte eine Reihe von Affären, und so war es weiter nicht verwunderlich, als ihn eines Tages eine Vaterschaftsklage erreichte. Den einzigen Ausweg, sich aus der mißlichen Situation zu befreien, sah Krasa darin, zu behaupten, er sei unfruchtbar. Doch weil dazu das Attest eines echten Amtsarztes nötig war, ging nun die Suche nach einem los, der unter Umständen mit sich reden ließ. Nach wochenlangen Recherchen war es so weit, Krasa glaubte, einen gefunden zu haben. Er hieß Dr. Kalmus und amtierte, wie Torberg schreibt, in der «weniger vertrauenerweckenden Peripherie» der Stadt. Wie die Praxis des Doktors aussah und was sich dort abspielte, wissen wir deshalb so genau, weil Torberg Krasa auf seinem schweren Weg begleitete. Es muß ein niederschmetterndes Ambiente gewesen sein, in dem sich die beiden Herren wiederfanden. Gesteigert wurde die Kläglichkeit der ganzen Situation noch dadurch, daß Dr. Kalmus entgegen der Erwartungen nicht mit sich reden ließ, sondern von Krasa eine Samenprobe verlangte. «Damit überreichte er ihm (Krasa) ein Präservativ und deutete auf den einzigen im Raum befindlichen Lehnsessel, ein abgeschabtes Möbelstück mit nur einer Armlehne, jedoch zwei herausragenden Sprungfedern.» Was blieb Krasa anderes übrig, als sich zähneknirschend ans Werk zu machen. Ungeduldig ging Dr. Kalmus in dem Raum auf und ab, die Hände hinter dem Rücken verschränkt. Auf und ab, auf und ab. Nur logisch, daß Krasa sich vergeblich mühte und das Gewünschte auf sich warten ließ. Da wandte sich schließlich der noch unruhiger gewordene Doc an ihn: «‹Also was ist, Herr Krasa? Sind Sie bald fertig?› Mit waidwundem Blick sah der rote Krasa zu ihm empor: ‹Herr Doktor›, flüsterte er gequält, könnten Sie nicht wenigstens Du zu mir sagen?›»

Was Sie tun können, um sich möglichst effektiv von Ihrem Partner zu trennen

Seien Sie zynisch und rollen Sie verläßlich mit den Augen. Laut Auskunft vieler Fachleute gibt es keine wirkungsvolleren Mittel, konstruktive Gespräche zu verhindern und den anderen zu kränken, als diese beiden. Sollte sich also Ihr Partner bemühen, mit Ihnen über etwas Wichtiges zu sprechen, kommentieren Sie es auf möglichst abwertende Art. «Immer dasselbe mit dir!» eignet sich ebenso gut wie «Das war ja zu erwarten!»; dazu machen Sie eine wegwerfende Handbewegung und rollen mit den Augen. Zynische Bemerkungen, grimmige Witze und hochgezogene Augenbrauen sind der ideale Dünger für Krisen: Einfach anwenden, und schon wachsen diese zu imposanter Größe. Die erfolgreiche Trennung ist bloß eine Frage der Zeit.

Schweigen Sie wie ein Grab. Und zwar wie jenes, in dem Ihre Partnerschaft bald liegen soll. Wie Sie wissen, ist eines der wichtigsten Bindemittel Ihrer Beziehung eine möglichst respektvolle, verständnisvolle Kommunikation, in der Sie den eigenen Gefühlen Ausdruck verleihen. Gespräche dienen dazu, Probleme auf eine überschaubare Größe zu bringen und sie sukzessive zu lösen. Der Gefahr, Ihre Beziehung solcherart unnötig am Leben zu erhalten, können Sie begegnen, indem Sie verstummen. Einfach nichts mehr sagen. Superstrategie. Wer vielsagend schweigt und damit selbst bei Nachfragen weitermacht, läßt den anderen sprichwörtlich in der Luft verhungern; das Gegenüber weiß nicht mehr, was vorgeht, und diese Unsicherheit wirkt wie ein tödliches Beziehungsgift. Viele von uns müssen sich dabei nicht mal besonders anstrengen, denn wie eine Untersuchung ergeben hat, sprechen Partner nach fünfjähriger Ehe durchschnittlich noch sieben Minuten am Tag miteinander. Diese paar Minuten müßten doch auch noch plattzumachen sein!

Versuchen Sie, aus Ihrem Partner einen anderen Menschen zu machen. Am besten den Menschen, den Sie sich immer schon erträumt, aber nie bekommen haben. Dafür sollten Sie mit den Charakterzügen Ihres Partners vertraut sein; haben Sie beispielsweise erkannt, daß er zu Gewissenhaftigkeit neigt, unterwerfen Sie ihn einem kleinen Crashkurs in puncto Spontaneität und Emotionalität; ist er hingegen gesellig und heiter, konzentrieren Sie sich auf einsame, kerzenerleuchtete Abende in abgeschiedenen Räumen und auf düstere Orgelkonzerte. Eine Variante zu dieser Strategie könnte darin bestehen, diverse Beziehungsratgeber zu lesen und ihre Erkenntnisse sofort umzusetzen, bevorzugt solche, in denen zehn einfache Wege zum totalen Glück versprochen werden – inklusive To-do-Listen.

Betrachten Sie Ihren Lebensgefährten unter dem Kosten-Nutzen-Aspekt. Diese Sichtweise setzt sich immer mehr durch; warum sie nicht für die eigenen Zwecke adaptieren? Die Strategie besteht darin, auf unsere Beziehungen anzuwenden, was wir durch die globalisierte Wirtschaftswelt gelernt haben: den Partner unter dem Gesichtspunkt zu betrachten, was er uns in naher Zukunft einbringen und was er uns im Gegenzug kosten wird. Zweiteres von ersterem abziehen – und schon wissen Sie, was zu tun ist. Wenn Sie ein negatives Ergebnis erhalten – Sie Ihr Partner also mehr kostet, als er Ihnen bringt –, sofort eine der vorhin skizzierten Trennungsstrategien einleiten. Weg mit ihm! Was sollen Sie auch mit einem Gegenüber anfangen, das kontinuierlich älter, das heißt: nicht schöner und gesünder wird?

Bitte beachten Sie, daß diese Betrachtungsweise nur dann zu gewinnbringenden Ergebnissen führt, wenn Sie den Betrachtungszeitraum einigermaßen überschaubar halten, er also zwei bis *maximal* vier Jahre nicht überschreitet. So garantieren Sie, daß Sie stets auf Ihre Kosten kommen und nicht auf Ihren Spaß warten müssen. Sollten Sie einen deutlich längeren Betrachtungszeitraum wählen, laufen Sie Gefahr, Ihre Beziehung selbst dann aufrechtzuerhalten, wenn Sie ungleich mehr investieren als rausholen. Und wofür? Um erst in einem Jahrzehnt einigermaßen zufrieden zu sein? So spät? Geht es nicht ums Heute? Sollten Sie Investmentfonds oder Wagniskapital-Gesellschaften zum Vorbild Ihrer privaten Entscheidungen genommen haben – wofür vieles spricht –, ein sehr schlechtes Geschäft. Sollten Sie hingegen an ein klassisches Sparbuch und seine bescheidene Rendite denken, durchaus plausibel.

Mit diesem Crashkurs in Sachen «Wie beende ich eine Beziehung?» sind wir am Schluß dieser kleinen Meditation angelangt. Sollten Sie nun noch eine Bemerkung erwarten, die in einem Punkt zusammenfaßt, wie Sie eine funktionierende Beziehung hinbekommen, so muß ich Sie leider enttäuschen. Der einfache Grund: Jeder stellt sich darunter etwas anderes vor. Während für die Zubereitung eines richtig guten Wiener Schnitzels (Rezept auf Anfrage) ein paar verbindliche Regeln existieren, kann es die in Beziehungsfragen nicht geben. So ist es in Partnerschaft Nummer eins zielführend, den beiden Beteiligten zu erläutern, wie sie besser miteinander sprechen können, in Partnerschaft Nummer zwei hingegen, den beiden gute Scheidungsanwälte zu empfehlen.

An dieser Stelle kann ich seriöserweise bloß folgendes sagen: Sie kommen nur dann einen entscheidenden Schritt weiter, wenn Sie einigermaßen realistisch einzuschätzen lernen, was Sie, Ihr Gegenüber und Ihre Beziehung brauchen – und was Sie sich für sich und Ihren Partner wünschen. Das ist meiner Ansicht nach schon die halbe Miete; anschließend sollten Sie sich auf die Suche nach den Tricks begeben, die Sie der Befriedigung Ihrer Bedürfnisse näher bringen. Womit wir, über einen kleinen Schlenker, doch noch bei einer Abschlußbemerkung gelandet wären, die für sich in Anspruch nehmen kann, einen hilfreichen Generaltip zu liefern – wenn auch einen, der sich von dem erhofften «Zweipunkteprogramm für die ideale Beziehung» unterscheidet. Es wird Sie nicht wundern, wenn ich das als schlagenden Beweis für die Wirksamkeit des Durchwurstelns verbuche.

Kinder erziehen

Wie es kommt, daß Sie in der Erziehung Ihrer Kinder eine beinah unlösbare Aufgabe sehen, obwohl Sie im Grunde Ihres Herzens recht genau wissen, wie Sie sie bewältigen können – und warum Sie gut beraten sind, Ihren Nachwuchs für kompetent, robust und durchschnittlich zu halten.

«Nicht, daß Sie mich falsch verstehen», sagte die Stimme am Telefon, «aber meine Tochter Jasmin ist heute Nachmittag mit einem Kratzer auf der Nase nach Hause gekommen, und als ich wissen wollte, wo sie den herhabe, sagte sie, es sei Ihr Sohn gewesen, er habe sie, er habe sie …» – «Ja?» fragte ich aufmunternd, denn ich wollte von dem Vater jenes Mädchens, das in denselben Kindergarten wie unser Sohn geht, erfahren, was ich keinesfalls mißverstehen sollte. «Also, er habe sie … geschlagen, ja, sie sagte ‹geschlagen›, und davon sei der Kratzer. Dem wollte ich nachgehen, nicht, daß sich da etwas entwickelt, und wir merken es nicht.»

Um einen Streit zu vermeiden, hüstelte ich erst ein wenig, sagte dann «ach ja» oder «hmm, interessant» und überließ es dem Anrufer, den Gesprächsfaden weiterzuspinnen. So kam er auf ein paar andere Kinder aus der Gruppe der Fünfjährigen zu sprechen, bei denen vor ein paar Wochen auch irgend etwas mit Hauen vorgefallen sei, die Erzieherin habe sie sogar ermahnen müssen; ob ich davon nicht gehört hätte. Hatte ich nicht. Statt dessen wandte ich ein, daß wir beide vielleicht gut daran täten, das mit dem Hauen nicht *zu* ernst zu nehmen. Im übrigen solle er sich keine Sorgen machen, gleich nach unserem Telefonat würde ich mit meinem Sohn sprechen. «Ja, tun Sie das», pflichtete mir der Vater bei, «nicht, daß sich da was entwickelt, und wir merken es nicht.»

Ich machte mich also auf ins Kinderzimmer, wo mein Sohn gerade die Besatzung des Piratenschiffs auf die Männer der Polizeistation losließ; ich hockte mich zu ihm, um der Sache mit Jasmin auf die Spur zu kommen. Erst kreiste das Gespräch um das Hauen, bis sich dann irgendwann folgende Arbeitsthese ergab: Das Mädchen hatte sich auf den Rücken unseres Sohnes gelegt und er sie bei dem Versuch, die Last abzuschütteln, gekratzt. Ich rief den besorgten Vater zurück und erhob die Arbeitsthese zur Gewißheit: «Ein klassischer Unfall», vermeldete ich strahlend. Doch der Mann am anderen Ende der Leitung klang wenig überzeugt und merkte nur dürr an, so könne es natürlich *auch* gewesen sein, er wolle aber *ganz* sicher gehen, daß sich da nicht etwas entwickelt – «und wir beide merken es nicht», ergänzte ich und lachte unbestimmt, «ja, ja».

Einige Tage später rief die Mutter eines Jungen an, mit dem unsere große Tochter die dritte Klasse besucht. «Es ist mir ein bißchen unangenehm, Sie anzurufen», sagte sie entschuldigend, «aber es ist ja so, daß Ihre Tochter und unser Sohn gemeinsam zum Sport gehen.» Womit sie recht hatte: von der Grundschule bis zum Turnsaal; dafür waren exakt zwei Straßen mit Fußgängerampel zu überqueren, die Kinder waren vernünftig, so daß kein großes Risiko bestand, sie allein den zehnminütigen Fußweg zurücklegen zu lassen. «Das letzte Mal ist mein Sohn nicht nur zusammen mit Ihrer Tochter gegangen, sondern auch mit einem anderen Freund, der von seinem Vater begleitet wurde.» Angestrengt hörte ich zu, um den Überblick über die wachsende Reisegruppe nicht zu verlieren. «Der Vater dieses Jungen hat mich angerufen und gesagt, das ginge in Zukunft nicht mehr», meinte die Mutter und machte eine unentschiedene Pause. Obwohl ich versuchte, irgend etwas ansatzweise Problematisierenswertes zu finden, gelang es mir nicht. Wo war das Problem? «Wo ist das Problem?», fragte ich also und bekam zur Antwort: «Der Vater dieses Jungen will die Verantwortung für Ihre Tochter nicht übernehmen, wenn sie da zu dritt zum Sport gehen. Er will das nicht! Tut mir leid, aber er hat mich gebeten, Ihnen das auszurichten.»

Um zu vermeiden, daß ich etwas Unüberlegtes sagte, hüstelte ich erst ein wenig, preßte auch diesmal wieder ein «ach ja» oder «hmm, interessant» heraus und vergaß darüber den Rest des Gesprächs. Unsere Tochter ist dann allein zum Sport gegangen, und zwar ungefähr zehn Meter *vor* den beiden Kindern und dem Erziehungsberechtigten mit dem Verantwortungsproblem.

Ach, wie gehen sie uns auf die Nerven, diese überfürsorglichen Eltern, die alles, aber auch wirklich alles richtig machen wollen und jedes Risiko scheuen. Doch wenn wir einen Moment innehalten und ehrlich gegen uns selber sind, müssen wir konzedieren, ähnliche Gedanken zu hegen und uns ebenso eigenartig zu verhalten. Wir fahren zur Schule, um heimlich zu beobachten, ob die Kleinen den kurzen Weg nach Hause sicher bewältigen; wir lassen die Jungs den ganzen Tag in der Wohnung spielen, nur weil wir fürchten, daß es auf der Straße zu gefährlich ist; wir rufen die Mädchen mehrmals täglich auf ihrem Handy an, um ängstlich zu fragen, was sie gerade machen, und wundern uns dann, daß sie so genervt klingen; ja, wir melden uns sogar bei SchuelerVZ und Facebook an, um dahinterzukommen, was unsere Halbwüchsigen da treiben.

Wenn es etwas gibt, in dem sich alle fürsorglichen Mütter und Väter einig sind, dann darin, alles in der Erziehung richtig machen zu wollen. Und dieses Richtige möglichst perfekt. Wir umhegen sie, trösten und respektieren sie und knirschen nur leise mit den Zähnen, wenn wir beim Saubermachen des Autos alte Brötchen und zerknitterte Gogo-Tütchen finden. Diese Haltung ist natürlich prinzipiell wunderbar. Schließlich eröffnen wir unseren Kindern dadurch eine Unzahl von Perspektiven. Allerdings schaffen wir es nicht, die Dinge auch mal laufenzulassen, und gehen von der Vorstellung aus, die Entwicklung unserer Kinder hinge ausschließlich davon ab, wie engagiert *wir* uns ins Zeug legen. Ganz so, als wäre auf die Natur kein Verlaß mehr, auf die Eigendynamik kindlicher Entwicklung, auf Freunde und Lehrer – und auf den Lauf der Welt. Alles, so glauben wir, alles müssen wir selbst machen! Eine ehrenvolle Haltung, allein: Sie hat zur Folge, daß wir uns etwas viel Verantwortung aufbürden, sogar für Dinge, die wir nicht beeinflussen können (wie etwa den Zufall oder die Grundanlagen unserer Kinder).

Doch es gibt noch eine zweite (unbewußte) Überzeugung, die in unseren Köpfen kreist und uns zusätzlich unter Zugzwang bringt: daß nämlich unsere Kinder keinesfalls das Handelsübliche bekommen sollen. Ob es nun ihre Bildung betrifft, ihre Freizeitaktivitäten, ihr Spielzeug, ihre Klamotten, ihre Sportgeräte – für unsere Kleinen soll das Beste gerade gut genug sein. Daher müssen wir auch die besten Eltern der Welt sein – und wenn wir es nicht schaffen, uns zumindest darum bemühen. Wir sind getrieben von einer tiefen Skepsis gegenüber dem Normalen, dem Durchschnittlichen, dem Naheliegenden, und fühlen uns magnetisch angezogen vom Elite-Internat, der Top-Sportmannschaft, den permanenten Erfolgen und den lückenlos versiegelten Backenzähnen. Auch das geschieht in wohlmeinender Absicht, nehmen wir doch unseren Erziehungsauftrag ernst und begnügen uns nicht mit dem Erstbesten. Aber diese Haltung hat auch den einen oder anderen Nachteil: So entwertet sie zum Beispiel jene Normalität, in der wir uns die meiste Zeit unseres Lebens bewegen, und setzt uns den peinigenden Nachfragen unserer Bekannten aus: «Was, euer Sohn hat nur 'ne Drei in der Mathearbeit?» – «Was, eure Tochter geht in die nächstgelegene Grundschule?»

Damit nicht genug. Wir wollen nicht nur alles richtig machen und stets das Beste für unsere Kinder – wir empfinden auch einen starken Zeitdruck. Denn viele von uns sind der festen, nach neuesten Erkenntnissen der Hirnforschung wohlbegründeten Überzeugung, das Gehirn unserer Kinder sei beliebig formbar, aber leider nur während der ersten Lebensjahre. Daher hat uns Eltern eine große Unruhe erfaßt. Wir rasen durch die langen Regalreihen des Wissens und versuchen möglichst viel davon an uns zu raffen, um es den Kleinen mit auf den weiteren Lebensweg zu geben. Manchmal denke ich, daß wir aussehen müssen wie Menschen, die kurz vor Geschäftsschluß in den Supermarkt stürzen. Nur schnell! Im nächsten Moment schon könnte sich das «window of Gehirn-opportunity» wieder schließen. Und da stehen sie dann, unsere Kleinen, lieb, das ja, aber von durchschnittlicher Intelligenz und mit durchschnittlicher Leistung. Das wollen wir um jeden Preis verhindern.

Die Eigendynamik, die dieses Wettrennen angenommen hat, zeigt sich anschaulich in der Debatte um das achtstufige Gymnasium: Mittlerweile gilt das klassische Gymnasium mit seinen neun Klassenstufen als eine Art Schlafwagen, in dem mäßig begabte Schüler dahindämmern, während die Leistungsmusik ganz woanders spiele, nämlich in den «Schnelläufergymnasien» – auch «G8» genannt. Daß dort oft Kunst- und Sportunterricht ausfallen, nehmen viele Eltern in Kauf, weil ihre Kinder dafür ja beim Wettlauf um den möglichst schnellen Abschluß ganz vorn mit dabei sind. Auch Mütter und Väter, die der allgemeinen Tempobolzerei skeptisch gegenüberstehen, fühlen sich eigenartig von ihr angezogen. So debattierten meine Frau und ich lange Zeit, ob wir nicht alles daransetzen sollten, unsere beiden Kinder in einem «G8» unterzubringen. Inzwischen fragen wir uns, worin nur der Sinn der ganzen Eile besteht. Daß die Kinder schon mit achtzehn zu studieren beginnen und nicht erst mit neunzehn? Eher ins Ausland gehen können? Früher damit anfangen, nichts mehr zu tun, um den Verlust ihrer durchrasten Jugend zu kompensieren?

Weil es heute also sehr schnell gehen soll mit dem Projekt Erziehung, planen manche Eltern schon vor der Geburt ihres Kindes dessen Bildungsweg und buchen – allen Ernstes – pränatale «English lessons»; dem Bauch der Mutter werden große Kopfhörer übergestülpt, damit das Ungeborene, von dem wir offensichtlich annehmen, es paddle untätig im Fruchtwasser herum, schon mal mit den unregelmäßigen Verben loslegen kann. Wer dieses Beispiel für übertrieben hält, kann sich selbst überzeugen, und zwar auf der Homepage von www.babyplus.com, auf der ein «pränatales Erziehungssystem» angeboten wird. Die zentrale Aussage des Anbieters lautet: «Ihre Gebärmutter – das ideale Klassenzimmer.» Eltern, die etwas skrupulöser sind, geben sich mit musikalischer Früherziehung, mit Golfkursen für Vierjährige und einer Anmeldung fürs Hochbegabtengymnasium zufrieden. Mit alledem wollen wir unseren Kindern nicht nur ein perfekt geformtes Gehirn, sondern auch Zugang zu den richtigen Netzwerken verschaffen, von denen sie später einmal profitieren können.

Fürsorge ist prinzipiell begrüßenswert und zweifellos Ausdruck unserer Zuneigung. Welche Eltern möchten nicht das Beste für ihre Kinder? Welches Paar sieht reglos dabei zu, wie ihr Nachwuchs verkommt? Wir leben in einer Umgebung, in der Kinder an erster Stelle stehen, und in vielen Fällen wirkt sich das sehr positiv auf sie aus. Wir sollten es dabei nur nicht übertreiben; bei unseren Versuchen, die Kinder zu formen, übersehen wir leicht, daß ihre Gehirne nicht aus Plastilin bestehen, sich also nicht beliebig kneten lassen. Vielmehr sind die Kleinen bei ihrem Wachstum auf ganz anders geartete Impulse angewiesen. Weniger auf jene, die aus übergestülpten Kopfhörern dringen, sondern auf solche, die sie etwa durchs Spielen erhalten.

Wer die eigenen Kinder möglichst früh fit für ein erfolgreiches Leben machen will, der versucht natürlich, den Fortgang seiner Bemühungen lückenlos zu kontrollieren. Effektiv kann nur sein, wer weiß, wo sich die Kleinen gerade befinden – geistig wie körperlich. «Helicopter-Parenting» nennen Pädagogen es, wenn Eltern ihrem Nachwuchs nicht von der Seite weichen und ihm nötigenfalls auch mittels eines Hubschraubers auf dem Weg durch unwegsames Lebensgelände folgen. Als erfolgreichstes Mittel zur Dauerkontrolle hat sich übrigens das Handy der Kinder erwiesen. Ist es angeschaltet, können wir sie jederzeit erreichen, fragen, beraten oder nerven. Ist es ausgeschaltet, sitzen wir zu Hause, sorgen uns und werden uns hinterher beschweren. Auch hier gilt das vorhin erwähnte Sowohl-Als-auch: Unsere Präsenz kann den Kindern durchaus ein beruhigendes Gefühl vermitteln; andererseits wissen wir aus eigener Erfahrung, wie lästig so ein Telefon ist, das ständig in unserer Tasche dudelt.

Wie auch immer – das Gefühl, das womöglich sogar die Ursache unserer Hektik und Betriebsamkeit ist, können wir nicht aus der Welt schaffen: die Angst, irgend etwas falsch zu machen. Dauernd fragen wir uns, ob wir nicht das entscheidende Detail übersehen, das für eine erfolgreiche Zukunft unserer Kinder so wichtig sein könnte. Anlaß zur quälenden Sorge gibt es genug: Wir fürchten nicht nur, daß das Kind im Falle des Scheiterns schlecht ins Leben starten würde und diesen Nachteil vielleicht nie mehr ausgleicht – sondern auch, daß sein Mißerfolg uns selbst in Mitleidenschaft ziehen würde, hängt sein Schicksal doch unmittelbar mit unserem zusammen. Und weil wir Eltern keine herzlosen Maschinen sind, weil wir das ganze aufreibende Projekt aus echter Sorge um unsere Kinder verfolgen, fürchten wir zugleich, ihre Gefühle zu verletzen, ihre Liebe zu verlieren und sie mit unseren Ansprüchen zu überfordern.

Von außen betrachtet scheinen wir Eltern durchaus fröhlich und selbstsicher zu sein, aber tief in uns nagt hartnäckig die Befürchtung, es nicht gebacken zu bekommen. Wir mögen unsere Angst zwischenzeitlich vergessen oder verdrängen, doch früher oder später haben wir den nächsten Ratgeber in den Händen, der uns Fehler vorhält, von denen wir bislang nichts geahnt haben, die dafür aber um so katastrophaler sind. Den aktuellen Bestsellern zufolge neigen die meisten von uns dazu, sich von ihren Kindern terrorisieren zu lassen; schuld daran sei, daß wir uns als Ausgleich für die fehlende Liebe der Welt jene der Kinder sichern wollen; andere Thesenfabrikanten meinen, wir würden unseren Nachwuchs aus egoistischen Motiven mit unserer Liebe tyrannisieren, während wieder andere die Auffassung vertreten, uns fehle es ganz einfach an der nötigen Härte. Vor ein paar Jahren war von «Erziehungskatastrophe» und «Erziehungsnotstand» die Rede, wodurch wir uns ein weiteres Mal mit dem Vorwurf konfrontiert sahen, es all unseren Bemühungen zum Trotz verpfuscht zu haben.

Damit ist jene Situation skizziert, in der sich viele von uns befinden: Wir bemühen uns redlich und haben doch keinen Moment das Gefühl, es zu schaffen. Ein wesentlicher Grund dafür liegt wohl darin, daß uns etwas abhanden gekommen ist, von dem unsere Eltern noch genug besessen haben: Selbstsicherheit. Also einfach zu tun, was man für richtig hält. Während unsere Eltern einfach darauf vertrauten, es irgendwie hinzubekommen, stellt für uns jede noch so alltägliche Frage eine Klippe dar, an der wir zu scheitern drohen: Dürfen unsere Kinder fernsehen, oder läßt sie das total verblöden und verfetten? Dürfen wir dem quengelnden Sohn eine Pistole kaufen, oder fördert das Gewaltphantasien und Aggressivität? Darf das Kind ausnahmsweise mit dreckigen Füßen ins Bett, oder stellen wir damit die Weichen für späteres Messietum? So gesehen besteht unser Erziehungsalltag aus einer nicht enden wollenden Kette von Fragen, jede von ihnen dazu geeignet, uns tief und lange zweifeln zu lassen.

Es schwirren eindeutig zu viele Informationen und Empfehlungen durch die (pädagogische) Welt. Während die einen von uns verlangen, wir sollten unsere Kinder stärker disziplinieren, mahnen die anderen zu Nachsicht. Wieder andere appellieren an uns, die Kleinen nicht zu überfordern, sie aber auch nicht zu unterschätzen, nicht unsere Konflikte mit den eigenen Eltern unbewußt auf unseren Erziehungsstil zu übertragen und ja nicht mögliche Anzeichen des Aufmerksamkeitsdefizitsyndroms zu übersehen; gleichzeitig sollen wir bloß nicht hysterisch auf solche Anzeichen reagieren und unsere Kinder gefälligst nicht krank reden, wo gesellschaftliche Probleme die Ursache seien. Dazu kommen die Großeltern, die Lehrer, die Väter und Mütter aus der Krabbelgruppe, der Grundschule und dem Gymnasium, die uns allesamt mit ihren Privatweisheiten und todsicheren Erziehungstips versorgen. Während normalerweise mehr Wissen zu größerer Sicherheit führt, läuft es in der Kindererziehung genau andersherum: Je mehr Fakten, Statistiken und Thesen wir uns aneignen, um so unklarer erscheint uns die Lage.

Erklärungsansätze für den Verlust unserer Selbstsicherheit gibt es einige, wobei nicht immer klar zu erkennen ist, was Ursache und was Wirkung ist. So korrespondiert unsere Verunsicherung in Sachen Kindererziehung gewiß mit der ebenso hartnäckigen Unsicherheit, welche Richtung wir unserem eigenen Leben geben könnten. Immer mehr Menschen schieben den Zeitpunkt hinaus, an dem sie Kinder bekommen möchten – und entscheiden sich nicht selten ganz dagegen. Gründe gibt es genug: von den gesundheitlichen Risiken einer späten Schwangerschaft über die Bequemlichkeiten einer nichtfamiliären Lebensführung bis hin zur demotivierenden Wirkung öffentlicher Appelle, doch «bitte, bitte!» mehr Kinder zu kriegen. Jedenfalls weisen alle demographischen Studien darauf hin, daß sich immer mehr Paare gegen Kinder entscheiden, weshalb die Zahl der Kinder unter sechs Jahren schon 2020 um 7 Prozent gesunken sein wird. Aus welchen Gründen auch immer die Geburtenrate sinkt – die neue «Kinderarmut» wirkt sich auf unsere Wahrnehmung und unseren Umgang mit Kindern aus: Sie werden immer kostbarer, ein seltenes Gut und für die meisten von uns, die wir nur mehr ein oder maximal zwei Kinder bekommen, zu einer Art Einzelanfertigung. Nicht, daß sie für unsere Vorfahren bedeutungslos gewesen wären! Aber Paare, die bloß ein einziges Kind haben, sich darauf über Jahre vorbereiten, es unter Umständen nur mit (teurer) medizinischer Hilfe zeugen konnten, solche Paare entwickeln eine ganz besondere Beziehung zu ihrem Kind. Da ihnen die Vergleichsmöglichkeiten fehlen, wird jede Kleinigkeit zur Grundsatzfrage und zum Anlaß weitreichender Phantasien und Befürchtungen. Wir müssen uns bloß daran erinnern, wie selbstverständlich und zugleich beiläufig sich unsere Eltern an die Planung ihrer Familie gemacht haben, um zu erkennen, was für eine Haupt- und Staatsaktion das «Unternehmen Kind» heute geworden ist. So hat meine Mutter auf die Frage, wie sie das mit ihren drei Söhnen geplant habe, schlicht und einfach geantwortet: «Gar nicht groß!»

Womit ich an den Anfang zurückkehre: Solange Paare selbstverständlich Familien gründeten, es deutlich mehr Kinder gab und diese Kinder weniger geplant wurden als heute, also eher en passant auf die Welt kamen, waren sie auch nicht jener Aufmerksamkeit ausgesetzt, die wir ihnen inzwischen zuteil werden lassen. Kinder zu bekommen gehörte einfach dazu. Sie waren da, wuchsen auf, wurden in die nächstgelegene öffentliche Schule geschickt, man holte Oma ins Haus, wenn die Mutter arbeiten wollte und die drei Jungs zu viel Aufmerksamkeit verlangten, kleidete sie in irgendwelche, garantiert Label-lose Klamotten, fuhr jedes Jahr zur anderen Oma in die Sommerfrische, schimpfte und jammerte gelegentlich ein bißchen, wenn sie zu viel fernsahen und nicht gehorchten.

Bitte lesen Sie diese kurze Passage nicht als Eloge auf vergangene Zeiten – und auch nicht als deren Verurteilung. Ich möchte vielmehr darauf hinaus, wie grundsätzlich und vor allem schnell sich unser Verhältnis zum Thema Kinderkriegen und -haben verändert hat. Eine Kindheit in den Sechzigern, auf die ich mich hier aus eigener Erfahrung beziehe, konnte viele unangenehme Seiten haben, angefangen bei der Bedenkenlosigkeit, mit der Eltern, meist die Väter, Strafen und Prügel austeilten, bis hin zur rigiden religiösen Erziehung durch die Kirche. Sie hatte aber zugleich wunderbare Seiten: diese Unbekümmertheit etwa, mit der man uns losziehen ließ! Wir hatten viele endlose Nachmittage nur für uns, weil wir einfach rausgehen konnten, ohne daß irgendwer genau wußte, wo wir waren. Die einzige Regel lautete, vor Einbruch der Dunkelheit wieder zu Hause zu sein. Unsere Eltern trieben es mitunter sehr weit mit ihrer Sorglosigkeit. So bin ich schon am ersten Schultag alleine mit meinem Tretroller in die Grundschule gefahren und nachher wieder zurück. Es war jedenfalls eine prägende Erfahrung für mich, so früh so viel auf eigene Faust machen zu dürfen, zu können und zu müssen.

Das Wichtigste an dieser Beiläufigkeit ist meines Erachtens, daß sie auf jene unhintergehbare Basis des Vertrauens verweist, die uns heute weitgehend fehlt: Man vertraute auf den Gang der Dinge («wird schon werden»), auf die Kraft der Kinder («die werden das schon schaffen») und darauf, als Eltern in Ordnung zu sein («das kriegen wir schon hin»). Wer etwas einfach macht, ohne groß darüber zu debattieren oder nachzugrübeln, produziert neben einigen vermeidbaren Fehlern eben auch das beruhigende Betriebsgeräusch der Selbstverständlichkeit. Wenn wir in den Urlaub an die Adria fuhren, lagen wir Jungs – selbstverständlich unangeschnallt – hinten auf dem Rücksitz, unser Vater fuhr zügig und sicher, unterbrochen wurde das Dahingleiten von gelegentlichen Überholmanövern, bei denen niemand von uns Angst hatte, obwohl mein Vater auf schmalen jugoslawischen Straßen lange Lkws überholte. Es war ein Gefühl des Vertrauens und der Gewißheit, daß die Dinge einfach ihren Lauf nahmen und die Erwachsenen sie geregelt bekamen. Ich wünschte mir, daß wir Eltern in der Lage wären, ein solches Geräusch der Selbstverständlichkeit zu produzieren. Womit ich beim empfehlenden Teil dieses Kapitels angelangt wäre, in dem es genau darum gehen soll.

Gehen Sie grundsätzlich davon aus, daß Sie geborene Erziehungsexperten sind – und ungefähr wissen, wann Sie sich Ratschläge holen sollten. Mir ist bewußt, daß diese Empfehlung nach einer Erklärung verlangt. Ich möchte Sie jedoch zunächst bitten, einen kleinen Versuch zu starten (der im Grunde schon die Erklärung ist). Sie brauchen dafür eine halbe Stunde. Setzen Sie sich auf Ihr Lieblingssofa, sorgen Sie dafür, daß Sie keiner stört, und schauen Sie auf Ihr bisheriges Leben zurück, als handle es sich um die Vita eines guten Freundes. Ich weiß, das ist nicht ganz einfach, aber versuchen Sie es bitte dennoch. Und? Sehen Sie sie? Die wesentlichen Wendepunkte seines Lebens? Die mittelgroßen Krisen und die diversen Siege? Die großen Umzüge, die neuen Jobs, die Jahre im Ausland? Die Trennungen und neuen Lieben? Wenn Sie all das sehen, versuchen Sie einfach, sich selbst zu erzählen, was Ihr guter Freund bereits alles geleistet hat. Und?

Ich habe diesen Versuch einmal mit Theo Sommer gemacht, dem langjährigen Chefredakteur und Herausgeber der «Zeit». Ich bat ihn, in Gedanken einige Schritte in seinem Leben zurückzugehen und schließlich aus der Warte des Zwanzigjährigen auf sich selbst zu schauen, wie er heute dasitzt, als über Siebzigjähriger; wenn er so weit sei, würde ich gern erfahren, was ihm dazu einfalle. Ich konnte ihm richtiggehend dabei zusehen, wie er die Schritte zurück tat und innehielt. Dann hob er den Kopf, sah mich an und sagte bloß: «Wow!» Dazu strahlte er über das ganze Gesicht.

Ich bin mir sicher, daß Sie angesichts all der Dinge, die Ihr Freund, also Sie, schon mehr oder minder erfolgreich hinbekommen hat, ähnlich reagieren werden. Und zweifellos wird Ihnen auffallen, daß Sie Ihre Leistungen nicht unbedingt umfangreichen Schulungen, Lektionen oder Tips zu verdanken haben. Vielmehr rühren diese von Ihrer angeborenen Grundkompetenz her, sich durchs Leben zu improvisieren, von der Fähigkeit, sich auf der Basis einiger wichtiger Grundlektionen von Anlaß zu Anlaß durchzuwursteln. Jene Grundkompetenz verdankt sich dem Erfahrungsschatz, den wir vor allem von den eigenen Eltern mitbekommen haben (weshalb nicht jede Generation damit beginnen muß, die Welt von Grund auf neu zu erfinden). Die einschlägige Wissenschaft – «transgenerationale Epigenetik» genannt – ist dabei, die These von der genetischen Weitergabe von Erfahrungen dingfest zu machen. Im Februar 2009 ergaben Tierversuche, daß Mäusemütter ihren Kindern Erfahrungen vererben können; es wäre unseriös, diese Ergebnisse einfach auf uns Menschen zu übertragen, aber das junge Fach wird uns noch mit so mancher Erkenntnis überraschen. Meine einfache Empfehlung jedenfalls lautet: Vertrauen Sie sich! Und: Gehen Sie davon aus, daß Sie *ungefähr* wissen, wie das mit der guten Erziehung klappt, und daß Sie im Tagesgeschäft Ihren Job als Eltern beherrschen.

Halten Sie es mit Ihren Kindern wie mit sich selbst: Vertrauen Sie ihnen. Solange die Grundvoraussetzungen stimmen, müssen wir uns um unsere Kinder keine Sorgen machen. Sie sind mit einer Reihe von Kompetenzen ausgestattet, die wir ihnen gar nicht geben müssen – nur nehmen sollten wir sie ihnen nicht; wir sollten sie bloß darin bestätigen. Ich denke da vor allem an ihr Grundvertrauen in die Welt im allgemeinen und in uns Eltern im besonderen. Es gibt keinen Anlaß, unseren Kindern zu mißtrauen. Außer sie borgen sich von uns einen Schweißbrenner und verschwinden damit im Keller.

Schaffen Sie eine tragfähige und verläßliche Beziehung zu Ihren Kindern und legen Sie damit das Fundament für deren starke Persönlichkeit. Jeder, der mit Kindern zu tun hat, kommt irgendwann auf diese ebenso einfache wie existentielle Empfehlung zu sprechen. Es sei wie beim Bau eines Hauses: Wenn wir beim Fundament pfuschen, ist das ganze Gebäude instabil, mag der zweite Stock noch so cool eingerichtet sein. Die Qualität dieses seelischen Grundgerüsts hängt nicht davon ab, ob wir den Ungeborenen Englischlektionen verpassen oder den Dreijährigen Musik- und Sportunterricht. Sie entscheidet sich vielmehr daran, wieviel Zeit wir uns für unser Kind nehmen, ob wir ihm das Gefühl vermitteln können, geborgen zu sein, ob wir ihm hilfreich zur Seite stehen, ihm vertrauen, es lieben, ihm diese Zuneigung zeigen können, ob wir klare, nachvollziehbare Regeln aufstellen und uns selbst daran halten. All das auf kontinuierliche, berechen- und belastbare Weise.

Mit einem Wort: Wir sollten sein wie der vielzitierte Fels in der Brandung. Der ist auch nicht an einem Tag auf Dienstreise und am anderen ausnahmsweise zwischen fünf und sieben Uhr da, um dann wieder zu verschwinden. Eine ganz ähnliche Metapher, die sehr schön versinnbildlicht, wie wir Eltern idealerweise sein sollten, stammt aus dem Film «Ran» von Akira Kurosawa. Darin heißt es über den Regenten: «Der Berg bewegt sich nicht!» Nur so verleihe er seinem Reich die nötige Stärke und Ausstrahlung. Daran könnten wir uns in unserer Verläßlichkeit orientieren. Wenn wir den Pädagogen glauben dürfen, sind Kinder recht genügsam: Es reicht ihnen eine einzige Bezugsperson, die ihnen in der beschriebenen Art begegnet, und es muß nicht einmal ein Elternteil sein; eine liebevolle Tante oder ein Stiefvater tut es auch, Oma oder Opa sowieso. Aber geben muß es so jemanden im Leben unserer Kinder, sonst haben sie keine Chance, jenes seelische Grundgerüst zu entwickeln, das sie zu einer stabilen, charakterfesten und belastbaren Person macht. Erst diese Basis läßt sie Höhen und Tiefen bewältigen – wie über vollkommen durchschnittliche Eltern hinwegkommen, die bisweilen Unsinn machen, einander widersprechen, schon mal ausrasten und die Anmeldung für das Frühenglisch nicht nur vergessen, sondern bewußt vermeiden. Nur der Vollständigkeit halber: Es schadet natürlich nicht, wenn das Kind in beiden Elternteilen das verläßliche Gegenüber findet, von dem hier die Rede ist.

Rufen Sie sich gelegentlich den Satz «Wir sind die Großen, die Kinder die Kleinen» in Erinnerung. Eltern kommen leicht mit den natürlichen Hierarchien durcheinander. Nicht selten glauben wir, Kinder seien Erwachsene, bloß kleiner, verspielter und mit einem Hang zu problematischer Orthographie; im übrigen könnten wir mit ihnen aber umgehen wie mit Großen. Diese Ansicht ist zwar nachvollziehbar, weil sie unserer aufgeklärten Grundhaltung entspricht, geht aber leider von falschen Voraussetzungen aus. Kinder sind nämlich klein, haben dünne Arme, sind jähzornig, rennen über die Straße, ohne zu schauen, spielen die wunderbarsten Spiele, essen ungern Gemüse, machen einen großen Bogen um Mathe- und Deutschübungen – und sind vor allem noch keine fertig ausgebildeten Persönlichkeiten. Wir Großen hingegen sind groß, haben starke Arme, sind jähzornig, fahren aus der Seitenstraße, ohne zu schauen, essen ungern Gemüse – und haben vor allem die Aufgabe, uns um die Kleinen zu kümmern, denn:

- Wir sind die Beschützer, die Helfer, die Verläßlichen, die Bestimmer, die Regeldurchsetzer, die Doofen, die Gemeinen, die bedingungslos Liebenden, die Chefs vons Janze.
- Wir sind die, die den Kleinen nicht dauernd dreinreden, wenn sie ihre eigenen Erfahrungen machen wollen und sollen – auch wenn es uns schwerfällt, nicht die Alleskönner zu spielen.
- Wir sind die, deren Aufgabe es ist, die Kleinen zu neuen Dingen zu ermuntern – auch wenn wir dabei Angst haben.
- Wir sind die, die einschreiten müssen, wenn etwas aus dem Ruder läuft – sich damit aber so lange Zeit lassen, bis es gar nicht mehr anders geht.
- Wir sind die, die wissen, wie nervtötend es mitunter sein kann, immer die Großen und Vernünftigen sein zu müssen – die aber akzeptieren, daß es nun mal ihre unverrückbare Rolle in dem Eltern-Kind-Spiel ist.
- Und wir sind die, die schnell verstanden haben, wozu Listen wie diese führen – und die daher problemlos in der Lage sind, sie aufgrund eigener Erfahrungen zu ergänzen.

Entrümpeln Sie Ihren Terminkalender und den Ihrer Kinder. Wenn Sie ein Blatt Papier zur Hand nehmen und notieren, was Sie und Ihre Kinder Woche für Woche zu erledigen haben, werden Sie erstaunt sein, wieviel das ist. Meist sind es die Mütter, die da unmittelbar nach der Arbeit quer durch die Stadt brettern müssen, um die Kinder zwischen Fußballtraining, Mandolinengedudel, Chinesischintensivkurs und verschiedenen Freunden hin und her zu chauffieren, um dann abends noch für alle zu kochen. Auf welches Maß Sie die Betriebsamkeit der Kinder und Ihre eigene Belastung herunterdimmen können, ist oft eine schwierige Frage. Aber Sie sollten es tun, ein wenig zumindest.

Lassen Sie die Kinder in Ruhe ihren Job erledigen. Was die Kinder mit der Zeit anfangen sollen, die sie durch das Downsizing der Familienagenda gewonnen haben? Nichts! Sie sollten kein neues Programm abarbeiten müssen, sondern vielmehr: spielen. Nein, nicht mit der Wii-Konsole (das auch, aber nur manchmal) oder am Computer (das auch, aber nur in Maßen), sondern einfach so. Am besten draußen im Freien. Für Uneingeweihte: Beim Spielen handelt es sich um eine Tätigkeit, bei der Kindern ein harmloser Stock, eine Decke und ein paar Holzklötze ausreichen, um daraus phantastische Riesenszenen zu schaffen: ein bewaffnetes Heer von Piraten, ein idyllisches Schloß im Grünen oder einen Gemischtwarenladen, in dem es neben Regenwürmern und Edelsteinen auch Zauberwurzeln, Gummibärchen und Papis neues iPhone zu kaufen gibt, das er seit einer Stunde sucht.

Leider genießt das Spielen kein besonders hohes Ansehen. Vielen gilt es als verplemperte Zeit, weshalb spätestens bei Schuleintritt Schluß damit sein sollte. Beim Spielen werden schließlich weder Rechenaufgaben gelöst noch Vokabeln gelernt oder strategisches Vorgehen trainiert. Mit dieser Einschätzung liegen wir aber ziemlich daneben, denn wenn Kinder (bis weit über das zehnte Lebensjahr hinaus) einen «Job» zu erledigen haben, dann den, zu spielen. Dabei tun sie mehr für ihre persönliche und intellektuelle Entwicklung als irgendein hochbezahlter, erfolgsorientierter Coach jemals leisten könnte – ganz gleich, wie engagiert er ist. Im Spiel erproben Kinder nichts Geringeres als ihre Weltaneignungsstrategien: Sie entwickeln eigene Systeme und Regeln, unternehmen Phantasiereisen, probieren sich in verschiedenen Haltungen aus, schmeißen mit Dreck, fühlen und riechen und schmecken, fallen von Bäumen, improvisieren, wechseln rasend schnell die Wirklichkeitsebenen und holen sich dabei jene Energie zurück, die ihnen im Kindergarten und der Schule abverlangt wird. Wir Großen müssen gar nicht immer verstehen, worum es bei den Spielen geht, und eingreifen sollten wir erst recht nicht (es sei denn, wir werden dazu aufgefordert, oder die Fensterscheiben drohen dem Kampf der Piraten gegen die Polizisten zum Opfer zu fallen).

Selbst wenn Ihre Kinder lustlos herumhängen und mit der freigeschaufelten Zeit nicht mehr anzufangen wissen, als sich auf ihren roten Sitzsäcken zu langweilen, sollten wir die Sache bloß aus dem Augenwinkel registrieren. Und die Kinder im übrigen einfach machen lassen. Ihnen wird entweder etwas einfallen, oder sie werden uns mit ihrem Herumgelümmel aus der Reserve locken – und wir mit ihnen zu spielen beginnen. Eine Stunde reicht schon, denn es zählt weniger die Quantität als die Qualität der gemeinsam verbrachten Zeit. Also besser, Sie vertiefen sich eine schweißtreibende Stunde in den Nahkampf mit Ihren beiden Söhnen, als drei Stunden teilnahmslos neben ihnen herumzusitzen und alle fünf Minuten die E-Mails auf Ihrem Blackberry zu checken.

Bleiben Sie einigermaßen entspannt, und wursteln Sie sich durch. Wenn es einen Aufgabenbereich gibt, für den ich die Strategie des Durchwurstelns ganz besonders empfehlen kann, dann den der Kindererziehung. Sie verträgt sich nämlich schlecht mit dem Wunsch, grundsätzlich zu werden, und überhaupt mit Ideologie. Vielmehr empfiehlt es sich, auf einigen wesentlichen Punkten zu beharren, im übrigen jedoch pragmatisch zu sein. So ist zum Beispiel die Regel, nur biologische Dinge zu essen und niemals fernzusehen, zwar ehrenhaft und politisch sehr korrekt, führt jedoch leicht zu ungemütlicher Verbohrtheit. Die Alternative dazu könnte lauten: Wenn es geht, essen wir biologisches Zeug, aber zwischendurch besorgen wir uns auch Hamburger und Cola; wir sollten nicht vergessen, daß Fernsehen Kinder passiv machen kann, aber auch klug und informiert, wenn wir auf das richtige Programm achten. Und in manchen Momenten sollten wir uns sogar die Freiheit nehmen, das Falsche mit dem Falschen zu kombinieren und beim Fernsehen einen Hamburger zu essen oder beim Hamburgeressen fernzusehen (und zwar Trash).

Halten Sie Ihr Kind für durchschnittlich – außer, es läßt sich keinesfalls übersehen, daß es ein Überflieger ist. Das klingt erst einmal absurd, ist aber bedenkenswert. Denn wie ich einem «Spiegel»-Artikel über «kleine Einsteins» entnehme, grassiert unter deutschen Eltern ein folgenschwerer Irrtum: Immer mehr Mütter und Väter halten ihre Kinder für hochbegabt, investieren daher viel Geld, um das objektiv feststellen zu lassen und melden ihren Nachwuchs für Hochbegabtenförderkurse an. All das sollten wir den Unseren ersparen. Und das aus einem naheliegenden Grund: Die Wahrscheinlichkeit, daß der IQ unseres Kindes unter 130 liegt (es also ganz normal klug ist), beträgt beruhigende 98 Prozent. Bedauerlicherweise empfinden immer mehr Eltern den Umstand, daß ihr Nachwuchs liebenswerter und vollkommen normaler Durchschnitt ist, als tiefe Kränkung. Das läßt die naheliegende Vermutung zu, daß es bei der ganzen Angelegenheit mehr um das Prestigedenken und das Ego der Eltern geht als um die natürliche intellektuelle Entwicklung des Kindes.

Ich weiß, wir alle meinen es «nur gut» mit unseren Kindern und wollen nur ihr «Bestes». Wir sollten uns in diesem Zusammenhang aber bisweilen an den alten Spontispruch erinnern, der da lautet: «Alle wollen nur unser Bestes, aber wir geben es ihnen nicht!» Meist genügt es daher, wenn wir unseren Kindern das Gute zu geben versuchen. Das ist schon eine ziemliche Menge.

Mit Krisen leben

Wie es Ihnen gelingt, mittelprächtigen Katastrophen doch noch etwas Positives abzugewinnen, ohne sie deshalb gut finden zu müssen, warum kein Weg daran vorbeiführt, den anderen von Ihren Problemen zu erzählen – und warum es für Ihr krisengeschütteltes Ego recht hilfreich sein kann, schweißen zu lernen.

Es war eines dieser Abendessen, die mit einer kalten Vorspeise beginnen und mit einer hitzigen Debatte enden. Anlaß war «die Krise», also jenes wirtschaftliche Durcheinander, das im Herbst 2008 allgemein sichtbar wurde, mit dessen Auswirkungen sich in der Folge viele herumschlugen und von dem sich manche bis heute nicht erholt haben.

Ich weiß nicht mehr, wie es losging mit dem Krisengespräch, doch als mein langjähriger Freund Xaver seine Pläne für den Notfall etwas genauer schilderte, war ich schlagartig bei der Sache. «Ich fahre demnächst», verkündete er, «in den Supermarkt und kaufe einen großen Vorrat an Dosen.» Die werde er im Keller seines Hauses lagern. «Man kann ja nicht wissen, wie es mit der Krise weitergeht.» Ich fragte, an wie viele Dosen er gedacht habe. «Schon an eine ganze Menge – so viele jedenfalls, daß meine vierköpfige Familie zwei, drei Wochen damit durchkommt. Wasser brauchen wir auch, das ist mir klar.» Wie er sich das konkret vorstelle, hakte ich nach, «wollt ihr da monatelang Zeug aus der Dose essen und Wasser dazu trinken, bis es euch aus den Ohren kommt?» Mein Freund lächelte wissend und schwieg. «Welche Dosen sollen es überhaupt sein?» – «Ravioli», antwortete er rasch. Mir wurde klar, daß dies alles kein Scherz war. Er meinte es ernst.

In der folgenden halben Stunde setzte Xaver der abendlichen Runde auseinander, wie er unser aller Zukunft sah: Es werde zu einer totalen Geldentwertung kommen und die Wirtschaft zusammenbrechen. Versorgungsengpässe, Treibstoffmangel, Tauschhandel, soziale Unruhen. Dazu rollte er dramatisch-fröhlich mit den Augen. Bald würden wir ihn nicht mehr so mitleidig mustern und seine Lebensmittelvorräte zu schätzen wissen. Ich wollte eben eine blöde Bemerkung machen, da fixierte er mich mit seinen großen, sanften Augen und meinte: «Für *euch* haben wir immer eine Dose übrig, wenn es drauf ankommt.» Um meiner Familie nicht zu schaden, ließ ich die blöde Bemerkung sein, man kann ja nie wissen. Meine Skepsis sei aber durchaus berechtigt, räumte Xaver großzügig ein, das mit den Dosen sei nur eine gewisse Zeit machbar. «Demnächst lagere ich Saatgut ein. Irgendwann werden wir ja logischerweise anfangen müssen, Gemüse anzubauen.»

Das war der Moment, in dem sich Helene zu Wort meldete. Sie hatte schweigend am anderen Ende des Tisches gesessen und in ihr Glas gestarrt. «Sag mal, welches Atombunkermodell würdest du mir denn empfehlen?» fragte sie während einer Gesprächspause. «Ich kann einfach keins finden, das zu meiner Handtasche paßt!» Allgemeines Gelächter. Doch entgegen ihrer Gewohnheit, eine Pointe zu landen und dann wieder zu verstummen, ließ es meine Kindheitsfreundin diesmal nicht damit bewenden. «Entschuldige, aber mit einer echten Krise hat dein Gerede wenig zu tun. Oder glaubt irgend jemand ernsthaft, daß wir uns bald bei Aldi um Lebensmittel prügeln werden? Und wälzt sich irgendwer von euch schlaflos im Bett, weil seine Millionen weg sind?» Die Runde schwieg. Was denn ihrer Meinung nach eine echte Krise sei, wollte Xaver wissen. Er klang ein wenig schnippisch. «Als sie mich vor zwei Jahren rausgeworfen haben und kurze Zeit später auch noch meine Beziehung kaputtgegangen ist», sagte Helene, «*das* nenne ich eine Krise!» Wieder schwiegen alle. Erst habe sie geglaubt, zu einem dieser Meetings zu gehen, dessen Erfolg man einzig an den wider besseres Wissen verdrückten Keksen messen kann. «Und dann saß da plötzlich mein Teamleiter mit der Tante von der Personalabteilung, druckste herum und sagte ohne jede Begründung, daß ich morgen nicht mehr wiederzukommen brauche; anschließend hat er mich wie eine Kleinkriminelle zu meinem Arbeitsplatz begleitet und mir dabei zugesehen, wie ich meinen Bleistiftspitzer und meine Fotos eingepackt habe. Es war so demütigend, ihr könnt euch das gar nicht vorstellen. Mal abgesehen von der Panik, die ich bekommen habe, weil wir uns erst kurz zuvor eine Wohnung gekauft hatten.» Helene nahm einen Schluck aus ihrem Glas. «Die Story mit dem Ex erspare ich euch. Außer ihr wollt eine Geschichte hören, in der ein nackter Mann mit einer Erektion, eine Brünette im Slip, ein zerwühltes Ehebett und eine überraschend nach Hause kommende Frau auftauchen, die mit Fruchtjoghurts wirft und ‹Schlampe!› schreit. Wollt ihr?» Helene lächelte in die betroffen dreinblickende Runde. «Schaut nicht so traurig, war ja meine Krise! Außerdem geht es mir wieder gut!» Helene lachte. «Gibt es noch etwas zu trinken? Und, Xaver, wie ist das jetzt mit den Ravioli? Lädst du mich auch ein? Nur für den Fall, daß wieder mal eine fremde Tussi in meinem Bett liegt.»

Auch wenn leicht zu erkennen ist, wer bei diesem kleinen Disput als Sieger vom Platz ging, sollten wir die Gefühle aller respektieren, denn in einer Krise sehen sich beide; sie unterscheiden sich bloß darin, wie sie mit ihrem jeweiligen Problem umgehen. Xaver machte sich wichtig und kaufte Dosen, Helene zog sich zurück und leistete sich eine Gesprächstherapie. Wobei nicht immer gesagt ist, daß jede Krise so glimpflich endet wie die meiner beiden Freunde: Während die einen die Trennung von einem geliebten Menschen irgendwie meistern (nach einigem Herumgewürge), lassen sich die anderen davon so tief verunsichern, daß sie fortan lieber alleine bleiben; während die einen vom Verlust ihres gesamten Besitzes nur vorübergehend erschüttert werden, schaffen es die anderen nie mehr, Tritt zu fassen; und während die einen nach dem Tod eines geliebten Menschen tief trauern, aber nach einer bestimmten Zeit wieder ins Leben zurückfinden, verlieren andere ihre Lebenslust ein für allemal.

Wie auch immer unsere aktuellen Krisen aussehen und wir auf sie reagieren – sehen wir genauer hin, werden wir entdecken, daß sie einander im Kern recht ähnlich sind. Stets geht es in unseren Krisen ums Ganze, na ja, zumindest um etwas ziemlich Großes; grundsätzliche Dinge beginnen sich zu verändern oder haben sich schon verändert, mal sind wir davon überrascht und erstaunt, mal haben wir die Veränderung selber vorsätzlich herbeigeführt, mal ist sie das Ergebnis eines seltsamen Zufalls. Nehmen wir nur Helenes Beispiel: Eben noch haben wir mit unserem Lebensgefährten einen Galerienrundgang, ein Abendessen mit Freunden und die Gründung einer Großfamilie geplant, da liegt plötzlich unser Leben in Trümmern. Kein Stein ist auf dem anderen geblieben, und wir müssen darüber nachdenken, wie alles weitergeht. Krisen sind wie ein unvermeidlicher Umzug: Wir müssen aus unserer gewohnten Umgebung raus, ob wir wollen oder nicht – und es liegt an uns, aus dem ganzen Kuddelmuddel etwas zu machen (oder darin unterzugehen).

Sich für etwas Neues entscheiden zu *müssen* – das ist, was Krisen im Kern ausmacht. Verschärft wird die Lage dadurch, daß wir nicht wissen können, ob dieses Neue besser ist als das verschwundene Alte oder um einiges mieser. Diese Kombination aus Zwang und Unvorhersehbarkeit macht verständlich, warum wir in Krisen von vielen widersprüchlichen Gefühlen erfüllt sind; sie gehen oft fließend ineinander über und bilden die wunderlichsten Mischungen, einem Sack «Bertie-Botts-Bohnen in allen Geschmacksrichtungen», wie wir ihn aus «Harry Potter» kennen, nicht ganz unähnlich: Manche schmecken nach Pfefferminz, manche nach Ohrenschmalz.

Da wäre einmal das weitverbreitete Gefühl der Angst in all seinen Varianten, bis hin zu Panik und Depression. Was nicht weiter verwunderlich ist. Wenn das Haus abgebrannt ist, wir verlassen werden oder mit einer rätselhaften Krankheit kämpfen, müssen wir ganz einfach Angst bekommen. Angst, nie mehr einen Fuß auf den Boden zu bekommen, nie mehr gesund zu werden, unterzugehen, zu scheitern. Wie so oft mischt sich unsere Furcht mit Zorn,

Zorn gegen den Verursacher des jeweiligen Schlamassels. Und mit Unsicherheit. Wie weiter? Was tun? Was lassen? Wem noch trauen? Wohin ziehen? Wie gesund werden? Aus Rache einen Fisch in die Lüftung seines Sportwagens stecken? Ihre peinlichsten Fotos im Internet veröffentlichen? Wen um Rat fragen? Überhaupt irgend jemanden um Rat fragen? Ganz zu schweigen von dem Gefühl, nichts mehr wert zu sein; warum sonst hat man uns so schnell verlassen oder rausgeworfen? Weil unser Körper von alledem nicht unberührt bleibt, gesellen sich zu den miesen Gefühlen meist weitere Unannehmlichkeiten: Wir finden kaum noch Schlaf, verlieren den Appetit oder sitzen stundenlang wie ausgeknipst herum.

So dominant diese Gefühle und Zustände auch sein mögen – sie haben nicht auf alle dieselbe Auswirkung. Der eingangs erwähnte Xaver war zwar einerseits von echter Sorge erfüllt, schien sich seine Krisenszenarien aber auch deshalb bis ins letzte Detail auszumalen, um sich in den Zustand der Angst zu *versetzen*, ja, er empfand diese Angst offensichtlich als etwas durchaus Lustvolles. Das klingt eigenartig, doch im Grunde hat Xaver nichts anderes getan, als Bergsteiger, die in extrem steilen Felswänden herumklettern: Sie begeben sich bewußt in unsichere Situationen, um das Gefühl zu erleben, Gefahren meistern und überstehen zu können. «Angstlust» hat der Psychoanalytiker Michael Balint das genannt.

Doch oft geistern während einer Krise noch andere, eindeutig positive Emotionen in uns herum. Wir übersehen sie gerne, weil sie so gar nicht in das düstere Ensemble aus Angst, Wut und Ratlosigkeit passen. So erfaßt viele von uns eine gewisse prickelnde Aufregung, ja, eine rätselhafte Freude – und das, obwohl wir vor den Trümmern unseres bisherigen Lebens stehen? Ja, gerade deshalb! Und das ist auch nachvollziehbar. Besonders bei jenen, die sich zum Beispiel in ihrer eben gescheiterten Beziehung schon länger nicht mehr wohlgefühlt und sie bloß aus Routine oder Furcht vor dem Unbekannten fortgeführt haben. Diese Menschen werden sich – trotz allen Schmerzes und aller Wut – gelegentlich dabei ertappen, wie sie sich ein neues, deutlich glücklicheres Leben ausmalen. Die wiederum, die ihren Job verloren haben, werden sich ab und zu dabei beobachten, wie sie es genießen, vormittags im Café zu sitzen, schönen Menschen nachzusehen und Notizen für eine Geschäftsidee zu machen, über die sie seit Jahren nachdenken und die sie auch diesmal nicht realisieren werden. Und selbst jene, die erst mal nichts als Katastrophenstimmung verspüren, werden (wenn sie denn wollen) nach einiger Zeit doch irgend etwas Positives in ihrem Durcheinander entdecken.

Ich vermute, daß auch deshalb viele in dieser eigenartig besorgt-fröhlichen Weise über die Finanzkrise gesprochen haben: Sie haben gehofft, die Krise werde uns zu einem einfacheren, ehrlicheren, moralischeren Leben nötigen, indem sie das Gewohnte schlicht unmöglich macht. Endlich sollten wir unser Talent als Pfadfinder unter Beweis stellen dürfen: Holz hacken, Tiere jagen, die Familie verteidigen, Benzin organisieren, Unterkünfte bauen – Schluß mit dem zivilisiert-gelangweilten Herumgesitze in Büros und Endlosmeetings! Wie viele Menschen diese Sehnsucht erfaßt hat, zeigt eine Bewegung, deren Anhänger sich einig sind, daß wir uns auf den totalen Kollaps der Welt vorbereiten müssen. Sie nennen sich «Survivalists»,

Überlebenskünstler, und in vielen Blogs und auf vielen Homepages können wir ihre Philosophie finden.* Ihnen mußte die Finanzkrise wie das Versprechen erscheinen, bald ihre Fähigkeiten ausspielen zu können.

Daß wir uns nicht mißverstehen: Krisen sind und bleiben höchst unangenehm, weil sie uns vor grundsätzliche Fragen stellen. Sie fordern uns heraus, verlangen uns alles ab und können uns verschlingen. Aus die Maus! Es besteht kein Grund, Krisen zu loben und herbeizuwünschen, wie das jene Ratgeber gerne tun, die uns einreden wollen, daß wir nur durch Probleme wachsen können. Das geht auch anders. Zudem verschweigen die Ratgeber, daß wir durch Krisen auch untergehen können. Sollten wir freilich mitten in einer – wodurch auch immer verursachten – Krise stecken, bleibt uns gar nichts anderes übrig, als sie zu unserem Vorteil zu nutzen. Wie das gelingen könnte, davon soll jetzt die Rede sein.

* Diese Art Großstadt-Pfadfinder taucht auch immer häufiger in den großen Medien auf, so zum Beispiel die Figur namens Robert Neville, die aus dem Film «I Am Legend» stammt und von Will Smith gespielt wird. Er muß sich in einem tagsüber menschenleeren, völlig zerstörten, nachts von Zombies bewohnten New York durchschlagen und nebenbei nach einem Serum suchen, das die Zombies wieder in Menschen verwandelt. Es gibt natürlich viele Vorläufer für diese Einzelkämpfer, beispielsweise bei Arno Schmidt, der in seiner Erzählung «Schwarze Spiegel» aus dem Jahr 1951 von einem Überlebenden eines Dritten Weltkriegs schreibt, der durch die leere Welt streift und dann doch eine Frau trifft. Sehr lesenswert. Der amerikanische Wissenschaftsjournalist Alan Weisman hat die Phantasie noch weiter getrieben und in dem Buch «Die Welt ohne uns» spekuliert, was geschehen könnte, wenn wir Menschen ganz verschwinden.

Sprechen Sie. Und zwar mit Menschen, von denen Sie annehmen, daß sie Ihnen geduldig zuhören. Oft reicht das schon, denn wenn wir anderen begreifbar machen wollen, worunter wir leiden, sind wir dazu gezwungen, ein wenig Ordnung in das Durcheinander unserer Gedanken und Gefühle zu bringen. Ordnung in etwas zu bringen bedeutet, ein wenig Abstand zu gewinnen. Und Abstand zu gewinnen ist der erste Schritt zur Krisenbewältigung. Außerdem hilft uns das Reden dabei, aus dem Gedankenkarussell auszusteigen, in dem wir gefangen sind, denn immer wieder stellen wir uns dieselben wenig hilfreichen Fragen: «Warum hast du nicht?» und «Wenn ich doch gewußt hätte!». Wie ich im Kapitel über den Sinn des Lebens zu zeigen versucht habe, sollten wir alles tun, um aus dieser Grübelspirale herauszukommen. Sie bringt nichts und macht uns traurig. Mit anderen reden hilft hingegen. Erwarten Sie dabei keine konkreten Ratschläge, sondern vielmehr Sätze, die Ihnen zeigen, daß Sie nicht alleine sind. Daß der andere etwas Ähnliches durchgemacht hat wie Sie. Das tut Ihrer Seele gut.

Schließen Sie Freundschaft mit Ihrer Angst und vertrauen Sie auf den Drang unserer Psyche zum Normalzustand. Krisen rufen viele Gefühle in uns wach. Zuallererst Angst. Wir sollten darin weniger ein Problem erkennen als vielmehr den Versuch unserer Seele, uns hilfreich zur Seite zu stehen. Denn das Gefühl der Angst sorgt für eine größere Betriebsamkeit unseres Geistes und unseres Körpers: Wir denken schneller, sind leistungsfähiger, aufmerksamer und umsichtiger. Lauter wichtige Voraussetzungen, um mit schwierigen Situationen fertig zu werden. Die Angst hat natürlich auch mißliche Seiten (von feuchten Händen über nagende Zweifel bis zu unruhigem Schlaf), aber das sollte uns nicht dazu verleiten, in der Angst eine Emotion zu sehen, die nur Schaden anrichtet. Dazu kommt, daß unsere Psyche einen natürlichen Hang hat, das normale Befinden wiederherzustellen. Das heißt: Sobald wir uns besonders freuen oder auch unglücklich sind, unternimmt unsere Psyche alles, um wieder unseren gewohnten, moderaten Gefühlszustand zu erreichen. Wie erfolgreich sie dabei ist, können Sie an dem Umstand ermessen, daß wir uns über schöne Dinge nicht allzu lange freuen; unsere Psyche dimmt das überbordende Gefühl so lange herunter, bis wir uns wieder so lala fühlen. In weniger schönen Momenten wird Ihnen das vielleicht noch nicht so aufgefallen sein, aber auch in diesen bemüht sich unsere Psyche, möglichst schnell zu ihrem Normalzustand zurückzufinden. Das bedeutet: Auch wenn es bitter kommen mag, werden wir uns in angemessener Zeit damit zu arrangieren wissen. Das löst zwar unsere Probleme nicht und entläßt uns auch nicht aus der Verpflichtung, etwas zu unternehmen – aber es macht das Durcheinander der Krise leichter erträglich.

Freuen Sie sich darüber, daß Sie trotz allen Krisengeredes gelegentlich beste Laune haben. Das wohl irritierendste Gefühl im Zusammenhang mit (überschaubaren) Krisen ist die wohlige Aufregung, die sie in uns auslösen. Wir sollten diese Emotion nicht vorschnell als «Unpassend! Unsinn!» beiseite schieben, sondern etwas genauer hinsehen. Denn sie verweist auf die positiven Seiten, die Krisen bekanntlich auch haben können (die Betonung liegt auf *können*). Und das kommt so: Während wir meist wenig Veranlassung sehen, an unserem geregelten und einigermaßen erträglichen Leben etwas zu ändern, stehen wir durch etwaige Umbrüche oder Krisen vor einer radikal anderen Situation. So ging es mir zum Beispiel, als ich vor einigen Jahren meine Festanstellung verlor. Abgesehen davon, daß es mich kränkte und daher lange beschäftigte, wurden durch den Umbruch viele Entscheidungen für mich getroffen, denen ich zuvor immer wieder ausgewichen war. Auf der Suche nach Wegen aus dem Angestelltentrott war ich immer mal wieder gewesen, störten mich doch meine verplante Zukunft und die Pflicht zur Anwesenheit; manchmal schätzte ich meine Arbeit, dann jedoch zog sie mich herunter wie ein lästiges Gewicht. Was also tun? All das erledigte sich nun mit einem Schlag. Job weg, Fragen weg. Ich finde keineswegs sämtliche Veränderungen gut, und ich habe auch nicht die geringste Lust, so etwas noch einmal zu erleben – aber rückblickend sehe ich zähneknirschend ein: Nur weil ich ungeplant etwas Wichtiges verloren habe, mußte ich mir etwas Neues, Eigenes einfallen lassen.

Wie stark uns solche Umbruchsmomente erfassen können, wurde mir durch die Erzählungen meiner Mutter klar, die als Einzelkind in einem behüteten Haus aufwuchs. Als sich der Krieg seinem Ende zuneigte, bereitete sich die österreichische Stadt im Osten des Landes, in der sie aufwuchs, auf den Einmarsch der russischen Truppen vor. Und wie erlebte meine Mutter diese Zeit, die aus heutiger Sicht allen Grund geboten hätte, sich zu ängstigen? Das junge Mädchen ängstigte sich tatsächlich, auch weil sie die dunklen Andeutungen der Erwachsenen mitbekam, was in den kommenden Wochen geschehen könnte (und glücklicherweise ausblieb); aber gleichzeitig sah sie mit einer Mischung aus Neugier und Aufregung dabei zu, wie sich die bürgerliche Ordnung auflöste, Matratzen ins normalerweise penibel aufgeräumte Haus geschleppt wurden, befreundete Menschen einzogen, es große nächtliche Zusammenkünfte gab, gemeinsame Essen, Gleichaltrige – und wie die nahe Kellerei ihre Vorräte an Alkohol verschenkte und vernichtete, aus Angst vor den anrückenden Soldaten. So kam es, daß meine Mutter mit zwei Eimern ausgesandt wurde, um sie mit Rotwein füllen zu lassen. Und über die abschüssige, enge Gasse, in der das Elternhaus meiner Mutter lag und an deren oberem Ende besagte Kellerei, sprudelte eines Tages knöchelhoch der Sekt, weil es nicht genug Menschen gab, die ihn hätten trinken können. Die Kinder machten sich einen Spaß daraus und wateten darin herum. Mir ist die Erzählung meiner Mutter deutlich in Erinnerung geblieben, auch weil sie das Vieldeutige von Krisen auf den Punkt bringt: Die Geschichte zeigt, wie Krisen durch schicksalhafte Kräfte ausgelöst werden können, die sich nicht darum kümmern, ob wir damit einverstanden sind, daß sie unser gewohntes Leben über den Haufen werfen; von Kräften, die dunkel, bedrohlich und verschlingend sind und viel Wertvolles, Traditionelles und Unersetzliches vernichten; sie zeigt aber auch, daß die Auflösung der bürgerlichen Ordnung nicht bloß Anlaß zu Angst und Schrecken ist, sondern – im Fall meiner Mutter – auch Basis eines anderen Lebensentwurfes, der sich von der Enge der Kleinfamilie zu lösen versucht.

Finden Sie heraus, ob Sie womöglich zu wenig von Ihrer Zukunft erwarten. Während es in Momenten höchster Gefahr oft darauf ankommt, sich schnell und eher intuitiv zu entscheiden, gewähren Krisensituationen gewöhnlich mehr Zeit. Zum Beispiel, wenn wir auf das entstandene Durcheinander nach der Kündigung blicken und darüber nachdenken, wie es weitergehen kann. Dann ist guter Rat teuer. Am besten, wir geben ihn uns selbst. Es mag eine etwas eigenartig anmutende Entscheidungshilfe sein, die ich hier empfehle. Aber sie kann uns aus so mancher Zwickmühle befreien, wenn wir glauben, nur zwei Möglichkeiten zu haben und davon eine wählen zu müssen. Allzuoft übersehen wir weitere Optionen, die uns zur Verfügung stehen. Ja vielleicht, so könnten wir uns sagen, finden wir die richtige Entscheidung erst, wenn wir uns nicht auf eine bestimmte Möglichkeit beschränken, sondern maßlos werden und uns alles gleichzeitig wünschen.

Die Psychologen Insa Sparrer und Matthias Varga von Kibéd haben eine Methode entwickelt, mit der sich dies bewerkstelligen läßt. Sie heißt «Tetralemma» und eröffnet uns, wenn wir zum Beispiel über unsere berufliche Zukunft nachdenken, mehr als bloß zwei Optionen, nämlich vier: Folgen wir ihrem Denkmodell, so haben wir nicht nur die Möglichkeit, uns für «das eine» (für die gewohnte Sicherheit als Angestellte) oder für «das andere» (für die neue Freiheit als Selbständige) zu entscheiden, sondern mindestens noch zwei weitere Optionen. Die eine besteht darin, beides zu wählen (also nach einer beruflichen Zukunft zu suchen, die Freiheit und Sicherheit zu verbinden weiß, etwa eine Halbtagsstelle plus kleine selbständige Tätigkeit); und die vierte Möglichkeit besteht darin, mit dem ständigen Nachdenken über den Job Schluß zu machen. Also zu erkennen, daß wir uns mit der Frage nach unserem Beruf nur deshalb so intensiv beschäftigen, um uns von einem anderen Thema abzulenken: etwa der schwer erträglichen Kränkung, hinausgeworfen worden zu sein.

Wer eine Vorliebe für besonders komplexe Entscheidungsprozesse hat, der könnte die fünfte Möglichkeit auch noch berücksichtigen, die außerhalb des Tetralemmas ihren Platz hat: Sie heißt «all dies nicht und selbst das nicht» – damit ist eine Option gemeint, die auf ganz anderes zielt. Die also weder mit der Wahl des richtigen Jobs zu tun hat noch mit unseren verdrängten Kränkungen; vielmehr könnte sie darin bestehen, erst mal auf eine halbjährige Weltreise zu gehen, um das Durchwursteln zu üben.

Manövrieren Sie sich nötigenfalls in eine moderate Krise und nutzen Sie deren Möglichkeiten. Sofern Sie nach alledem den Eindruck gewonnen haben, eine moderate Krise durchaus benötigen zu können, sollten Sie darüber nachdenken, sie selbst herbeizuführen. Nein, das ist kein zynischer Witz, sondern der Hinweis darauf, daß Sie die Sache nötigenfalls in die eigene Hand nehmen können – und höchstwahrscheinlich bereits wiederholt in die Hand genommen haben. Denn wie sonst ist es zu verstehen, daß Sie sich bei der Erledigung wichtiger Arbeiten immer wieder so lange Zeit lassen, bis Sie unter gehörigen Druck geraten? Wenn Sie diese Gewohnheit genauer betrachten, werden Sie entdecken, daß Sie damit eine kontrollierte Krisensituation herstellen, um Ihr Vorhaben zu befördern. Untersuchungen haben gezeigt, daß wir unter (moderatem) Streß deutlich effektiver arbeiten als in Phasen, in denen wir alle Zeit der Welt haben. Streß ermöglicht größere Leistungen unseres Körpers und unseres Gehirns und befähigt uns dazu, über uns hinauszuwachsen. Das scheinen wir zu ahnen, weshalb wir uns regelmäßig ein wenig mehr Zeit mit unseren Aufgaben lassen, als wir sollten. Oder erst dann aus dem Haus gehen, wenn es *wirklich* Zeit ist. Apropos: *Wann* genau wollten Sie los? Ich frag ja bloß.

Lesen Sie statt Zukunftsprognosen lieber echte Märchen. Die Zukunft ist prinzipiell unvorhersehbar, daher hat es keinen Sinn, etwaige Krisen prognostizieren zu wollen. Und selbst *wenn* wir in der Lage wären, heute exakt zu sagen, was in einem Jahr geschieht, würde uns das nichts nützen. Denn indem wir die Zukunft benennen, verändern wir sie gleichzeitig: Aufgrund der Vorhersage würden wir bestimmte Dinge tun, die den Lauf der Dinge von neuem veränderten – und prompt würden wir wieder in eine Krise geraten, wenn auch in eine andere als die ausgemalte.

Welch überraschende Auswirkungen kleinste Veränderungen haben können, zeigt höchst vergnüglich der Film «Zurück in die Zukunft». Da animiert der mittels einer Zeitmaschine in die Vergangenheit gereiste Marty McFly den eigenen (zukünftigen) Vater dazu, mutiger zu sein – wodurch sich dessen späteres Leben radikal ändert; ein andermal begegnet Marty der eigenen Mutter als junger Frau, die sich Hals über Kopf in ihn verliebt, wodurch er sich aufzulösen beginnt, weil er sich soeben anschickt, die Voraussetzung seiner eigenen, späteren Geburt zu zerstören …

Der von mir an anderer Stelle schon mit Freude zitierte Nassim Nicholas Taleb liest uns in seinem Buch «Der Schwarze Schwan. Die Macht höchst unwahrscheinlicher Ereignisse» entsprechend die Leviten. Leute, sagt er sinngemäß, laßt die Zukunft in Ruhe und mißtraut allen, die das nicht wollen! Seine Belege für die Absurdität vieler als professionell geltenden Prognosen sind eindrucksvoll – ebenso wie der paradoxe Umstand, daß Taleb die Finanzkrise des Jahres 2008 ziemlich genau vorhergesagt hat, als er über die «naive Globalisierung» schrieb: «Wenn eine fällt, fallen alle.» Er meinte damit die Banken.

Machen Sie sich eine angemessene Vorstellung von möglichen Krisen und sorgen Sie vor. Keine Mühe darauf zu verwenden, Horoskope und Trendbarometer zu lesen, kann natürlich nicht bedeuten, einfach gedankenlos weiterzumachen. Das wäre fahrlässig. Wir sind vielmehr gut beraten, darüber nachzudenken, von welchen unangenehmen persönlichen oder wirtschaftlichen Entwicklungen wir überrascht werden könnten; anschließend sollten wir uns darauf vorbereiten. Taleb führt ein naheliegendes Beispiel an: Wer in San Francisco lebe, könne zwar nicht wissen, *wann* das nächste Erdbeben komme, aber *daß* es irgendwann komme, sei wegen der labilen geologischen Verhältnisse so gut wie sicher. Daher gelte es, angemessene Vorsorge zu treffen. Ähnlich könnten wir mit unserem Leben verfahren. Also uns in einer ruhigen Stunde hinsetzen und uns fragen, was mit unserem laufenden Einkommen geschehen könnte, mit der Wohnung, die wir gemietet haben, mit unserer langjährigen Beziehung, unserem Job und unserem Körper – um dann vielleicht bei dem Entschluß zu enden, eine Vorsorgeuntersuchung machen zu lassen, einen festen Tag einzuführen, an dem wir mit unserem Partner etwas unternehmen; oder auch jene Ravioli-Dosen zu kaufen, über die ich mich eingangs lustig gemacht habe.

Wir sollten dabei jedoch einigermaßen realistisch bleiben. Das heißt: Die Landung von Außerirdischen sollte eher *nicht* in unsere Krisenszenarien gehören; gewiß, wir können sie nicht ganz ausschließen, aber wir haben dafür so wenige Anhaltspunkte, daß wir unmöglich abschätzen können, worin sinnvolle Maßnahmen bestehen könnten. Vielleicht sind die grünen Männchen tatsächlich grün, haben Antennen am Kopf und bringen uns nicht nur den Weltfrieden, sondern auch die Formel für Ravioli, die nicht nach Pappe mit Soße schmecken? Da sitzen wir dann mit unseren Dosenvorräten und wissen nicht, was tun.

Apropos Ravioli: Was die konkrete Versorgung mit Lebensmitteln anlangt, so dürfen wir uns durchaus auf den deutschen Staat verlassen – ein wenig zumindest. Der ist nämlich gesetzlich dazu verpflichtet, für nationale Krisenzeiten vorzusorgen und eine «zivile Notfallreserve» anzulegen (www.ernaehrungsvorsorge.de); irgendwo lagern also tatsächlich zahllose Tonnen Lang- und Rundkornreis, Erbsen und Linsen, Kondensmilch und Milchpulver. Die Nahrungsmittel sind übrigens vor allem für Ballungsraumbewohner gedacht, weil die im Gegensatz zur Landbevölkerung vom Kartoffelanbau ein wenig überfordert wären. (Xaver, hast du das gelesen?)

Warum es durchaus sinnvoll ist, Schweißen zu lernen, Fasane rupfen und den Rautekgriff anwenden zu können. Als ich meine Wiener Freundin Doris vor einiger Zeit fragte, welche Schlüsse sie denn aus der Finanzkrise ziehe, mailte sie mir: «Ich glaube, man sollte danach trachten, möglichst viel Brauchbares zu können. Es macht einen sicherer, ein paar praktische Fähigkeiten zu besitzen, die einem niemand nehmen kann. Das hilft, bilde ich mir ein, auch auf unbekanntem, fremdbestimmtem Terrain.» Und die Konsequenz aus alldem? «Ich lerne jetzt zum Beispiel Schweißen und mache den Jagdschein. Man weiß ja nie.»

Stimmt, wir wissen tatsächlich nie. Und ich kann aus eigener Erfahrung nur bestätigen, wie hilfreich es sein kann, wenn wir nicht nur geistig und psychisch vorbereitet sind, sondern auch handwerklich. So schickte man mich während meines Zivildienstes zum Erstehilfekurs, wo man uns Jungs einen Frauentorso mit langem, blondem Haar hinschob. Er trug den Namen Anna, und an ihr demonstrierten uns die Rettungsmänner, wie wir jemanden wiederbeleben konnten. Abgesehen davon, daß es nicht sehr angenehm war, in eine blonde Puppe zu pusten, die bereits zehn andere Männer meines Alters wiederzubeleben versucht hatten – einige sinnvolle Dinge habe ich doch gelernt. Unter anderem den sogenannten Rautekgriff, mit dem man einen Menschen eine längere Strecke schleppen kann, ohne unter seiner Last zusammenzubrechen. An praktischen Fertigkeiten wie diesen ist zweierlei angenehm: Zum einen wissen wir im Notfall tatsächlich ein wenig besser als die anderen, was zu tun ist; und zum anderen verlieren wir bis zu einem gewissen Grad jenes ängstliche Grundgefühl, das uns beschleicht, sobald wir an schwierige Lebenssituationen (Unfälle, Pannen etc.) denken.

Als leuchtendes Vorbild, wenn es darum geht, Brauchbares zu erlernen, dient mir mein Vater. Der kann Rehe nicht nur erlegen, sondern sie auch aus der Decke schlagen, sie fachgerecht ausnehmen, filetieren und zubereiten. Ich sehe ihn heute noch vor mir, wie er mit einer alten Freundin des Hauses in der Garage sitzt: Beide trinken Rotwein und rupfen dabei Fasane, die mein Vater geschossen hatte und die wir am selben Abend essen sollten.

Es ist also zweifellos sinnvoll, uns ein paar Dinge beibringen zu lassen, von denen wir glauben, sie könnten uns in schwierigen Situationen helfen. Dadurch gewinnen wir den Eindruck, allen möglichen Herausforderungen gewachsen zu sein, uns und die Unsrigen irgendwie durchbringen zu können. Ob das bißchen Schweißen und Menschenschleppenkönnen im Ernstfall ausreicht, steht auf einem anderen Blatt. Aber erst einmal fühlt es sich gut an – und das ist schon viel wert.

Für den Ernstfall gibt es jede Menge Handbücher, Trinkwasseraufbereitungsapparate und Klappspaten, die wir uns zulegen könnten, eiserne Reserven und Medikamente, Fluchtszenarien und Erstehilfekästen, Psychotricks und Telefonhotlines. Wie weit wir es mit unseren Phantasien treiben, ob wir uns ein verwüstetes Land vorstellen wollen, in dem jeder sehen muß, wo er bleibt, oder ob wir das für eine peinlich anmutende Phantasie von Menschen halten, die sich darin gefallen, Krise zu spielen – das kann jeder nur für sich entscheiden. Es wird Sie nicht wundern, wenn ich dazu neige, keinen Ravioli-Vorrat anzulegen. Durchaus empfehlenswert scheint es mir hingegen, sich gelegentlich in den Unterarm zu kneifen und den Begriff «Krise» zu murmeln. Und schon wird uns das eben noch wenig beliebte alltägliche Durchwursteln als durchaus schätzenswerter Zustand erscheinen.

Dreizehn verlockende Versprechen ...

... die Sie in diesem Buch vergeblich suchen werden, weil sie entweder überzogen, absurd oder wenig zielführend sind – was freilich nichts daran ändert, daß sie unwiderstehlich klingen und daher ständig gemacht werden.

Die meisten der aufgeführten Versprechen zitieren mehr oder weniger erfolgreiche Ratgeber beziehungsweise sind ihren Titelformulierungen entnommen:

1. Garantiert reich in dreißig Tagen

Hätte der Autor dieses Ratgebers tatsächlich den Weg gefunden, in dreißig Tagen garantiert reich zu werden, wäre er schön blöde, sein Geheimnis zu verraten; außerdem hätte er es nicht mehr nötig, Bücher zu schreiben. Der Umstand, daß er es aber dennoch tut und sein Werk «Garantiert reich in dreißig Tagen» nennt, läßt darauf schließen, daß das Geheimnis seines Erfolgs darin besteht, ein Buch mit dem Titel «Garantiert reich in dreißig Tagen» zu schreiben, möglichst viele Gutgläubige dazu zu bringen, es zu kaufen und dann auf der neu erworbenen Yacht zu sitzen und sich ins Fäustchen zu lachen. So kann man bestimmt reich in dreißig Tagen werden. Anders allerdings nicht.

2. Jedes Kind kann schlafen lernen

Ich weiß nicht, ob es schon jemandem aufgefallen ist, aber Kinder zeichnen sich durch eine gewisse Verschiedenheit aus. Die einen sind blond gelockt, die anderen sehr aktiv, die dritten können ab dem ersten Lebensjahr «Desribonukleinsäure» sagen. Ähnlich verschieden ist ihr Schlafverhalten. Zudem klingt das Versprechen «Jedes Kind kann schlafen lernen» ebenso sinnlos wie der Satz «Jeder Erwachsene kann essen lernen». Verheißungen dieser Art sind absurd, und das auf doppelte Weise: zum einen, weil jeder täglich schlafen und essen muß, da er anderenfalls tot umfallen würde, er beides also bereits gelernt hat; zum anderen, weil Versprechen, die behaupten, daß *jeder* eine bestimmte Sache lernen könne, unhaltbar angeberisch sind. Das versteht doch ~~jeder~~ der eine oder andere!

3. Von den Siegern lernen

Von Siegern können wir überhaupt nichts lernen – außer, daß sie erfolgreich waren. In ihren Heldenerzählungen erfahren wir vor allem, wie sie sich ihre Vergangenheit zurechtbasteln. Das ist etwas vollkommen anderes als ein Erfolgsrezept, nämlich Folklore. Sieger haben einen höchst selektiven Blick auf die Ursachen ihres Erfolges; sie werden nur Dinge erwähnen, die sie entscheidungsstark und risikobereit erscheinen lassen. Unerwähnt hingegen werden alle Faktoren bleiben, die ihnen ohne ihr Zutun in die Hände gespielt haben – glückliche Zufälle zum Beispiel. Wenn schon von jemandem lernen, dann von den eher Erfolglosen oder den Durchwurstlern. Die liefern deutlich mehr Anschauungsmaterial zu der Frage, was man tun und lassen sollte. Außerdem sind ihre Erzählungen in der Regel unterhaltsamer.

4. Zehn Megatrends, die Ihr Leben und Arbeiten verändern werden

Wer behauptet, die Zukunft vorhersagen zu können, tut in Wahrheit das gerade Gegenteil: Er beschreibt die Gegenwart – und übertreibt dabei bloß all jene Aspekte, von denen er annimmt, sie könnten in Zukunft eine Rolle spielen. Das mag unterhaltsam sein, sagt aber nichts über die Zukunft aus. Vielmehr kommt dabei so eine Art To-do-Liste heraus, die wir dringend abarbeiten sollten, und zwar gleich – nicht erst im Jahr 2020, in dem sie angeblich erst aktuell wird. Zur Erinnerung: Die Zukunft ist die Zeit, die erst noch kommt; sie ist also per definitionem unbekannt. Und sollte irgend jemand tatsächlich in der Lage sein, sie vorherzusagen, wird er sie im selben Moment, in dem er dies tut, nicht mehr wiedererkennen, weil seine Prognose den Lauf der Dinge verändert.

5. Schlank im Schlaf

Ja, ich weiß: ist nicht wörtlich zu verstehen, dieses Versprechen. Ist überspitzt formuliert, und kein vernünftiger Mensch wird annehmen, daß der Wecker klingelt und die Wampe weg ist. Und dennoch spielen die Ratgeber zu diesem Thema mit einer unhaltbaren Illusion: Du brauchst dich nur hinzulegen, suggerieren sie, und während du selig schläfst, du willensschwaches Dickerchen, erledigt sich der Rest nahezu von selbst. Mit diesem kalkulierten Mißverständnis bewegt sich der Schlank-im-Schlaf-Ratgeber in einer ähnlichen Kategorie wie jene Fitneßgerätehersteller, die geloben, man müsse sich bloß auf eine ihrer schweineteuren Rüttelmaschinen stellen, und zehn Minuten später habe man so ergiebige Trainingsresultate wie nach einem Halbmarathon. Und das ohne zu schwitzen und sich eine Sekunde lang anzustrengen! Diese Versprechen werden nur noch von Leuten übertroffen, die behaupten, wir sollten doch, anstatt mühsam zu lernen, einfach das Vokabelheft unters Kopfkissen legen («Englisch lernen in einer Woche»). Nur damit wir etwas Pummeligen uns richtig verstehen: Wollen wir schlanker werden, müssen wir uns ausreichend bewegen. Da helfen weder Rüttelmaschinen noch «lustige» Ratgebertitel.

6. So bekommen Sie jede Frau ins Bett – egal wie Sie aussehen

Nur mal angenommen, die Tips in den Ratgebern zu diesem Thema würden tatsächlich funktionieren und alle Männer, die sie beherzigen, jede Frau in ihr Bett bekommen: Was dann? Wären die erfolgreichen Aufreißer mit den «zwei heißen Schwestern», die man ihnen – so im Klappentext eines einschlägigen Bandes – als Lohn für ihre Mühe verspricht, nicht schlicht und einfach überfordert? Schon allein deshalb, weil sie einen Ratgeber nötig haben, also bereits fürs Kennenlernen an die Hand genommen werden müssen? Beim Weitermachen im Bett würden sie wohl erst recht herumliegen wie ein Stück Holz, das zum Leben zu erwecken aussichtslos ist. Dennoch spricht einiges für Bücher diesen Zuschnitts, gehören sie doch zur raren Kategorie der Kamikaze-Ratgeber: Ihre Empfehlungen manövrieren uns in Situationen, die uns garantiert überfordern. Spannend! Welche anderen Ratgeber können das schon von sich behaupten?

7. Im Einklang mit dem Universum leben

Gegen Hinweise, wie wir im Einklang mit dem Großen und Ganzen leben können, ist prinzipiell nichts einzuwenden. Klingt nach Peace, freier Liebe und selbstgestrickter Gitarrenmusik. Um den Ratschlägen folgen zu können, müßten wir aber wissen, wie die unendlichen Weiten des Weltalls so strukturiert sind. Sonst mühen wir uns ab, und hinterher ist das Universum unzufrieden mit uns. Also, liebe Ratgeber-Leute: Mit welchem Kosmos sollen wir in Einklang leben? Mit dem ganzen? Oder doch lieber mit einem Teil davon, etwa der Milchstraße? Und sollen wir uns dabei mehr an den Bedürfnissen der grünen Männchen mit den Kopfantennen orientieren oder doch eher an denen der Vogonen? Mit ähnlichen Grundfragen sieht sich übrigens der Ratgeber «Bestellungen beim Universum. Ein Handbuch zur Wunscherfüllung» konfrontiert: In welcher Galaxis hängt der richtige Postkasten für unsere Wunschbriefe? Bei den Wurmlingen?

8. So vereinfachen Sie Ihr Leben

Wer würde das nicht gerne, sein *life simplifyen*. Ist ja alles so kompliziert hier! Daher scheint der Ratschlag, im eigenen Leben alles abzustoßen, wegzuwerfen und abzustellen, was eine gewisse Komplexität übersteigt, erst mal sinnvoll. Auf den zweiten Blick allerdings nicht mehr. Unser Leben hat nämlich ein unverwüstliches Talent, kompliziert zu sein, ja, sein Kompliziertsein ist unabdingbare Voraussetzung dafür, daß es sich entwickelt. Das beginnt bei der morgendlichen Frage, ob wir Müsli, Honigbrot oder Obstsalat frühstücken sollen, und endet bei der Definition von Kreativität, deren zentrales Element bekanntlich das Verwurstelte ist. Wer also verspricht, unser Leben radikal vereinfachen zu können, macht zweierlei: Er erschließt sich eine unerschöpfliche Ratgebereinnahmequelle, weil das Leben trotz aller Ermahnungen nicht mit dem Kompliziertsein aufhört (man also immer weiter mahnen kann); und er verlangt, daß wir unserem Leben das Herz rausreißen. Einfach sind nämlich bloß Einzeller, Lattenzäune und die Ideologien der Simplifizierungs-Ratgeber.

9. Der sichere Weg zum perfekten Gedächtnis

Vor solchen Verheißungen sollten wir uns fürchten! Und einen großen Bogen um ihre Propheten machen, denn: Ein perfektes Gedächtnis ist der direkte Weg in den Wahnsinn. Wer sich alles merkt und nichts vergißt, kann mit Fug und Recht darauf bestehen, von Neurologen und Psychologen als besonders schwerer Fall behandelt zu werden. Stellen Sie sich vor, Sie hätten das perfekte Gedächtnis und könnten sich an das Wetter erinnern, wie es vor fünfzehn Jahren an einem Oktobersonntagnachmittag war; oder daran, daß Sie am 11. Dezember 1975 ein Marillenmarmeladenbrötchen gegessen haben. Um geistig gesund zu bleiben, müssen wir Wichtiges von Unwichtigem unterscheiden können und vor allem ersteres im Gedächtnis behalten, letzeres hingegen vergessen. Ja, ich weiß, die Autoren der erwähnten Ratgeber haben gar nicht gemeint, daß wir uns jeden Unsinn merken sollen, sondern nur so Dinge wie Telefonnummern, Kragenweiten und Hochzeitstage. Dann sollen sie das aber auch genau so hinschreiben! Und uns nicht mit großmäuligen Versprechen auf die Nerven gehen. Am besten also: Vergessen Sie den sicheren Weg zum perfekten Gedächtnis wieder.

10. Durch die Kraft der Gedanken die Illusion der Begrenztheit überwinden

Die Illusion der Begrenztheit ist tatsächlich ein weitverbreitetes Problem. Da trinken wir zwei Biere und glauben, das reiche nun – und dann können wir doch noch ein drittes trinken! Oder denken Sie an die scheinbare Begrenztheit Ihres Bankkontos: Da glauben Sie, bei null Euro sei Schluß, und schon bekommen Sie einen Überziehungskredit! Ein weiteres Mal hat sich gezeigt, daß Grenzen nicht objektiv sind, sondern selbstgemacht. Das Problem des hier zu verhandelnden Ratschlags liegt darin, daß wir unsere Grenzen allein mit der Kraft unserer Gedanken durchbrechen sollen. Wieso gleich so grundsätzlich werden? Oft ist es schon mit der Bereitschaft getan, einen Riesenkater zu ertragen oder siebzehn Prozent Überziehungszinsen zu zahlen – und die Welt steht uns total offen.

11. Garantiert in der Lotterie gewinnen

Ratgeber dieses Inhalts braucht es eigentlich gar nicht. Es würde vollkommen reichen, wenn uns die Autoren im Laufe der Woche die Gewinnzahlen fürs Wochenende mailen würden, damit wir Lotto spielen können.

12. Schneller lesen – besser verstehen

Ratgeber dieser Art stellen das Lesen als eine ziemlich problematische Sache dar. Zum einen erscheint sie als lästig, sollte also zügig erledigt werden; und zum anderen scheint die Tätigkeit auch nicht ganz ungefährlich zu sein, weil man offensichtlich etwas falsch lesen und dadurch mißverstehen kann. Ich muß zugeben, daß ich das so noch nicht betrachtet habe. Und ich muß ebenfalls zugeben, daß ich auch nicht die geringste Lust dazu habe, das so zu betrachten. Denn wenn schon lesen, dann in einem Tempo, das dem Buch angemessen ist; ich habe mir angewöhnt, Zeitungsartikel erst mal zu überfliegen und gegebenenfalls genauer und langsamer zu lesen, Bücher mit komplexeren Inhalten hingegen von vornherein langsamer und genauer. Zudem dachte ich bislang, daß – sollte ich etwas nicht verstehen – es weniger daran liegt, wie ich lese, sondern vielmehr am miesen Stil oder den verschwurbelten Gedanken des Autors. Aber ich kann mich irren.

13. Nur zwanzig Minuten bis zum Zentrum

Dabei handelt es sich um eine klassische Makler-Verheißung. Sie bedeutet, daß die angebotene Wohnung beziehungsweise das annoncierte Haus verkehrsgünstig gelegen sein soll. Warum ständig von «zwanzig Minuten» gesprochen wird, ist schwer nachzuvollziehen, da die «20» in der Geschichte der magischen Zahlen keine große Rolle spielt. Und doch fühlt jeder von uns intuitiv, daß die Angabe «Nur siebenunddreißig Minuten bis zum Zentrum» deutlich weniger Strahlkraft besitzt als die ominösen «zwanzig Minuten». Wie dem auch sei: Das Auftauchen der erwähnten Zeitangabe in den Immobilienanzeigen sollte alle, die auf der Suche nach einem neuen Heim sind, alarmieren, ähnlich wie die Formulierungen «für Bastler», «außergewöhnliche Architektur» und «für Schnellentschlossene». Sie lassen darauf schließen, daß irgend etwas nicht stimmt. Sei es, weil der Makler unter «Zentrum» die nächstgelegene Milchkannensammelstelle versteht, die Bude dringend renoviert werden muß, total verschnitten ist oder seit Jahren nicht an den Mann gebracht werden kann.

Übrigens: Von hier aus ist es nur mehr eine Sekunde bis zum Schluß.

Literaturauswahl

Lob des Durchwurstelns oder: Sich glücklich durchs Leben improvisieren

Dietrich Dörner: Einfach mehr durchwursteln (Interview: Wolf Lotter), in: Brand eins 1/06, S. 84–88.

Hans Magnus Enzensberger: Notizen aus dem Kanzleramt, in: ders., Politische Brosamen, Frankfurt am Main 1985, S. 97–113.

Gerd Gigerenzer: Bauchentscheidungen. Die Intelligenz des Unbewußten und die Macht der Intuition, München 2007.

Malcolm Gladwell: Überflieger. Warum manche Menschen erfolgreich sind – und andere nicht, Frankfurt am Main 2009.

Roger A. Golde: durchwursteln. unkonventionell führen und organisieren, Heidelberg 1978.

Odo Marquard: Ende des Schicksals? Einige Bemerkungen über die Unvermeidlichkeit des Unverfügbaren, in: ders., Abschied vom Prinzipiellen, Stuttgart 1981, S. 67–90.

Odo Marquard: Apologie des Zufälligen. Philosophische Überlegungen zum Menschen, in: ders., Apologie des Zufälligen, Stuttgart 1986, S. 117–139.

Robert Musil: Der Mann ohne Eigenschaften, Reinbek bei Hamburg 2000, Bd. 1, S. 31 ff.

Nassim Nicholas Taleb: Der Schwarze Schwan. Die Macht höchst unwahrscheinlicher Ereignisse, München 2008.

M. Varga von Kibéd: Ganz im Gegenteil … Querdenken als Quelle der Veränderung (Privatdruck)

Stets glücklich sein wollen

Elizabeth W. Dunn, Lara B. Aknin, Michael I. Norton: Spending Money on Others Promotes Happiness, in: Science 21, März 2008, S. 1687–1688.

Joseph P. Forgas / Rebekah Easta: On being happy and gullible: Mood effects on skepticism and the detection of deception, in: Journal of Experimental Social Psychology 44, September 2008, S. 1362–1367.

James H. Fowler/Nicholas A. Christakis: Dynamic spread of happiness in a large social network: Longitudinal analysis over 20 years in the Framingham Heart Study, Dezember 2008, www.bmj.com/cgi/content/full/337/dec04_2/a2338

Eva Tenzer: Think negative!, in: Frankfurter Allgemeine Zeitung vom 24. Januar 2009, S. C1.

Paul Watzlawick: Anleitung zum Unglücklichsein, München 1983.

Cool sein

Antonio R. Damasio: Ich fühle, also bin ich. Die Entschlüsselung des Bewußtseins, Berlin 2002.

Michael Sand, Andrea Nadel et al.: Erectile Dysfunction and Constructs of Masculinity and Quality of Life in the Multinational Men's Attitudes to Life Events and Sexuality (MALES) Study, in: Journal of Sexual Medicine 5, Ausgabe 3, 2008, S. 583–594.

Wolf Singer / Matthieu Ricard: Hirnforschung und Meditation: Ein Dialog, Frankfurt am Main 2008.

Abnehmen

Philippe Beissner: Am besten gar nicht erst dick werden!, in: Psychologie heute, April 2009, S. 41–45.

Richard H. Thaler / Cass R. Sunstein: Nudge: Improving Decisions About Health, Wealth and Happiness, London 2009.

Brian Wansink: Essen ohne Sinn und Verstand. Wie die Lebensmittelindustrie uns manipuliert, Frankfurt am Main 2008.

Wider besseres Wissen handeln

Allen Carr: Endlich Nichtraucher! Der einfachste Weg, mit dem Rauchen Schluß zu machen, München 2008.

James H. Fowler / Nicholas A. Christakis: The Collective Dynamics of Smoking in a Large Social Network, in: The New England Journal of Medicine, Ausgabe 358, 2008, S. 2249–2258.

Manfred Neuberger: Studie zur Effizienzmessung von Allen Carrs Easyway-Methode und zur Verbesserung der gesundheitsbezogenen Lebensqualität bei Nichtrauchern. Wien: Abt. Präventivmedizin am Institut für Umwelthygiene der Medizinischen Universität, 2003 (die Studie wird wegen einiger methodischer Mängel kritisiert).

Peter Sloterdijk: Kritik der zynischen Vernunft, 2 Bde., Frankfurt am Main 1983.

Maja Storch: Rauchpause. Wie das Unbewußte dabei hilft, das Rauchen zu vergessen, Bern 2008.

Dinge wegwerfen

Terence Conran: Aufgeräumt. Wohnen, sammeln, aufbewahren, München 2007.

Harald Martenstein: Die Veredelung des Daseins, in: Zeit-Magazin vom 10. April 2008.

L. E. Williams / J. A. Bargh: Keeping one's distance: The influence of spatial distance cues on affect and evaluation, in: Psychological Science 19, März 2008, S. 302–308.

Den Sinn des Lebens finden

Douglas Adams: Per Anhalter durch die Galaxis, München 1998.

Terry Eagleton: Der Sinn des Lebens, Berlin 2008.

Matthew T. Gailliot: Mortality Salience Increases Adherence to Salient Norms and Values, in: Personality and Social Psychology Bulletin, 34. Jahrgang, Ausgabe 7, 2008, S. 993–1003.

Balthasar Gracián: Handorakel und Kunst der Weltklugheit, München 2005.

Christina Hucklenbroich: Gefangen in der Grübelschleife, in: Frankfurter Allgemeine Zeitung vom 25. März 2009, S. N1.

Sei Shonagon: Das Kopfkissenbuch einer Hofdame, München 2004.

www.buskampagne.de: Wie sehr selbst Menschen, die nicht an Gott glauben, die Frage beschäftigt, wie es um dessen Nachfolge steht, zeigte eine Anzeigenkampagne im Jahr 2009. Damals fuhren Busse durch viele europäische Städte, auf denen es – wie beispielsweise in Deutschland – hieß: «Es gibt (mit an Sicherheit grenzender Wahrscheinlichkeit) keinen Gott.»

Alles richtig machen wollen

Eric Abrahamson / David H. Freedman: Das perfekte Chaos. Warum unordentliche Menschen glücklicher und effizienter sind, München 2007.

Dan Ariely: Denken hilft zwar, nützt aber nichts. Warum wir immer wieder unvernünftige Entscheidungen treffen, München 2008.

Hanno Beck: Die Logik des Irrtums. Wie uns das Gehirn täglich ein Schnippchen schlägt, Frankfurt am Main 2008.

Clayton R. Critcher / Thomas Gilovich: Incidental Environmental Anchors, in: Journal of Behavioral Decision Making 21, 2008, S. 241–251.

Joachim Goldberg / Rüdiger von Nitzsch: Behavioral Finance. Gewinnen mit Kompetenz, München 1999.

Steven D. Levitt / Stephen J. Dubner: Freakonomics. Überraschende Antworten auf alltägliche Lebensfragen, München 2007.

Gerhard Roth: Fühlen, Denken, Handeln. Wie das Gehirn unser Verhalten steuert, Frankfurt am Main 2001.

Einen Partner finden

Jennifer Aubrey: Surprisingly, female models have negative effect on men, http://rcp.missouri.edu/articles/aubrey-femalemodels.html

Christian Nürnberger: Zum Glück gibt's Anzeigen – Wie ich die Frau fürs Leben fand, Reinbek bei Hamburg 2002.

Klaus A. Schneewind / Eva Wunderer: Das Erfolgsrezept glücklicher Beziehungen, in: Psychologie heute compact, 2006.

Klaus Theweleit: Objektwahl. All You Need Is Love, Frankfurt am Main 1990.

Gunthard Weber (Hrsg.): Zweierlei Glück. Die systemische Psychotherapie Bert Hellingers, Donauwörth 1995.

Eine Beziehung führen

Ulrich Clement: Systemische Sexualtherapie, Stuttgart 2006.

Bert Hellinger und Gabriele ten Hövel: Anerkennen, was ist. Gespräche über Verstrickung und Lösung, München 1996.

Stephen A. Mitchell: Kann denn Liebe ewig sein? Psychoanalytische Erkundungen über Liebe, Begehren und Beständigkeit, Gießen 2004.

Daniel Mochon / Michael I. Norton/Dan Ariely: Getting off the hedonic treadmill, one step at a time: The impact of regular religious practice and exercise on wellbeing, in: Journal of Economic Psychology, Ausgabe 29, 2008, S. 632–642.

Beatrice Rammstedt / Jürgen Schupp: Only the congruent

survive – Personality similarities in couples, in: Journal of Personality and Individual Differences 45, Ausgabe 6, Oktober 2008, S. 533–535.

Friedrich Torberg: Die Tante Jolesch oder Der Untergang des Abendlandes in Anekdoten, München 1995.

Kinder erziehen

Joan Acocella: The Child Trap. The rise of overparenting, in: The New Yorker vom 17. November 2008.

Junko Arai et al.: Transgenerational Rescue of a Genetic Defect in Long-Term Potentiation and Memory Formation by Juvenile Enrichment, in: The Journal of Neuroscience, Februar 2009, S. 1496–1502.

Bertelsmann Stiftung: Null Bock auf Familie? Der schwierige Weg junger Männer in die Vaterschaft, Gütersloh 2008.

Guido Kleinhubbert: Kleine Einsteins, in: Der Spiegel, Ausgabe 15/2009, S. 52 f.

Andrew Wenger/Blaine J. Fowers: Positive illusions in parenting: Every child is above average, in: Journal of Applied Social Psychology 38, Ausgabe 3, 2008, S. 611–634.

Konrad-Adenauer-Stiftung: Eltern unter Druck. Selbstverständnisse, Befindlichkeiten und Bedürfnisse von Eltern in verschiedenen Lebenswelten, Sankt Augustin 2008.

Mit Krisen leben

Renate Daimler: Basics der Systemischen Strukturaufstellung. Eine Anleitung für Einsteiger und Fortgeschrittene, München 2008.

Mikael Krogerus / Roman Tschäppeler: 50 Erfolgsmodelle. Kleines Handbuch für strategische Entscheidungen, Zürich 2008.

Astrid Lindgren: Immer dieser Michel, Hamburg 1988.

Manfred Prior: MiniMax-Interventionen. 15 minimale Interventionen mit maximaler Wirkung, Heidelberg 2002.

Henry David Thoreau: Walden oder Leben in den Wäldern, Zürich 2007.

Alan Weisman: Die Welt ohne uns, München 2007.

www.needaproblem.com/de/: Auf dieser Homepage können Sie sich ein Problem und damit eine passende Krise kaufen – je nach Geschmack. Das Angebot reicht von einem «trivialen Problem» (1 Euro) bis zu einem «fast unlösbaren Problem» (5000 Euro). Diese Angabe ist ohne Gewähr!

Dank

Beim Durchimprovisieren durchs Improvisationsbuch, das meiner Mutter gewidmet ist, haben mir viele geholfen. Ihnen will ich an dieser Stelle danken:

Hermann Braeuer • Brigitte Chouéki • Robin Detje • Facebook • Ari Fink • Josef Fischnaller • Elisabeth Gronau • Georg Gubo • Lucia Hodinka • Wendelin Hübner • Andreas Hutzler • Toni Innauer • Andreas Karner • Manfred Klimek • Doris Knecht • Robert Menasse • Susanne Pleisnitzer • Doron Rabinovici • Doro Roscic • Tex Rubinowitz • Stefan Rupp • Bahador Saberi • Gunnar Schmidt • Bettina Schneuer • Christoph Schulte-Richtering • Claudius Seidl • Christian Seiler • Thomas Sevcik • Karin Spitra • Ulrike Sterblich Fiebrandt • Katharina von der Leyen • Alexander Wallasch • Gerhard Weber • Klaus Werner-Lobo.

PS: Sollten Sie nach der Lektüre des «Kleinen Seelenklempners» das Bedürfnis haben, mir eine Nachricht zukommen zu lassen, würde mich das freuen. Zustimmung ist mir natürlich sehr willkommen, aber mindestens ebenso willkommen sind mir Anregungen, Korrekturen und Anekdoten, die die Strategie des Durchwurstelns illustrieren können. Sie erreichen mich unter ca@ankowitsch.de. Danke.

Christian Ankowitsch, geboren 1959 in Klosterneuburg bei Wien, ist promovierter Kunsthistoriker und lebt als freier Journalist und Buchautor mit seiner Familie in Berlin. Nach ersten Stationen in den Kulturredaktionen von «Falter» und «Standard» arbeitete er von 1993 bis 2001 für «Die Zeit», wo er zuletzt das Ressort «Leben» leitete. Seine Bücher «Dr. Ankowitschs Kleines Konversationslexikon» (2004) und «Dr. Ankowitschs Kleines Universalhandbuch» (2005) wurden zu Bestsellern.